本书为2024年度中共中央党校（国家行政学院）校级科研项目成果

清前期巴里坤社会经济研究

柴小君 著

社会科学文献出版社
SOCIAL SCIENCES ACADEMIC PRESS (CHINA)

目 录

绪 论 …………………………………………………… 1

第一章　治理体制 ……………………………………… 45
　　第一节　乾隆朝巴里坤户民情况 …………………… 46
　　第二节　驻防与府县二元体制的建构 ……………… 50
　　第三节　二元体制权力的划分 ……………………… 54
　　第四节　基层社会治理模式 ………………………… 62

第二章　农牧业的发展 ………………………………… 67
　　第一节　康雍时期的"官屯" ……………………… 68
　　第二节　雍正初年的捐纳屯田 ……………………… 72
　　第三节　乾隆朝的大力垦荒 ………………………… 74
　　第四节　巴里坤屯田环境 …………………………… 79
　　第五节　畜牧业的经营 ……………………………… 93

第三章　商贸的经营和发展 ·· 104
第一节　商贸的兴起 ··· 105
第二节　官铺的筹建与管理模式 ································· 111
第三节　商铺的数量与租税 ······································ 118
第四节　商民群体 ··· 127

第四章　自然资源的开发与管理 ···································· 131
第一节　药用松膏的开发 ·· 131
第二节　铅矿的发现与禁采 ······································ 140
第三节　地方生态问题 ·· 143

第五章　日常与文化 ··· 147
第一节　营生方式及分布 ·· 147
第二节　微观视野下的社会和民众 ······························ 153
第三节　驻防满营的婚姻圈 ······································ 163
第四节　独特的移民文化：庙宇冠全疆 ·························· 168

结　语 ·· 175

附录一　巴里坤历任职官表 ·· 178

附录二　满文档案 ··· 183

参考文献 ·· 206

后　记 ·· 219

绪　论

何谓巴里坤

巴里坤，古称"蒲类"，清代又作"巴尔库勒""巴尔库尔""镇西"。《钦定皇舆西域图志》《钦定新疆识略》《新疆图志》等方志都对历史上巴里坤曾用名进行过考证。例如，《钦定皇舆西域图志》卷九载："则今之巴尔库勒淖尔，即汉蒲类海。今之镇西府，即汉东蒲类兹力支故地也。"《钦定皇舆西域图志》卷二十载："今之镇西府，即旧巴尔库勒，为匈奴东蒲类王兹力支地。"① 光绪朝编《镇西厅乡土志》中载："圣祖三征朔漠，威镇遐方，靖逆将军富公宁安常驻军于巴尔库勒（因水以名地），后更名巴里坤（即巴尔库勒之转音）。"②《三州辑略》卷二《建置门》记载："巴里坤本名巴尔库尔，蒙古语谓虎为巴尔，脚为库尔，言形似虎脚也。"《新疆图志》记载："自奇台县东南行三十余里，入山……中为平川，广轮八百余里。其

---

① 《西域图志校注》，钟兴麒等校注，新疆人民出版社，2002，第183、313页。
② 阎绪昌、高耀南、孙光祖：《镇西厅乡土志》，载马大正、黄国政、苏凤兰整理《新疆乡土志稿》，新疆人民出版社，2010，第97页。

间诸水，潴为巴尔库勒淖尔……始因水以名地，曰巴尔库勒，今之巴里坤，即音之转。"①

康熙年间因与准噶尔部作战开始在巴里坤驻兵，雍正年间巴里坤始建城，"雍正七年宁远大将军岳威信公钟琪出军征准噶尔，两驻军于此，因筑兵城，于雍正九年始告竣"。② 乾隆二十一年（1756）十月，清廷考虑到"巴里坤现派满兵驻防，兵民杂处"③，设置巴里坤理事同知。乾隆二十四年（1759），陕甘总督杨应琚奏请将甘肃境内驻守的安西、靖逆等地绿营兵分别移驻巴里坤和哈密。七月于巴里坤置巴里坤直隶厅，属甘肃布政使司。九月升安西直隶厅为府，置哈密、巴里坤二直隶厅来属，徙道治于哈密直隶厅。④ 乾隆二十四年（1759）十月，清廷将安西同知移驻巴里坤，改为巴里坤同知。⑤

乾隆三十八年（1773）二月，升巴里坤直隶厅为镇西府，降哈密、辟展、奇台三直隶厅为散厅，属镇西府。镇西府府治设在巴里

---

① 王树枏等纂修，朱玉麒等整理《新疆图志》卷六一，上海古籍出版社，2015，第1093页。
② 阎绪昌、高耀南、孙光祖：《镇西厅乡土志》，载马大正、黄国政、苏凤兰整理《新疆乡土志稿》，新疆人民出版社，2010，第97页。
③ 《清高宗实录》卷五二五，乾隆二十年十月庚寅条。
④ 参见牛平汉、陈普《清代政区沿革综表》，中国地图出版社，1990，第504、508页。清朝沿用明朝的概念，将知府的佐贰官——同知、通判等称为"厅"。"厅"在体制上也分两种：一种是直属于布政司的直隶厅，一种是隶属于府的属厅或散厅。清廷将原设在安西和靖逆二地的同知厅和通判厅移驻巴里坤和哈密，明确仍由同时移驻哈密的安西道统辖，属于直隶厅的建制。此时巴里坤在行政上还由甘肃管辖。
⑤ 《清高宗实录》卷五九三，乾隆二十四年七月丙子条记载："安西道移驻哈密，安西同知移驻巴里坤。"刘传飞在《清代新疆建省前镇迪道部分职官、建置考》一文中写作"乾隆二十五年（1760）十月，清廷将安西同知移驻巴里坤改为巴里坤同知，负责粮饷刑名钱谷及监狱事务等项"。参见刘传飞《清代新疆建省前镇迪道部分职官、建置考》，《西域研究》2014年第2期，第49页。笔者未查到"乾隆二十五年（1760）十月"一说的文献出处。

坤，辖宜禾①、奇台两县，成为新疆北路门户。七月置迪化直隶州来属，九月复徙道治于迪化直隶州，改名为镇迪道。②巴里坤行政地位进一步上升。镇迪道由陕甘总督统辖、乌鲁木齐都统兼辖（乌鲁木齐都统又受伊犁将军节制）。清朝统一新疆后在天山北麓的乌鲁木齐与其以东地区，以及天山南麓的吐鲁番、哈密等处陆续设立府厅州县，置镇迪道一员统领。该道是新疆谋划建省前唯一的道，由安西道和乌鲁木齐差缺粮务道改置而来，在同治以前的承平时期肩负着内地直省藩、臬两司之任，辖境内既有正式设立的府厅州县政区，也有分防佐贰杂职分担州县的部分职能。③乾隆三十八年（1773）陕甘总督勒尔谨奏准："巴里坤改设知府，添附府知县，并移驻经历、教授。"④教授是新疆建省前，清廷设于新疆的最高学官，属正九品。可见当时清廷对巴里坤的重视。《镇西厅乡土志》亦载："乾隆三十八年置镇西府，以巴里坤为府治，改同知为宜禾县，东阻伊吾，西连平山（即奇台平顶山），南接楼兰、高昌，北通喀尔蒙界，领县二：

---

① 宜禾，满文写作"huweki suksangga hiyan"，即"肥沃的、新垦之地的县"之意。在新疆各类满文档案中如《署乌鲁木齐都统永庆奏在乌鲁木齐所属宜禾奇台二县安插厂徒并拨给地亩农具籽种等情折》（乾隆四十一年六月初六日）、《乌鲁木齐都统明亮为将参革宜禾县知县瑚图里买获青金石查出解京事咨呈》（乾隆四十七年十一月十五日）、《乌鲁木齐都统明亮奏请将宜禾县欠债杀人案犯许国江拟绞监候折》（乾隆四十八年二月初四日）中，都将宜禾写作"huweki suksangga hiyan"，参见中国第一历史档案馆编《清代新疆满文档案汇编》第129册，广西师范大学出版社，2012，第195页；中国第一历史档案馆编《清代新疆满文档案汇编》第153册，广西师范大学出版社，2012，第373页；中国第一历史档案馆编《清代新疆满文档案汇编》第154册，广西师范大学出版社，2012，第318页。
② 参见牛平汉、陈普《清代政区沿革综表》，中国地图出版社，1990，第508页。
③ 参见鲁靖康《清代新疆镇迪道再探》，《历史地理研究》2023年第2期，第55～56页。
④ 佚名：《乌鲁木齐政略》，载王希隆《新疆文献四种辑注考述》，甘肃文化出版社，1995，第11页。

曰奇台、曰宜禾。咸丰五年降府为直隶同知，划奇台县于迪化州，宜禾县入厅治，城东半里许有会宁满城，系乾隆三十七年所筑，驻领队大臣。"①

咸丰初年，降镇西府为直隶厅，裁宜禾县。光绪十二年（1886）二月升迪化直隶州为府，管辖镇西直隶厅，直至清末，镇迪道领府一（迪化）、直隶厅四（哈密、吐鲁番、镇西、库尔喀喇乌苏）。

笔者根据《清实录》《嘉庆大清会典事例》《光绪大清会典事例》等以及《西域图志》《乌鲁木齐政略》《三州辑略》《镇西厅乡土志》等地方志，梳理了巴里坤地区的行政建制变化，具体见表0-1。

表0-1 清同光之前巴里坤地区行政建制沿革

时间	设置
康熙二十七年（1688）	举兵进剿准噶尔汗噶尔丹叛乱，进驻巴尔库尔
雍正九年（1731）	岳钟琪率士兵修筑巴尔库尔城
乾隆二十一年（1756）	设巴里坤理事同知
乾隆二十四年（1759）	改设巴里坤直隶厅，属甘肃安西道节制，并设办事大臣一员
乾隆三十七年（1772）	满兵驻巴里坤会宁满城，设领队大臣
乾隆三十八年（1773）	巴里坤置府，称镇西府，同时设立宜禾县，撤巴里坤直隶厅。镇西府辖宜禾县、奇台县，归镇迪道节制
咸丰五年（1855）	裁镇西府，改设直隶厅，宜禾县并入镇西直隶厅，奇台县归迪化州，均属镇迪道节制

资料来源：笔者根据相关记载制作。

巴里坤今属新疆维吾尔自治区哈密市，巴里坤政府官网介绍："东邻伊吾县，南接哈密市，西毗昌吉州木垒哈萨克自治县，北与蒙古国接壤，是全国三个哈萨克自治县之一。""巴里坤属温带大陆性冷凉干旱气候区，平均海拔1650米，冬季严寒，夏季凉爽，光照充

---

① 阎绪昌、高耀南、孙光祖：《镇西厅乡土志》，载马大正、黄国政、苏凤兰整理《新疆乡土志稿》，新疆人民出版社，2010，第97页。

足,四季不分明。"①

历史上,虽经多次变化,但"巴里坤"仍是最常用的称呼,出现在各类文献、档案中。巴里坤改称"镇西"时,乾隆帝谕令:"巴里坤汉字改写某府时清字仍写巴尔库勒(巴里坤)。"②《清圣祖实录》《清世宗实录》中"巴里坤"均作"巴尔库尔",自乾隆朝以后,历朝实录里作"巴里坤"者较多,也有的作"镇西""宜禾"。《康熙朝满文朱批奏折全译》《雍正朝满文朱批奏折全译》《钦定平定准噶尔方略》《年羹尧满汉奏折译编》《圣武记》等材料中作"巴里坤"。《雍正朝汉文朱批奏折汇编》时作"巴尔库尔",时作"巴里坤"。《钦定西域图志》《新疆图志》等中作"镇西"处居多。镇西府降为厅后,厅治还在巴里坤。同治、光绪朝文献记载该地区时多称呼为"巴里坤"或"镇西",较少使用"宜禾"。关于"巴里坤"一词的词源,学界探讨较多。魏长洪对此做了详细的梳理,归纳了巴里坤的四种词源说:

(1) 源于蒙语说:察合台汗国时期出现"巴尔库勒"(Barkul)地名。蒙语称"老虎"为巴尔(Bar),库勒(Kul)为肩胛骨(三角形),或虎的前爪。蒙古人来到这里,看到巴里坤城南的天山山脊像坐着老虎的三角形肩胛,便称这里为巴尔库勒。纪昀说巴里坤即巴尔库尔,"坤字以吹唇声读之,即库尔之合声"。(2) 源于维吾尔语说:《西域同文志》卷5称:"巴尔库勒,回语。巴尔谓有,库勒,池也,旧对音为巴里坤。

---

① 《巴里坤概况》,巴里坤哈萨克自治县人民政府网,http://www.xjblk.gov.cn/zjblk.htm,最后访问日期:2023年10月23日。
② 《谕为着嗣后巴里坤汉字改写某府时清字仍写巴尔库勒字样事》(乾隆三十八年二月初八日),中国第一历史档案馆编《清代新疆满文档案汇编》第111册,广西师范大学出版社,2012,第247页。

淖尔,蒙古语,即回语库勒,古蒲类海也。"《西域水道记》卷3亦以为是回语,并云城北有池,故名。《新疆图志》亦赞同此说:"巴尔库勒淖尔,回语谓有为巴尔,渭池为库勒,因以水名地,曰巴尔库勒,今之巴里坤即音之转,继因地以命水,曰巴尔库勒淖尔。"(3)源于突厥语:巴里坤古称蒲类,《汉书·西域传》有蒲类国,《后汉书·窦固传》有蒲类海,《魏略》作蒲陆。唐代旧称蒲类海为婆悉海。《旧唐书·地理志》又说:"蒲类海,胡人呼为婆悉。"《元和郡县图志》卷40伊州条下,蒲类海作婆悉厥海。《寰宇记》与《窦固传》注均无"厥"字。冯承钧认为,婆悉海、婆悉厥海皆为 bars-köl 之异译,"汉代译名蒲类,疑本于匈奴语"。岑仲勉认为蒲类与突厥语的八里(baliq)相近。持蒙语说者,认为巴尔库勒(Barkøl)的拼写,不含突厥语语法。突厥语"有湖"应写成 Kølbar(湖有)。冯承钧认为,Bars-köl 为突厥语,意为"虎湖"。牛汝辰认为,蒲类系突厥语 Bars 之音译,意为"虎"。(4)源于月氏说:汉代的移支距长安8000余里,在其境,移支演变为"月氏"二字,再变为"蒲类",《中国古今地名大辞典》附录又作异称"月支"。[①]

清代巴里坤行政建制变化频繁,行政区划变动较多。笔者整理了清代文献中对镇西府、镇西厅、宜禾县区划的界定,选取几个重要时期加以介绍。

[①] 魏长洪:《新疆行政地理沿革史》,新疆大学出版社,2011,第62~63页。伯希和对巴里坤一词也有过论述,"I must point out that it is a Turkish, not a Mongolian name. Bars, 'tiger', is common to both languages, but köl, 'lake', is only Turkish",认为巴里坤源于突厥语。参见〔法〕保罗·伯希和《马可·波罗注》,中西书局,2017,第92~94页。

乾隆朝，巴里坤隶属镇西府。《钦定皇舆西域图志》载："（镇西府）统县二，宜禾、奇台。东至图古里克，接喀尔喀界；西至干沟，接迪化州阜康县界；南至天山，逾山接哈密界；北至哈布塔克，接天山北路界。镇西府治，在巴尔库勒东南，距哈密三百三十里，距京师七千五百五十里，南界天山，西隐平冈，西北有巴尔库勒淖尔，周一百二十余里。"①

其中，宜禾县"与镇西府同治。东南至南山口二百五十里，东北至盐池百六十里，西至噶顺三百四十里，南至大山十里，北至三塘一百六十里。自县治东北行五十里历五墩至屯田处，地名朴城子，有四庄"。② 下辖镜儿泉、木城、三塘、石人子、奎素、松树塘、沙山子、呼济尔台、图古里克、哈喇和屯、廋济、库尔墨图、西里克拜牲、噶顺等地。

奇台县"东距府治六百九十里，县治东至噶顺沟三百七十里，接宜禾县界；西至干沟一百十里；南至南山；北至苇湖。西域平后，于奇台设堡，乾隆四十一年改设奇台县"。③ 下辖济尔玛台、木垒、伊勒巴尔和硕、阿克塔斯、乌兰乌苏、格根、吉布库、铿格尔、古城、都尔伯勒津、干沟等处。

此外镇西府还有苏博阿拉、阿济、必济、华乌里雅苏台、蔡罕蔡奇尔图、阿拉克椿集、奎屯郭勒图、苏鲁图、色尔克、拜塔克等北境外地。④

道光朝，巴里坤仍属镇西府。《钦定新疆识略》中写作"巴里

---

① 《西域图志校注》卷九，钟兴麒等校注，新疆人民出版社，2002，第182页。
② 《西域图志校注》卷九，钟兴麒等校注，新疆人民出版社，2002，第183~184页。
③ 《西域图志校注》卷九，钟兴麒等校注，新疆人民出版社，2002，第184~185页。
④ 《西域图志校注》卷九，钟兴麒等校注，新疆人民出版社，2002，第186~187页。

坤",记载:"巴里坤东至哈密所属之羊圈沟塘二百里,西至乌鲁木齐所属之济木萨塘九百里,南界哈密,北界喀尔喀。在肃州西北一千七百九十里。与哈密以天山为界,山阳为哈密,山阴为巴里坤。"① 此处记载虽较《西域图志》简略,但可以看出其大致范围依然是乾隆朝时期镇西府的区划。

咸丰朝,镇西降府为厅,并裁去宜禾县。《新疆图志》中有对镇西厅区划的记载:"(镇西)其界东二百二十里至东山口西窑泉,接哈密之回王牧地;南一百九十里至橙槽沟,接哈密及鄯善;西三百五十里至羊肠沟(即噶顺沟),接奇台;北四百里至沙滩北沿苏海图,接乌里雅苏台;东南二百里至栅门口,接哈密;西南二百七十里至陶赖沟,接鄯善;东北五百四十里至沙滩北沿,接蒙古札尔萨克图汗部之明冈;西北七百里至沙滩北沿,接科布多。东西五百七十里,南北五百九十里。"②

巴里坤地区行政建制虽多次变化,但只有权限大小之变、统辖区域多寡的变化,镇西府府治所在地即巴里坤(宜禾县)本身的空间范围并没有太大变化。

本书主要聚焦清康熙朝至乾隆朝的巴里坤。将时间范围限定于这三朝有多方面的考虑。巴里坤是清代新疆重要的地区之一,特别是在康雍乾时期巴里坤发挥了重要的作用。这一时期巴里坤由游牧地向农耕社会转型,移民社会逐渐形成。清廷重兵在巴里坤屯垦戍边、时战时防,这里成为平准之战时期的重要军事阵地。这一时期是清廷在这里建构行政管理体制的重要时期,清廷招徕商民、编氓列户、设官分治。巴里坤发挥了连接内地与边疆的枢纽作用,是中

---

① 松筠:《钦定新疆识略》卷二,《续修四库全书》第732册,上海古籍出版社,2002,第570页。此文献中附有该时期巴里坤舆图。
② 王树枏等纂修,朱玉麒等整理《新疆图志》卷二,上海古籍出版社,2015,第33~34页。

央王朝政策不断向西推进的过渡地带。巴里坤因兵而兴，也因驻防的迁出逐渐没落，它的发展轨迹有别于其他新疆城市。这一时期的巴里坤有一定的代表性和研究意义。

巴里坤何以重要

巴里坤在汉朝时曾是匈奴的游牧地，"至后汉而属伊吾庐，三国鲜昆所属，及后魏而属蠕蠕焉，隋即伊吾郡地，后入突厥，唐代西突厥居天山北，贞观永徽盛时，隶于安西都护，炎宋属伊州，明时属哈密，皆就其部落称之。而版籍不登于司徒，贡献不入于天府，有驾驭之名，而无建置之实"①。至康熙年间清廷因用兵于西域，巴里坤逐步成为西部重镇。

巴里坤在清代西部边疆治理中具有重要作用。巴里坤是康熙、雍正、乾隆三朝用兵新疆时重要的前沿阵地、军事堡垒、台站中心，历次军事行动都与其有关。《三州辑略》载："康熙五十五年，散秩大臣祁里德奏来年由巴里坤剿吐鲁番，乘胜取珠勒都斯地。五十六年靖逆将军富宁安请遣巴里坤兵，分击乌鲁木齐及吐鲁番……六十一年遣巴里坤兵五千，赴吐鲁番筑城垦地、挽粮守汛，防御准噶尔贼。雍正八年宁远大将军岳钟琪统军屯巴里坤……十三年大军撤还，王大臣议设驻防哈密及巴里坤兵各两千。"② 巴里坤也是清朝平定新疆后连接内地与边地的重要枢纽，在内地与新疆地区经济文化交流、中央治边政策的推行等方面都发挥了重要作用。乾隆朝平定西域后置重镇于巴里坤，"乾隆中叶，招关内之商旅，作塞上之屏藩，办地土之瘠腴，审气候之寒燠，编氓列户，营兵屯田，始设官以分治焉。城分满汉，

---

① 阎绪昌、高耀南、孙光祖：《镇西厅乡土志》，载马大正、黄国政、苏凤兰整理《新疆乡土志稿》，新疆人民出版社，2010，第97页。

② 和宁：《三州辑略》卷一，成文出版社，1968，第17页。

营别旗绿，驻领队以专理旗务，设府县以分治民事"。① 至咸同年间清朝国力衰微，"妥明以三年乱乌鲁木齐，安集延以四年并南路，俄罗斯以十年据伊犁"②；"伊犁古城相继失守，只留巴里坤一城孤悬，危如累卵"③。清廷在新疆的治理范围退缩至巴里坤、哈密一带的东疆地区，巴里坤成为清廷在新疆的重要军事堡垒。光绪年间，清廷任命左宗棠为钦差大臣进军新疆，经过两年多的征战，收复了除伊犁以外的全部领土。光绪十年（1884）清廷在新疆建省。

巴里坤的地理位置极为重要，"东接天山，西达奇台，南通伊吾，北连喀尔喀蒙部，幅员千余里。枕山带海，险扼全疆，路达南北，屹然称为重镇"。④ 关于巴里坤重要的交通位置，清人在志书中多有总结和概括。《钦定皇舆西域图志》载："（巴里坤、哈密）同在天山东陲，南北相隔，中为库舍图岭。扼形胜，控极徼。自哈密西出，通天山南路回部诸境。自镇西府西出，通天山北路准部诸境。诚西域之咽喉，边关之锁钥矣。"⑤ 巴里坤、哈密"通天山北路准部诸境"，被视作"西域之咽喉，边关之锁钥"，足见其重要的交通作用。巴里坤因其东接内地，北达喀尔喀蒙古的交通位置，在康熙皇帝亲征噶尔丹时期就受到重视。1697年康熙皇帝亲征准噶尔，曾计划取道巴里坤，直击噶尔丹。康熙五十四年（1715）清军分两路出兵西域，北路与西路的交会点就定为巴里坤。《新疆图志》载："当西征之始，

---

① 阎绪昌、高耀南、孙光祖：《镇西厅乡土志》，载马大正、黄国政、苏凤兰整理《新疆乡土志稿》，新疆人民出版社，2010，第95页。

② 曾毓瑜：《征西纪略》卷四《新疆靖寇记》，载中国史学会主编《回民起义》第3册，上海人民出版社，2000，第43页。

③ 阎绪昌、高耀南、孙光祖：《镇西厅乡土志》，载马大正、黄国政、苏凤兰整理《新疆乡土志稿》，新疆人民出版社，2010，第104页。

④ 阎绪昌、高耀南、孙光祖：《镇西厅乡土志》，载马大正、黄国政、苏凤兰整理《新疆乡土志稿》，新疆人民出版社，2010，第95页。

⑤ 《西域图志校注》卷一，钟兴麒等校注，新疆人民出版社，2010，第66页。

北出蒙古，至科布多、乌里雅苏台者为北路，西出嘉峪关至哈密、巴里坤者为西路。"① 一方面，这样的交通条件方便关内兵丁经山西、宁夏等地，走北路蒙古一线抵达巴里坤、阿尔泰两处军营；另一方面，巴里坤的交通便于运送军需物资，特别便于"驼运"物资。清朝历次使用骆驼赴巴里坤运送军需的数量十分庞大，仅康熙五十四年（1715），喀尔喀左翼车臣汗众扎萨克就协济6000匹骆驼赴巴里坤军前使用。②

巴里坤拥有地形优势，既是孔道，也是都会。清人方苞在《望溪集》中写道："巴里坤地势平旷，饷道少近，大军可万人，左右翼可四五千人，以情势揆之，戍守之地，贼必不敢再窥"，指出了巴里坤适合屯守作战的优势。《新疆图志》载，巴里坤"地居两山之中，形势狭扼，当孔道，亦一都会也"，也记录了巴里坤的险要地形优势。雍正朝宁远将军岳钟琪多次奏请将西路大军由巴里坤移驻木垒。清廷起初并未允许，但岳钟琪以全家性命做保证，力荐清军从巴里坤移驻木垒。西路副将军张广泗对此持有不同意见，在向清廷汇报时指出了巴里坤地居两山之间的孔道位置，认为"实为巴尔库尔之关键"③，指出康熙朝屯兵巴里坤就是看中了其险要的孔道地形。雍正十年（1732）正月清廷同意岳钟琪提出的将大兵由巴里坤迁至木垒的提议④，经过八个月的悉心筹划与实施，在收到张广泗对巴里坤地

---

① 王树枏等纂修，朱玉麒等整理《新疆图志》卷二九，上海古籍出版社，2015，第577页。
② 《清圣祖实录》卷二六六，康熙五十四年十二月甲申条。
③ 《清世宗实录》卷一二二，雍正十年八月壬戌条。
④ 《清世宗实录》卷一一四，雍正十年正月甲申条载："宁远大将军岳钟琪奏言，去年袭击贼夷，沿途细看，有穆垒地方，形势险要，兼可屯种，若于此建筑城池，驻兵二万，贼兵断难飞渡而东……若将来穆垒驻兵有未协之处，请将臣置之重典，妻子从重治罪。得旨，穆垒果为要隘之地，可以堵截贼人来路，又与鲁谷庆等处，互为声援，着照所奏，定议举行。"

形的分析后，又急令停止，令官兵撤回巴里坤。可见巴里坤得天独厚、不可替代的优势地形。清前期以少胜多的战役多发生在巴里坤及其周边地区，如魏源所述："国朝以少击众立功者……（雍正年间）副将樊廷以兵二千拒厄鲁特二万于巴里坤。乾隆中，兆惠以兵千六百自伊犁转战至巴里坤，又以兵四百敌霍集占兵三万于黑水营"，可见巴里坤有利的地形对战争的胜负有一定的影响。巴里坤自古便是兵家必争之地，清人已考证并指出巴里坤"盖自古战守阨隘之地"，是有悠久历史的古战场。康熙朝，巴里坤成为清廷用兵准噶尔的前沿阵地，历经康熙、雍正、乾隆三朝，始终都是西北用兵的大本营。

巴里坤拥有丰富的草场资源。《清实录》记载，巴里坤的草场"胜于各处"①，如果在巴里坤放牧，牲畜便会更肥壮。文献中还记载巴里坤生长着一种特殊的植物，"巴里坤地方甚好，肥养牲畜，又有一种根茎红绿之草，牧放二十日，即可长膘"②。巴里坤草场优渥，不仅利于放牧战马，也适合牧羊。清军选址驻扎时不仅要考虑有没有合适的草场牧马，还要充分考虑喂养羊的场所。一方面，羊是清军重要的口粮。这与蒙古、满洲的饮食习惯有一定的关系，在粮食供应不足时羊肉也起到一定的替代作用。在"行粮""盐菜银""地方有兽，河中有鱼"等各方面物资充裕的情况下，兵丁还是喜欢食用羊肉。各领军大臣为了在"军士中要好名声"，作战时都会多携带羊，满足兵丁需求。另一方面，运羊费用远低于运粮费用。巴里坤有足够大且草质优良的牧场，可牧养供官兵食用的口粮"羊"。

巴里坤驻防是清朝新疆驻防体系的重要组成部分。巴里坤是清代新疆驻防较早的地区之一，也是清朝屯扎重兵的指挥中枢之一。清朝

---

① 《清圣祖实录》卷二八九，康熙五十九年十月丁巳条。
② 《议政大臣苏努等奏报席柱等贻误军务案情折》（康熙五十五年七月三十日），中国第一历史档案馆编译《康熙朝满文朱批奏折全译》，中国社会科学出版社，1996，第1131页。

绪 论

重视巴里坤的驻防，认为巴里坤"实为新疆屯防首尾扣应之总汇"，乾隆朝平定西域后，令安西提督及其所属营兵"携家迁往"巴里坤，将西北绿旗驻防重心移至巴里坤，原安西、哈密的驻防兵"以次递减"，巴里坤成为"内外扼要之区"。清代巴里坤一直驻扎着大量绿营、八旗官兵。巴里坤因兵而兴，康熙朝为满足军需开始在此屯田、开展贸易；雍正朝为防卫准噶尔在此修建城池，驻兵戍守；乾隆朝"城分满汉，营别旗绿，驻领队以专理旗务，设府县以分治民事"①，清楚地指出了清朝对巴里坤的整体规划。乾隆朝平定西域后，置重镇于巴里坤，修建旧城设置绿营，修建会宁城筹建满营，进而拱卫全疆，使巴里坤驻防成为清朝驻防新疆的重要军事力量。

巴里坤满营驻防"原为伊犁、塔尔巴哈台而设"②，东北部的巴里坤、乌鲁木齐，西北部的伊犁、塔尔巴哈台互为呼应，形成了清代新疆八旗驻防的重要格局。驻防满城的命名也能说明这样的布防格局。伊犁有惠远城和惠宁城，巴里坤有会宁城，乌鲁木齐有巩宁城，吐鲁番有广安城、古城孚远城，其中带"宁"字的即伊犁、巴里坤、乌鲁木齐处驻防满城。伊犁惠宁城与巴里坤会宁城，同音不同字，遥相呼应；乌鲁木齐的巩宁城则有巩固、加固之意。清代的驻防城具有显著的军事防护特点，都经过相关部门详细的规划设计，具体建造都有特定的位置关系，可以说驻防城都有一定的共性。但从城市的地理环境特点、驻扎兵丁的多寡、军事地位的重要性来看，这些驻防城又有许多的差异。平定西域后，清朝最先修筑的驻防满城是伊犁的惠远城和惠宁城。巴里坤会宁城、乌鲁木齐巩宁城都是在乾隆三十七年（1772）开始筹建，三十八年（1773）陆续完工。吐鲁番广安城则在乾隆四十四年（1779）筹议，四十五年（1780）完工。巴里坤会宁

---

① 阎绪昌、高耀南、孙光祖：《镇西厅乡土志》，载马大正、黄国政、苏凤兰整理《新疆乡土志稿》，新疆人民出版社，2010，第95页。
② 《清高宗实录》卷九四七，乾隆三十八年十一月戊寅条。

城在旧城旁新建，驻扎满营，与镇西府（驻旧城）分治。在新疆东部的所有满汉城池中，会宁城各方面的建制仅次于巩宁城，是西域北部地区重要的城池。从乾隆三十七年（1772）移驻2000名官兵筹建巴里坤满营，到乾隆三十九年（1774）拨1000名士兵分驻古城，巴里坤满营营制在分驻前后有较大的调整。总体看，巴里坤满营在设置上具有特殊性，在战略布防上主要为伊犁、塔尔巴哈台等处而设，使新疆东部与西北部遥相呼应，达到防卫的效果；满营成员都是清朝的精锐兵力，为固守边疆而设；在职能上，除了要承担兵部规定的操练等任务，还要定期换防天山南路，是南路地区满兵的重要组成部分。

巴里坤的绿营驻防是整个清代新疆绿营驻防的重点之一，与伊犁、喀什噶尔所在的北疆、南疆相互呼应，战略布防意义重大，是清朝在新疆地区的"后路"，尤为扼要，历史也证明了巴里坤绿营确实在关键时期发挥了以上作用。乾隆朝平定西域后，巴里坤处绿营的筹建早于驻防满营。巴里坤绿营在乾隆朝西进开发的过程中发挥了重要作用，特别是屯田与城池的修建方面，超出常规绿营所承担的职责。巴里坤绿营由安西提督移驻，但随后又移驻乌鲁木齐，而乌鲁木齐总兵移驻巴里坤，这使巴里坤绿营从概念和设置上都有了较大的变化，进而影响了整个西北绿营的布防。巴里坤绿营职责繁重，除了军事训练外，还兼屯牧、营建等差。巴里坤绿营兵少差多的问题曾受到乾隆皇帝的重视，亲派名臣福康安前往处置。总之，清代巴里坤绿营在边疆地区发挥了军事防守、发展农牧、营建城市等重要作用。

驻防、移民促使巴里坤移民社会形成。乾隆朝平定西域前，巴里坤安置过许多准部归附人、战时被俘的兵民；在平定西域后又置重镇于巴里坤，令绿营、八旗携眷驻扎，同时招徕商民前往屯垦居住。巴里坤是清代新疆十分有代表性的移民城市。一方面，因为康雍乾三朝清军重兵驻扎，较早地吸引和招徕了内地商民前往贸易、屯田，清廷在巴里坤施行的很多政策后来成为新疆其他地区推行的定例；另一方面，清廷在统一新疆后实行军府制度，由伊犁将军统辖各处，但巴里坤在行政建制上施行了郡县制与军府制并行的管理体制，同时在基层社会推行里甲制，对地区社会进行有效的治理。

巴里坤是清朝重要的边城，是清代新疆驻防体系中重要的一环，也是边疆移民社会形成与发展的典型，是清代新疆研究领域中不可绕过的重要议题。

清前期巴里坤地方情况

噶尔丹家族与巴里坤

学界一般认为康熙五十四年（1715）清廷大军第一次驻扎巴里坤，但很少人注意到早在康熙十八年（1679）清廷就已经在此地设置边汛。《（嘉庆）大清一统志》载"本朝康熙十八年始设备边汛，三十五年设哨"；① 《钦定新疆识略》亦载"巴里坤曾两驻大兵，康熙十八年张勇谍噶尔丹欲袭哈密，始设备边汛"。② 康熙朝后期决定选取巴里坤派遣大兵与该地已有边汛也有一定的关系。康熙三十六年（1697）噶尔丹家族成员在巴里坤被发现，也增加了清朝对巴里坤的关注。

噶尔丹家族与巴里坤有一定的渊源。康熙三十二年（1693），噶尔丹率众移于哈密境内，"闻噶尔丹艰于食，穷困已极，来就食于哈密"。③ 因哈密与巴里坤相近，噶尔丹之子于康熙三十六年（1697）在巴里坤被发现。

---

① 穆彰阿：《（嘉庆）大清一统志》卷五二〇《巴里坤》。
② 松筠：《钦定新疆识略》卷二，《续修四库全书》第732册，上海古籍出版社，2002，第570页。
③ 《清圣祖实录》卷一五八，康熙三十二年二月戊子条。

《清圣祖实录》记载：

> 哈密额贝杜拉达尔汉白克，遣其子郭帕白克，率兵于巴尔库尔地方，擒逆贼噶尔丹之子塞卜腾巴尔珠尔及徽特和硕齐等，解至臣（副都统阿南达——引者注）军前。①

《亲征平定朔漠方略》中也有对此事的记载：

> 哈密回子额贝都拉达尔汉白克闻噶尔丹之子色卜腾巴儿珠尔，在巴尔思库儿地方周行捕兽，遣其长子郭帕白克率兵擒色卜腾巴儿珠尔及其乳父挥特和硕齐等人，解至臣（副都统阿南达——引者注）军中。②

两处文献对噶尔丹之子在巴里坤被捕的史实叙述基本一致，但具体的书写略有差异。《清圣祖实录》中作"额贝杜拉达尔汉白克"，《亲征平定朔漠方略》（以下简写作《方略》）中作"额贝都拉达尔汉白克"；《清圣祖实录》中噶尔丹之子的名字写作"塞卜腾巴尔珠尔"，《方略》中写作"色卜腾巴儿珠尔"③，《康熙朝满文朱批奏折

---

① 《清圣祖实录》卷一七九，康熙三十六年正月戊辰条。
② 《亲征平定朔漠方略》卷三五，康熙三十六年正月戊辰条，中国藏学出版社，1994，第830页。由北京图书馆出版社于2006年出版的《清代方略全书》第10册《亲征平定朔漠方略》中对这一事件的记载也是"戊辰"日（第31页），但《新疆穆斯林研究》（佐口透著，章莹译，新疆人民出版社，2012，第144页）在引用这条史料时写作"壬辰"日，应为笔误。
③ 噶尔丹之子的姓名在《亲征平定朔漠方略》中还有其他写法，也写作"塞卜腾巴尔珠儿"，"康熙三十六年二月……生擒逆子塞卜腾巴尔珠儿……"

全译》中又写作"塞布腾巴尔珠尔"①；《方略》中将噶尔丹之子的乳父写作"挥特和硕齐",《清圣祖实录》中写作"徽特和硕齐",《康熙朝满文朱批奏折全译》中又写作"惠德依和硕齐"②。《方略》中记载在"巴尔思库儿"地方擒拿噶尔丹之子,地应为"巴里坤",只是汉字的不同写法。《哈密志》中也有对此事的记载："辉特和硕齐从色布腾巴勒珠尔猎巴里坤,额贝杜拉遣长子郭帕伯克以兵三百擒之。"③

塞卜腾巴尔珠尔为噶尔丹之子,文献中记载了康熙皇帝对他的描述："噶尔丹之子塞布腾巴尔珠尔解至朕营,见其身材短小,人亦平常。"④ 据史料载,他是噶尔丹此时（康熙三十六年）唯一的儿子,"噶尔丹唯有一子,尚不能保"⑤。塞卜腾巴尔珠尔一直与"乳父"徽特和硕齐一起活动,在解送至京师的路途中,康熙皇帝曾下旨嘱咐"唯其（指塞卜腾巴尔珠尔——引者注）乳公切勿分离。应在皇城内寻一清洁之处,交付良善敬养。万一病死,将悔之莫及也"⑥。

同年噶尔丹部丹济拉称噶尔丹已经自尽,准备携带残余人丁投清。《清圣祖实录》记载："厄鲁特丹济拉等遣齐奇尔寨桑等九人来

---

① 《康熙帝朱谕》（康熙三十六年正月十八日）,中国第一历史档案馆编译《康熙朝满文朱批奏折全译》,中国社会科学出版社,1996,第136页。
② 《抚远大将军费扬古奏报厄鲁特来降人供词折》（康熙三十六年三月十四日）,中国第一历史档案馆编译《康熙朝满文朱批奏折全译》,中国社会科学出版社,1996,第150页。
③ 钟方：《哈密志》卷五一,成文出版社,1968,第208页。
④ 《皇太子胤礽奏报解塞布腾巴尔珠尔往京城折》（康熙三十六年三月十一日）,中国第一历史档案馆编译《康熙朝满文朱批奏折全译》,中国社会科学出版社,1996,第149页。
⑤ 《皇太子胤礽奏报解塞布腾巴尔珠尔往京城折》（康熙三十六年三月十一日）,中国第一历史档案馆编译《康熙朝满文朱批奏折全译》,中国社会科学出版社,1996,第149页。
⑥ 《皇太子胤礽奏报解塞布腾巴尔珠尔往京城折》（康熙三十六年三月十一日）,中国第一历史档案馆编译《康熙朝满文朱批奏折全译》,中国社会科学出版社,1996,第150页。

告曰，闰三月十三日，噶尔丹至阿察阿穆塔台地方饮药自尽，丹济拉、诺颜格隆、丹济拉之婿拉思伦，携噶尔丹尸骸及噶尔丹之女钟齐海，共率三百户来归。"① 不久后清廷查得丹济拉暂居巴里坤，准备前往接洽。

学界对"噶尔丹之死"讨论较多，但对噶尔丹尸骸的去向探讨并不多。赵柄学的《噶尔丹死亡考》一文中有对噶尔丹尸骸去向的讨论："护从丹济拉等火化了其遗体后，携骨灰与噶尔丹之女钟察海一起，率部到巴雅恩都尔这一地方准备降清。但是，策妄阿喇布坦派遣的堪都等尾随而来，将噶尔丹的骨灰和女儿钟察海截去。"② 作者指出丹济拉在"巴雅恩都尔"准备投清，"堪都等尾随而来"，将噶尔丹尸骸截去。策妄阿喇布坦的属下堪都是在"巴雅恩都尔"截获的尸骸还是在别处？作者在此并没有明确说明。

对于"噶尔丹"的讨论，学者多将目光锁定在康熙朝，对诸如《清圣祖实录》《宫中档康熙朝奏折》《清内阁蒙古堂档》《亲征平定朔漠方略》以及零散的档案都有深入的挖掘和考订，但较少关注到雍正朝文献中关于噶尔丹的记载。笔者发现雍正朝满文朱批档案中有噶尔丹尸骸具体如何被截走的记载。在内阁学士众佛保与策妄阿喇布坦议界时，策妄阿喇布坦亲口承认其派人在巴里坤截获噶尔丹尸骨及其女钟齐海：

> 我获悉噶尔丹于乌兰布通兵败后，复缘克鲁伦河往西去。时因路不通，我即派名为沙克之人，乘骑骆驼，穿过戈壁，绕道哈密速奏。继而我全收其游牧地堵截，噶尔丹大败于昭莫多，无路可退而身亡。我住博罗塔拉时，获悉丹济喇带噶尔丹尸首、妾、女、伊喇固克三呼图克图，欲往招地寻找第巴。我即派一队人马

---

① 《清圣祖实录》卷一八三，康熙三十六年四月甲子条。"钟齐海"一名，也写作"钟察海"，笔者以《清实录》为准，在行文中使用"钟齐海"。
② 赵柄学：《噶尔丹死亡考》，《历史档案》2012年第2期，第89页。

截杀于巴里坤。丹济喇带领少许人马逃回,旋投诚于大皇帝。噶尔丹之尸首、妾、女、伊喇固克三呼图克图等,均被我拿获。①

从策妄阿喇布坦的叙述中可以清楚地知道噶尔丹尸骸是在巴里坤被截走的。策妄阿喇布坦获得了丹济拉要前往招地寻找第巴的消息,提前派人截杀,抢走了噶尔丹之尸首、妾、女、伊喇固克三呼图克图等。在清廷的要求下,最终策妄阿喇布坦先后将噶尔丹的骨灰和钟齐海送至清廷。

康雍两朝巴里坤驻防体系的设置

巴里坤、哈密都位于西域东部地区,为西域门户。策妄阿喇布坦在取得准噶尔统治地位后逐渐增兵至哈密城北,影响当地生产。康熙五十四年(1715)五月,哈密佐领色珀尔称:"策妄阿喇布坦兵骤至城北,我数村庄田不得耕种,今官兵在西喇胡卢苏太地方驻扎,若移在北边托河齐、哲克得里(按:托河齐为哈密以北五堡之第三堡,哲克得里为第三堡西北之沙枣泉)等处,我等人俱得安心耕种,应令总兵官路振声,将兵移驻托河齐、哲克得里等处形势地方,在巴尔库尔等要路口,安设汛界哨探。"② 因为巴里坤距离哈密较近,两地互为门户,唇齿相依,所以康熙皇帝准议政大臣苏努等所请,在巴里坤地方

---

① 《内阁学士众佛保等奏报与策妄阿喇布坦议界事折》(雍正三年正月初二日),中国第一历史档案馆译编《雍正朝满文朱批奏折全译》,黄山书社,1998,第1010页。
② 《清圣祖实录》卷二六三,康熙五十四年五月己未条。满文档案《议政大臣苏努等奏请总兵官路振声驻兵折》也有记录:"哈密回子佐领色颇尔报称,策妄喇布坦兵将至,我城北数里处村庄农夫,皆已撤入城内,今虽暂时去看田,但小民不得久住,恐误耕田及浇灌。今仰赖皇上之恩,总兵官路振声之兵驻守在西喇胡卢苏台地方,致使我处防守坚固如山,倘若将此处兵移驻我处以北之托河齐、哲克得里等地方之村庄周围,则我等贱民得以安心务农收粮,皆仰仗皇恩。"参见《议政大臣苏努等奏请总兵官路振声驻兵折》(康熙五十四年七月十九日),中国第一历史档案馆编译《康熙朝满文朱批奏折全译》,中国社会科学出版社,1996,第1039页。

安设汛界哨探，设兵500名巡查。① 随后清廷侦察得知策妄阿喇布坦有侵扰哈密之势，肃州总兵官路振声带领先遣军队抵达清廷指定的"哈密城后托河齐、哲克得里等处"，却发现清廷令军队移驻之处"其地湿热，马难肥壮"，经勘查后认为无克克岭与巴里坤一带"山上远瞭甚明"，更宜适合驻扎。② 康熙朝选择驻扎巴里坤主要是出于拱卫哈密的考虑。

康熙、雍正两朝，清廷曾两次派重兵驻扎巴里坤。驻防兵丁不仅承担着日常操练防守的军事职责，也不断拓荒屯田。康熙五十五年（1716）开始在巴里坤勘查地亩，派遣兵丁进行耕种。《清圣祖实录》载："巴尔库尔、科布多、乌兰古木等处种地之事，甚属紧要，若种地得收，则诸事俱易，着会议具奏……"③ 清廷非常重视巴里坤等处的屯田，认为种地之事"甚属紧要"，康熙皇帝也晓谕了其中的利害关系，即"若种地得收，则诸事俱易"。值得注意的是，屯田是驻防官兵的"军务"，是必须履行的职责。《议政大臣和硕裕亲王保泰等奏议叙屯田多收之员折》中载，"视耕田所得多少予以议叙治罪之事既属军务，着从严议之"，明确指出"屯田"是"军务"，按屯种收获的多寡，予以奖惩。具体的执行细则是："凡多收者援照西吉木等地各记录三次之例议叙，少收者照例处分"，即记录在案三次（耕种地亩并上报收成三次），按累计收成，清算收获。④ "巴里坤屯田官兵，若有收获七成以上者，即交九卿照例议叙。若有收获五六成者，即免查议。若有收获四成以下者，则令查议。"⑤ 一般情况下将收获

---

① 《清圣祖实录》卷二六四，康熙五十四年六月甲戌条；《平定准噶尔方略》前编卷二，康熙五十四年六月甲戌条记载："应于布隆吉尔、巴里坤两处各设兵五百。"
② 《清圣祖实录》卷二六四，康熙五十四年七月戊午条。
③ 《清圣祖实录》卷二六七，康熙五十五年二月乙丑条。
④ 《议政大臣和硕裕亲王保泰等奏议叙屯田多收之员折》（雍正二年十二月初四日），中国第一历史档案馆译编《雍正朝满文朱批奏折全译》，黄山书社，1998，第545页。
⑤ 《和硕怡亲王允祥等奏报于阿尔泰路驻兵及屯田事折》（雍正二年十一月初五日），中国第一历史档案馆译编《雍正朝满文朱批奏折全译》，黄山书社，1998，第964页。

少于四成者登记在案,来年仍派耕田,若其多收,则免去查议。倘若不图效力,再次少收,则从严处置。

《平定准噶尔方略》中多处记载了巴里坤驻防兵丁的屯田收成。例如,康熙六十一年,巴里坤等处屯田收获青稞一万五百七十石有奇;① 雍正八年,巴里坤、图古里克等处屯田收获青稞一万一千六百石有奇;② 雍正九年,巴里坤、图古里克等处屯田收获青稞三万六百八十石有奇;③ 雍正十年,巴里坤、图古里克等处屯田收获青稞一万二千六百石有奇;④ 雍正十一年,巴里坤、塔勒纳沁、图古里克等处屯田收获青稞四万六千一百石有奇。⑤

康熙、雍正两朝是西域屯田发展史的重要时期,驻防兵丁在西域的屯垦拓荒活动为后期土地的进一步开发奠定了基础。乾隆朝在巴里坤的兴垦就建立在康雍时期的基础上。《清高宗实录》载:

> 大学士管理陕甘总督黄廷桂奏,查雍正年间,巴里坤驻扎大臣时,奎素、石人子、巴里坤至尖山一带地亩,俱经开垦,尚有沟塍形迹,臣于上年冬月,奏请派拨绿旗官兵五百名,前往垦试……旋据覆称,委总兵丑达,勘得尖山子起,至奎素一带,百余里内,从前地亩旧迹俱存,系取用南山之水,共有正渠九道,

---

① 傅恒:《平定准噶尔方略》前编卷十一,康熙六十一年十一月辛亥条,方略馆编《清代方略全书》第21册,北京图书馆出版社,2006。
② 傅恒:《平定准噶尔方略》前编卷二十,雍正八年冬十月己亥条,方略馆编《清代方略全书》第21册,北京图书馆出版社,2006。
③ 傅恒:《平定准噶尔方略》前编卷二八,雍正九年十二月壬辰条,方略馆编《清代方略全书》第21册,北京图书馆出版社,2006。
④ 傅恒:《平定准噶尔方略》前编卷三三,雍正十年十二月庚午条,方略馆编《清代方略全书》第22册,北京图书馆出版社,2006。
⑤ 傅恒:《平定准噶尔方略》前编卷三五,雍正十一年十二月庚申条,方略馆编《清代方略全书》第22册,北京图书馆出版社,2006。

自山口以外，多渗入沙碛，必须木槽接引，方可畅流，其三道河以北，自镜儿泉三敦起，至奎素止，亦有正渠三道及支渠形迹，芜久湮塞……①

这则史料清楚地说明了乾隆朝奎素、石人子、巴里坤至尖山一带的土地还保存着雍正朝耕地的痕迹，乾隆朝在这些"尚有沟塍形迹""地亩旧迹俱存""有正渠三道及支渠形迹"的土地上进一步屯种。康雍时期驻防兵丁的屯垦为后世的屯田发展打下了基础，这一时期也是各项屯田制度初步形成的阶段。

巴里坤是清前期接待外藩使臣、安置流民，继而护送进入腹地的重要过渡带，这种重要作用延续至清中叶。

平准之战时，准噶尔各部派遣的投诚使臣多被安置在巴里坤。巴里坤地方大员了解详情后，再将重要信息审核报备中央，等待朝廷进一步部署。巴里坤地方承担着安顿使者、辨别真伪、把握时局讯息等重要职能。有关巴里坤接待使臣的记录较多。例如，雍正二年（1724）由阿克苏、库车等十一城伯克派使臣土尔扈特台吉达尔玛、沙依雅尔伯克、艾达尔伯克、苏布尔格依、吐鲁番额米勒和卓等十五名使臣抵达巴里坤，因不堪策妄阿喇布坦之骚扰、索要牲畜等，向驻扎在巴里坤的靖逆将军富宁安递交文书，请求归附并愿赴京觐见。②富宁安仔细询问后，将其所呈奏书粗略翻译，缮折上奏，供给骑驮牲畜和食物，派出满洲、绿旗官兵送至布隆吉尔再赴京城。

同年，库车人莫洛老再、阿力木沙、多洛特克、哈依特、土喇特、莽力克等使臣经乌兰乌苏，越过布中图达巴罕，最终抵达巴里

---

① 《清高宗实录》卷五四八，乾隆二十二年十月庚午条。
② 《靖逆将军富宁安奏报阿克苏等城伯克使臣赴京城折》（雍正二年三月十八日），中国第一历史档案馆译编《雍正朝满文朱批奏折全译》，黄山书社，1998，第719~721页。

坤，库车等各城人员不愿再被策妄阿喇布坦蹂躏，请求归附并带来文书。经详细询问后，由巴里坤办事大员奏闻朝廷，再派出官员，供给马畜食物，送往京城。①

西北战事造成道路不通、匪乱严重，地方民不聊生，在这种情况下，许多流民奔赴清军在西北的大本营巴里坤，巴里坤因此又起到了收容难民并安置流转的作用。两份由理藩院外郎罗密上书的奏折对此有比较详细的描述。罗密由京城赴巴里坤，以亲历者的身份记录了当时的情况，以下转录奏折部分内容：

> 遣赴巴里坤往迎策妄阿喇布坦使人带来之商货之员外郎罗密呈理藩院之书：为报道路阻截，俟路畅通前往巴里坤事。
>
> 罗密我于十月十八日自京城起程至达陕西，因路遇土匪，拼命奔逃，十一月十三日方抵肃州。经地方官员拨给干粮租骡，于本月十七日自肃州起程。十八日出嘉峪关，见惠回堡、河哨沟等处无一商贩，搭建之庐帐半数毁坏。十九日至赤金堡询问卫守备王伟、营守备徐祚、驿站笔帖式图拉等。据伊告称，通往巴里坤之路常有贼匪拦路抢劫。适有数百蒙古人来至惠回堡等处，屡屡抢掠驿站马匹，商人马骡食品等物，我前三驿站之人，不堪贼匪蹂躏，皆已投奔哈密，邸报已断十余日矣。如今路匪仍然不绝，难以通行……②

奏折中比较详细地描述了当时西北地方兵连祸结的情况，从奏折中可知，因为驿站被劫掠，驿站之人不堪蹂躏，"皆已投奔哈密"的情况。

---

① 《靖逆将军富宁安奏报库车归顺回子及所获厄鲁特人情形折》（雍正二年三月二十日），中国第一历史档案馆译编《雍正朝满文朱批奏折全译》，黄山书社，1998，第724~728页。

② 《员外郎罗密呈报俟路畅通前往巴里坤折》（雍正元年十一月二十五日），中国第一历史档案馆译编《雍正朝满文朱批奏折全译》，黄山书社，1998，第530页。

投奔哈密处的主要是驿站、卡伦等处的官兵及甘肃等处的百姓；来至巴里坤的主要是自准噶尔处脱逃的流民。例如，自准噶尔处脱逃而来的伊咱穆特讲述道："我原为哈萨克地方回子，十三岁被准噶尔掠走，交给居住乌鲁木齐附近昌吉地方之寨桑哈尔布克为奴，将和硕特女子给我为妻，生有一子，即现随我逃来之库畚即是，我妻去世已三载，库畚现年满十五岁，我看得准噶尔人奸险，噶尔丹策零并非安分之人，我日后被大军俘虏，不如现即来投诚，于是于九月二十日，我乘骑己之马三匹，带子库畚，跟踪特磊经过踪印而来，抵达苏吉卡伦后，遇兵丁解我前来……又据闻大军早已抵达巴里坤地方，是以前来投诚。"① 岳钟琪念其无投靠地方，暂时留于军营，承诺大军凯旋后，再办理安置。

乾隆朝巴里坤驻防体系的确立

巴里坤在清朝西域布防中占据重要地位。《新疆图志》载："乾嘉之际，西师初罢，然犹屯营列戍，烽堠相望，置重镇于巴里坤，伊犁犄其北，乌鲁木齐控其南，镇西当驰道之冲。"② 乾隆朝平定准噶尔及回部后，乾隆二十四年（1759）安西提督移驻于巴里坤，乾隆三十七年（1772）修建会宁城安置满营驻扎，乾隆三十八年（1773）置镇西府，巴里坤的驻防体系与行政建制逐渐完善。

在乾隆朝平定西域的过程中，巴里坤是西路兵马的重要会聚之处。清廷在调拨各路兵马进军西域时，令"大兵到日俱驻巴里坤"。乾隆朝平定西域后，添建旧城，安西提督移驻于此。巴里坤的造房工程主要由安西、哈密处兵丁承担。巴里坤虽设同知、办事大臣，但驻防移驻等事务听命于陕甘总督。巴里坤城初步修建完毕后，乾隆二十七年

---

① 《宁远大将军岳钟琪奏报噶尔丹策零近况折》（雍正七年十月初七日），中国第一历史档案馆译编《雍正朝满文朱批奏折全译》，黄山书社，1998，第1862页。

② 王树枏等纂修，朱玉麒等整理《新疆图志》卷二九，上海古籍出版社，2015，第577~578页。

(1762) 二月,安西处官兵开始移驻巴里坤。乾隆三十七年(1772)筹议组建巴里坤满营,计划将绿营移往城东,屯田绿营兵携眷前往屯田处居住,城内的民人除客民铺房酌留外,每间房给予三两银补偿,全部移往关厢处,空出房屋给满营兵丁居住。"巴里坤绿营兵,向散处城内,今移满兵驻城西,应将绿营兵拨居东城以免掺杂。满营官兵房署,将西城原有绿营官兵房署拨住,不敷,添建,绿营兵尽移东城,应另盖房屋,城内隙地无多,原住民人除客民铺房酌留外,余悉令移住关厢,每间给移造银三两,其绿营屯兵,无父兄子弟在营食粮者,令携眷赴屯,就住现有房屋,以节改建工费。"① 实际上移驻满营兵丁在乾隆三十八年(1773)才陆续抵达,因巴里坤城狭小,无法安置,又新修建了驻防满城,选址在原城的东面,不是起初议定的西面。至此巴里坤有汉城一座,在城西,驻扎绿营;有满城一座,在城东,驻扎满营。

巴里坤移民社会的初步形成

目前关于新疆移民社会的研究,学界多从移民历史背景、屯垦活动、移民来源及规模、移民的经济社会影响、"落籍"问题等方面展开讨论,但尚缺少关于康雍乾时期巴里坤移民社会的专题著述。

学界主要探讨的是乾隆朝平定西域后的移民问题,很少涉及在这之前就生活在西域地区的各民族迁移及户籍问题。平准之战时期,巴里坤安置了许多准部归附人,以及陆续归来的曾被准噶尔俘获的兵丁,他们也是巴里坤移民社会形成和发展的一部分。巴里坤是新疆地区较早形成的移民城市,在康雍乾时期是清朝重点筹建地区,值得进行深入研究。

康熙、雍正、乾隆时期,清廷安置了大批准噶尔归附人[②]。康熙朝多将归附人安置在张家口、京师、山西大同一带,有的编入察哈尔

---

① 《清高宗实录》卷九〇一,乾隆三十七年正月癸丑条。
② 文献中也写作"准噶尔降人""准噶尔投诚人"。

八旗；雍正朝多将归附人安置在京城、察哈尔、青州等地；乾隆二十年（1755）之前，多将归附人安置在天津、杭州、青州、江宁、京口等地，多在八旗驻防地。乾隆二十年（1755）前后，随着平准局势的变化，大量原准部的属民投奔清廷，奔赴巴里坤军营，清廷将到来的大部分准噶尔归附人暂时安置在巴里坤。

这些准部归附人奔赴巴里坤主要有两个原因：一是巴里坤相对安全，二是清廷政策。因准部归附人生计困难者甚多，朝廷鼓励准部有能力者自赴巴里坤领取接济物资。准部归附人"暂留巴里坤，酌给口粮"①，实际上这些人抵达巴里坤后，为避开冬天迁徙的不便以及相继开展的种地谋生活动，在巴里坤暂住的时间都在一年左右。

聚集在巴里坤的大批准部归附人，有的部落经过短暂安置后迁移别处，有的散户则被编入绿营。乾隆朝，清廷在巴里坤安置准部归附人的政策主要有两个：一是接济来巴里坤投诚的厄鲁特人，然后遣回原游牧地或安排新的游牧地；二是将新附的厄鲁特人编入绿营，或给予籽种安排种地谋生。《清高宗实录》载："将来降之厄鲁特等，赏给产业，归入绿旗兵丁内差遣。"② 档案《甘肃巡抚吴达善等奏遵旨奖励来降厄鲁特哈尔察海等人并编入绿营驻巴里坤折》《甘肃巡抚吴达善等奏将投诚厄鲁特哈尔察海等暂时安置于巴里坤种地折》③ 等都有记载。

除了安置准部归附人，巴里坤也安置了部分曾被准部俘获的民

---

① 《清高宗实录》卷五二四，乾隆二十一年十月癸酉条。
② 《清高宗实录》卷五五九，乾隆二十三年三月己酉条。
③ 《甘肃巡抚吴达善等奏遵旨奖励来降厄鲁特哈尔察海等人并编入绿营驻巴里坤折》（乾隆二十三年二月初一日），中国第一历史档案馆编《清代新疆满文档案汇编》第28册，广西师范大学出版社，2012，第93页；《甘肃巡抚吴达善等奏将投诚厄鲁特哈尔察海等暂时安置于巴里坤种地折》（乾隆二十三年二月初九日），中国第一历史档案馆编《清代新疆满文档案汇编》第28册，广西师范大学出版社，2012，第165页。

人、兵丁。随着清廷的节节胜利，曾被准噶尔俘获的满洲、蒙古、绿旗等各处兵丁以及民人得以回归。这些人或是散户，陆续来归；或由清军沿途收编，整队而回，统一被送至巴里坤军营。除了将曾被俘人员安置在巴里坤外，也让一些久在准噶尔的满洲、蒙古兵丁居住于巴里坤，参与驻防。从文献中可以看出，清廷认为久居准噶尔的满洲、蒙古兵丁更熟悉彼处的"言语风土"，可以居住在巴里坤"与瓜州安西兵丁更番轮替"，更有利于巴里坤的驻防。① 这些曾被准噶尔俘虏的兵丁以及久在准噶尔等处生活的满洲、蒙古等各处兵丁被清廷安置在巴里坤居住，也是巴里坤历史移民的一部分。

《嘉庆会典》记载，清代的户民分隶于民籍、商籍、军籍、灶籍，其中民籍是清代户籍制度的主体，除军籍、商籍、灶籍之外的户民都入民籍。② 满洲、绿营官兵虽属军籍，但他们携眷驻扎在巴里坤，也构成了巴里坤移民社会的一部分。③

驻防满营、绿营移民主要分为两种形式。一种是本人供职于驻防体系，属军籍，但携带家眷在巴里坤生活多年，其亲属在本处认户，

---

① 《清高宗实录》卷四九四，乾隆二十年八月甲辰条。
② 《大清五朝会典·嘉庆会典一》卷十一《户部二》，线装书局，2006，第140页。但纪昀《乌鲁木齐杂诗》中所做注指出："乌鲁木齐之民凡五种。由内地募往耕种及自塞外认垦者，谓之民户；因行贾而认垦者，谓之商户；由军士子弟认垦者，谓之兵户；原拟边外为民者，谓之安插户；发往种地为奴当差，年满为民者谓之遣户……又有所谓园户者，租官地以种瓜菜，每亩纳银一钱，时来时去，不在户籍之数也。"纪昀曾亲赴乌鲁木齐，熟悉当地情况，所记应无误。笔者认为纪昀所言的"民凡五种"都是《嘉庆会典》中的"民户"类型，只是在大概念下又细分为民户、商户、兵户、安插户、遣户五种类型。
③ 褚宏霞在《清代新疆军事移民落籍的相关问题探析》中讨论了绿营携眷赴西域后移民落籍的问题，指出："绿营军被派驻新疆后，随着清廷移民落籍政策的逐步推行，其眷属子弟也和内地平民、商民、遣犯等移民群体一样加入了当地的民籍系统。"参见褚宏霞《清代新疆军事移民落籍的相关问题探析》，《管子学刊》2019年第4期，第73页。

属巴里坤府县体系管辖。《乌鲁木齐政略》记载："各处商民及兵丁子弟亲属准于本处认户，其眷口在内地者，一体官为咨送。"① 即"兵丁子弟亲属"可以在乌鲁木齐都统管辖范围内（巴里坤在此范围内）入民籍。从巴里坤刑科档案的记载来看，驻防八旗携带众多家眷至巴里坤，其本人与家眷涉及的刑科事件一般都由宜禾知县办理，属地方府县体系管理。巴里坤驻防八旗除定期赴喀什噶尔等南疆换防（不带家眷），一般都与家眷生活在巴里坤，一切事宜统归巴里坤处管辖。另一种是军转民，即兵丁被移出军籍，落地为民，通常是因获罪而被取消军籍。例如，乾隆四十一年（1776），乌鲁木齐都统永庆审理魏雄扎死其岳母赵氏案，魏雄的岳父就是因获罪而被取消军籍。② 驻防八旗、绿营兵丁及其家眷以这两种形式生活在巴里坤的二元治理体系中，成为巴里坤移民社会的重要组成部分。

此外，移民来源方式还有官方的发遣与招徕。巴里坤是清代较早发派遣犯的地区。清廷考虑到若将遣犯移至巴里坤等地屯田，不仅有利于内地治理，也有利于边外，是"实为永利之事也"③，遣犯由绿营兵丁监管。从档案记载来看，发遣至巴里坤等处的遣犯以"盗贼抢夺"者居多。例如，"王顺，即催流儿，现年三十八岁，系直隶静海县人，因在密灵县地方行窃事主傅华铺内银钱等物"，发配巴里坤。④ 再如，"张

---

① 佚名：《乌鲁木齐政略》，载王希隆《新疆文献四种辑注考述》，甘肃文化出版社，1995，第57页。
② 《署乌鲁木齐都统永庆奏理昌吉雇工魏雄扎死其岳母赵氏折》（乾隆四十一年十二月初二日），中国第一历史档案馆编《清代新疆满文档案汇编》第131册，广西师范大学出版社，2012，第229页。
③ 《□□□奏请将遣犯留于肃州俟明年初发往屯田地方以节省运粮费用》（乾隆二十三年五月初九日），中国第一历史档案馆编《清代新疆满文档案汇编》第29册，广西师范大学出版社，2012，第434~435页。
④ 《乌鲁木齐都统明亮奏通缉巴里坤遣屯逃犯王顺折（附案由单一件）》（乾隆四十七年七月十七日），中国第一历史档案馆编《清代新疆满文档案汇编》第152册，广西师范大学出版社，2012，第139页。

建，现年三十六岁，系山东冠县人，因在曲周县地方随同贼犯李白窑伙窃事主焦鸣皋家银衣等物，计赃逾贯"，发配巴里坤。① 乾隆二十六年（1761）还形成了罪犯发遣巴里坤条例。《清高宗实录》载："军机大臣会同刑部核定发遣巴里坤条例，奏请通行。"② 遣犯年满后可以落户为民。其他地方遣犯年满后，也可安置在巴里坤。例如，《乌鲁木齐政略》记载：哈密"沁、蔡两屯年满遣犯改拨巴里坤并本处安插。"哈密"沁"即哈密营塔尔纳沁，该处有屯兵170名，遣犯130名；哈密"蔡"即哈密营蔡把什湖，该处有屯兵100名，遣犯50名。③ 遣犯也是巴里坤移民社会的一部分。

乾隆朝，清廷大举招徕内地民户移住新疆，并提供了多种便利条件和物资保证。乾隆二十六年（1761），清廷招募民人前往新疆，将民人分拨料理，拣选文武官员沿途护送，"其应需车辆、口食，请照从前议准黄墩营兵丁家属移驻塔尔纳沁之例办理。此内有衣服单薄者，酌给无面老羊皮衣一件，以资御寒。其自哈密以西沿途俱无歇店，伊等携有眷属，难以露处，并请于哈密军需余存旧帐房内，量其敷用，酌拨带往，到彼仍行交还"。④ 移民抵达后提供口粮、屯垦农具、牲畜、盖房银或直接提供住处等，保障移民群体的基本生活。

清廷虽希望通过移民新疆的举措，解决内地无业流民、贫民的生计问题，但在实际执行中，侧重于选拔两类群体迁移落籍。一是商

---

① 《乌鲁木齐都统明亮奏巴里坤屯遣屯张建脱逃折（附案由单一件）》（乾隆四十七年九月十二日），中国第一历史档案馆编《清代新疆满文档案汇编》第152册，广西师范大学出版社，2012，第430页。
② 《清高宗实录》卷六三三，乾隆二十六年二月辛酉条。
③ 佚名：《乌鲁木齐政略》，载王希隆《新疆文献四种辑注考述》，甘肃文化出版社，1995，第55页。
④ 《陕甘总督杨应琚为遵旨办理甘肃贫民赴新疆屯垦事奏折》（乾隆二十六年九月十三日），载中国第一历史档案馆《乾隆年间徙民屯垦新疆史料》，《历史档案》2002年第3期，第10页。

民,"招徕垦辟,原为充实户口起见,而前往民户之内如得有家道稍丰之人,更足以树风声而广招集"。① 清廷认为商民前往新疆认垦落籍更有利于引导社会风向,招徕更多民人前往。二是携带家眷移民的群体,"事关充实户口,为盛世久远之良图,必得挈带眷属之人,始于新疆地方有益。此等只身贫民毫无系恋,诚恐一时觊觎,迨至料理前往后,难保其安心立业"。② 清廷认为携带家眷者比单身群体迁移后更稳定,更容易安心生活、立业。《三州辑略》中详细记载了乾隆二十七年(1762)至乾隆朝末年巴里坤落民户的情况。

根据乾隆二十六年九月十三日《陕甘总督杨应琚为遵旨办理甘肃贫民赴新疆屯垦事奏折》、乾隆二十六年十一月初六日《陕甘总督杨应琚为报办理甘肃贫民赴新疆起程日期事奏折》、乾隆二十七年正月十二日《陕甘总督杨应琚为报甘肃三次续招赴新疆户民数目暨料理起程事奏折》、乾隆二十九年七月二十四日《陕甘总督杨应琚为招募敦煌民人赴巴里坤屯垦事奏折》等文献的记载,巴里坤招徕的民户主要来自敦煌、安西、武威等与新疆距离相近的陕甘地区。"招徕民户"是巴里坤移民社会除驻防满洲、绿营兵丁外最主要的形成方式。

通常理解,招徕是清朝给予优惠政策迁移内地民人前往新疆的一种方式,安插是指清朝招徕之后的安置。但还有一种移民形式,即清廷的强制安插。"官方招徕"是清朝给予优惠条件,受众自愿的行为;"安插"有时带有一定的强迫性质,被清朝安插在某地,身份虽不是遣犯而是民人,但自身没有选择权。例如,安插从安南逃出的安

---

① 《陕甘总督杨应琚为遵旨招募甘肃贫民赴新疆屯垦事奏折》(乾隆二十六年十月十六日),载中国第一历史档案馆《乾隆年间徙民屯垦新疆史料》,《历史档案》2002年第3期,第11页。

② 《陕甘总督杨应琚为遵旨招募甘肃贫民赴新疆屯垦事奏折》(乾隆二十六年十月十六日),载中国第一历史档案馆《乾隆年间徙民屯垦新疆史料》,《历史档案》2002年第3期,第11页。

绪 论

南移民，乾隆四十一年（1776），清廷安插从安南处归还的903人至新疆，考虑到近便，筹划在"巴里坤处留200人，奇台处留100人，剩余再送至乌鲁木齐"。① 巴里坤最终安插了33名安南移民，并配给了各项生活所需。

此外，值得注意的是，笔者谈及的巴里坤移民社会的形成主要聚焦乾隆朝平定西域前后这一时段，虽然这一时期是清代巴里坤移民社会形成的重要时期，但不可否认的是在此之前亦有各地民人前往西域落籍生活。同光时期的新疆著名将领、曾官至提督的孔才，其祖上就于乾隆五年（1740）由山东迁居济木萨（这一时期济木萨属巴里坤管辖）。《孚远县乡土志》中记载："兵燹以来，民人离散，其旧日土著，虽有数姓，生齿不繁，唯孔氏一族，城乡合计八十余丁。其先人于乾隆五年由山东曲阜县迁居济木萨，裔孙孔才以战功累保头品顶戴，记名提督，矫勇巴图鲁，计寄藉〔籍〕一百六十余年，已历八世，其家谱系犹遵东鲁世派，未失流传。"② 孔才的祖先为何在乾隆五年（1740）由山东迁至巴里坤一带，《吉木萨尔县志》记载："其先祖于乾隆初年应征入伍，随军进剿准噶尔叛乱，战后，转入地方，定居本地。"③ 虽然两处文献对孔才祖先的籍贯记载有出入，但两份文献都说明了孔才的祖先于乾隆五年（1740）由山东迁至巴里坤一带，并累世在此生活。因此，在乾隆朝初期巴里坤一带已有内地移民迁入生活。

---

① 《署乌鲁木齐都统永庆奏巴里坤知府巴彦岱违旨未报安置安南前往乌鲁木齐屯田之人情形折》（乾隆四十一年二月二十二日），中国第一历史档案馆编《清代新疆满文档案汇编》第128册，广西师范大学出版社，2012，第107页。
② 佚名：《孚远县乡土志》，载马大正、黄国政、苏凤兰整理《新疆乡土志稿》，新疆人民出版社，2010，第25页。
③ 吉木萨尔县史志编纂委员会编《吉木萨尔县志》，新疆人民出版社，2002，第551页。

巴里坤研究情况

巴里坤是清代新疆重要地区，国内外学者有一定的研究。依照本书要重点讨论的清代巴里坤驻防、移民与边疆社会等方面的内容，将相关著述梳理如下。

关于巴里坤驻防的研究

学界对清代八旗驻防体系的整体研究成果十分丰富[1]，还有对绥远城、荆州、杭州、京口、广州、福州、青州等城市以及东北地区八

---

[1] 例如，杜家骥：《八旗与清朝政治论稿》，人民出版社，2008；杜家骥：《〈他塔喇氏家谱〉及其所反映的清代东北驻防旗人家族》，《东北史地》2006 年第 3 期；〔韩〕任桂淳：《清朝八旗驻防兴衰史》，生活·读书·新知三联书店，1993；定宜庄：《清代北部边疆八旗驻防概述》，《中国边疆史地研究》1991 年第 2 期；定宜庄：《清代八旗驻防研究》，辽宁民族出版社，2003；定宜庄：《清代八旗驻防将军兼统绿营的问题》，《中国史研究》2003 年第 4 期；马协弟：《驻防八旗浅探》，《满族研究》1985 年第 2 期；马协弟：《浅论清代驻防八旗》，《社会科学战线》1986 年第 3 期；潘洪钢：《辛亥革命与驻防八旗》，《中南民族学院学报》（哲学社会科学版）1991 年第 5 期；潘洪钢：《由客居到土著——清代驻防八旗的民族关系问题研究》，《黑龙江民族丛刊》2006 年第 1 期；潘洪钢：《清代驻防八旗与科举考试》，《江汉论坛》2006 年第 6 期；潘洪钢：《清代驻防八旗与当地文化习俗的互相影响——兼谈驻防旗人的族群认同问题》，《中南民族大学学报》（人文社会科学版）2006 年第 3 期；潘洪钢：《清代驻防八旗与汉族通婚情况蠡测》，《中南民族大学学报》（人文社会科学版）2007 年第 5 期；赵令志：《京畿驻旗地浅探》，《清史研究》1999 年第 3 期；赵令志：《清代直省驻旗地浅探》，《黑龙江民族丛刊》2001 年第 2 期；佟克力：《清代伊犁驻防八旗始末》，《西域研究》2004 年第 3 期；佟克力：《伊犁驻防满营与新满营始末》，《新疆大学学报》（哲学社会科学版）2004 年第 3 期。

旗驻防的专题讨论。① 一方面，这些城市在清代驻防体系中具有重要作用，另一方面《绥远城驻防志》②、《荆州驻防志》③、《杭州八旗驻防营志略》④、京口副都统衙门档案⑤、《广州驻防事宜》⑥、《福州驻防志》⑦ 等清代传世文献为研究提供了丰富的史料支撑。巴里坤地区虽没有专门的驻防志留世，但因其重要的地位，史料中关于巴里坤八旗驻防的记载比较丰富。关于清代绿营驻防，学界多从绿营兵整体、分布、军费、饷银、马政、台站等方面开展研究，代表作有罗尔纲的

---

① 绥远城驻防研究方面，铁达：《清绥远城驻防八旗史实纵览》，《内蒙古文物考古》2003 年第 2 期；边晋中：《清代绥远城驻防若干问题考述》，内蒙古师范大学，硕士学位论文，2006；黄治国：《清代绥远城驻防研究》，中央民族大学，博士学位论文，2009；胡玉花：《清末民初绥远城驻防研究——以绥远城将军的职能演变为主要线索》，内蒙古大学，硕士学位论文，2011。荆州驻防研究方面，陈航：《清代荆州驻防将军研究》，华中师范大学，硕士学位论文，2011；向亚男：《清代荆州驻防八旗经济生活研究》，长江大学，硕士学位论文，2017。东北地区驻防研究方面，田志和：《论清代东北驻防八旗的兴衰》，《满族研究》1992 年第 2 期；吴雪娟：《康熙年间黑龙江驻防八旗的创建》，《满语研究》2004 年第 2 期；部敏：《清代东北驻防八旗的形成及演变》，辽宁大学，硕士学位论文，2013。山东地区驻防研究方面，孙菲菲：《清代山东八旗驻防研究》，辽宁大学，硕士学位论文，2012；徐雪坤：《清代青州驻防八旗旗民关系研究》，中国人民大学，硕士学位论文，2017；张瑞英：《清代青州八旗驻防研究》，中央民族大学，硕士学位论文，2017。

② 《绥远城驻防志》，内蒙古大学出版社，1991。

③ 《荆州驻防志》，（清）希元原注，林久贵点注，湖北教育出版社，2002。

④ 《杭州八旗驻防营志略》，文海出版社，1966；《杭州八旗驻防营志略》，香港：蝠池书院出版有限公司，2013。

⑤ 国家图书馆特藏古籍：《光绪丙午三十二年京口驻防正白旗蒙古两甲之官兵闲散人等三代男丁数目档册》《宣统元年京口驻防镶蓝旗蒙古两甲及身而止兵丁等数目名册》《宣统己酉元年京口驻防镶白旗蒙古两甲之官兵闲散人等叁代男丁数目档册》等档案。

⑥ 庆保：《广州驻防事宜》，全国图书馆文献缩微复制中心，2004。

⑦ 《福州驻防志》，海南出版社，2000。

《绿营兵志》① 等。

关于清代新疆驻防的专题研究对巴里坤的驻防研究有一定的借鉴意义。例如，吴元丰的《清代乌鲁木齐满营述论》以满文档案为主要史料，论述了乌鲁木齐满营的组建原因、组建时间、兵丁来源、具体职责等内容。② 佟克力的《清代伊犁驻防八旗始末》《清代伊犁驻防索伦营始末》《伊犁驻防满营与新满营始末》③、王科杰的《就其粮饷：南疆的经济支持与清代伊犁驻防初建》④ 讨论了伊犁的驻防。

驻防满城也是清代驻防研究的重要方面。关于驻防满城，学界主要从驻防满城的特点、形成原因、城市构造、城市变迁等视角展开讨论。⑤ 朱永杰的《清代新疆"满城"时空结构研究》（合著）、《清代满城历史地理研究》⑥ 对驻防满城做了整体研究。在《清代满城历史地理研究》第一章，朱永杰将新疆的六座满城作为整体，总结了新疆驻防城时间发展和地域空间的分布特点，以及驻防城

---

① 罗尔纲：《绿营兵志》，商务印书馆，2017。
② 吴元丰：《清代乌鲁木齐满营述论》，《第三届国际满学研讨会论文集》，2002年8月。
③ 佟克力：《清代伊犁驻防八旗始末》，《西域研究》2004年第3期；佟克力：《清代伊犁驻防索伦营始末》，《新疆大学学报》（哲学社会科学版）2006年第1期；佟克力：《伊犁驻防满营与新满营始末》，《新疆大学学报》（哲学社会科学版）2004年第3期。
④ 王科杰：《就其粮饷：南疆的经济支持与清代伊犁驻防初建》，中国人民大学，硕士学位论文，2018。
⑤ 例如，马协弟：《清代满城考》，《满族研究》1990年第1期；朱永杰：《"满城"特征探析》，《清史研究》2005年第4期；王磊：《清代右卫满城变迁研究》，内蒙古师范大学，硕士学位论文，2015；贾建飞：《满城还是汉城——论清中期南疆各驻防城市的称呼问题》，《西域研究》2005年第3期。
⑥ 朱永杰、韩光辉：《清代新疆"满城"时空结构研究》，《满族研究》2010年第3期；朱永杰：《清代满城历史地理研究》，知识产权出版社，2017。

绪 论

内详细的衙署、兵房、教育、寺庙、训练等设置①。作者对新疆六座满城做了整体研究，讨论其共性，但未涉及不同满城之间的差异性。

目前学界关于巴里坤驻防研究的成果较少。苏奎俊的《清代新疆满营研究》探讨了清代整个新疆的八旗驻防体系，文章中有两个小节论及巴里坤满城的建立与满营的废弃。② 王志鹏的《乾隆朝新疆驻军研究》中也有对巴里坤满营的论述，但篇幅较短，侧重于乾隆朝平定西域后新疆驻军部署及作用。③ 翟玉树的《清代新疆驻防兵制的研究》④、林恩显的《清代新疆换防兵制之研究》⑤、陈剑平的《清代新疆兵制的变迁》⑥ 以及白京兰和田庆锋的《清代新疆八旗绿营司

---

① 朱永杰对新疆地区的驻防城进行了统计，"新疆地区驻防城主要包括惠远、惠宁、会宁、巩宁、广安、孚远6座满城和绥靖城、永宁城、阿克苏城、叶尔羌城、和阗城、喀喇沙尔城、英吉沙尔城、徕宁城、库车城、哈密城，共16座，分布在天山南北两路"。参见朱永杰《清代驻防城时空结构研究》，人民出版社，2010，第31页。如果按照这个划分，还缺少"玛纳斯城""奇台新城"。因常设满营而修建的城池，新疆有6座驻防满城无误；若由清廷派工修建，满营换防或绿营驻扎的城池也算作驻防城，那么玛纳斯城、奇台新城应算入其中。满文档案《乌鲁木齐都统索诺木策凌奏报玛纳斯城房屋竣工情形折》（乾隆四十二年十月二十五日）、《乌鲁木齐都统索诺木策凌奏玛纳斯兵民庄稼丰收商业兴旺移驻兵丁到达片》（乾隆四十二年十月二十五日）、《乌鲁木齐都统索诺木策凌奏玛纳斯城及兵房等均已修成折》（乾隆四十二年十二月二十八日）、《乌鲁木齐都统索诺木策凌奏加紧修建奇台县新城及衙署孔庙官兵住房折》（乾隆四十三年四月初二日）等都记载了乾隆四十二年到四十三年，清廷在玛纳斯、奇台修建城池并移驻兵丁的情形。
② 苏奎俊：《清代新疆满营研究》，新疆大学，硕士学位论文，2006。
③ 王志鹏：《乾隆朝新疆驻军研究》，西北师范大学，硕士学位论文，2015。
④ 翟玉树：《清代新疆驻防兵制的研究》，台北："国立"政治大学边政研究所，硕士学位论文，1974。
⑤ 林恩显：《清代新疆换防兵制之研究》，《边政研究所年报》，1977。
⑥ 陈剑平：《清代新疆兵制的变迁》，《新疆师范大学学报》（哲学社会科学版）2006年第3期。

法职能略论》① 都是从整体上论述新疆兵制的专题论文，但尚没有对巴里坤满营、绿营做专项研究的著述。

关于巴里坤社会经济的研究

佐口透的《十八—十九世纪新疆社会史研究》②、罗运治的《清高宗统治新疆政策的探讨》③ 从宏观角度对清代新疆地区社会经济、清朝对新疆的治理等方面展开研究，侧重于对回疆的讨论，关于巴里坤社会经济的内容不多。学界对巴里坤社会经济的研究主要集中于以下几个方面。

1. 屯田

关于巴里坤移民社会的研究，学界主要是从屯田的角度展开，如林恩显的系列文章④、罗运治的《清高宗在新疆的屯垦政策》⑤、李景屏的《清前期军屯概述》⑥、王希隆的《清代西北屯田研究》⑦、赵予征的《新疆屯垦》⑧、张安福的《历代新疆屯垦管理制度发展研

---

① 白京兰、田庆锋：《清代新疆八旗绿营司法职能略论》，《新疆大学学报》（哲学社会科学版）2018年第6期。
② 〔日〕佐口透：《十八—十九世纪新疆社会史研究》，凌颂纯译，新疆人民出版社，1983。
③ 罗运治：《清高宗统治新疆政策的探讨》，台北：里仁书局，1983。
④ 林恩显：《清代乾隆年间新疆垦务之研究》，《政治大学学报》第24期，1971年12月；林恩显：《清代新疆垦务研究（1）》，《中华文化复兴月刊》第8期，1972；林恩显：《清代新疆垦务研究（2）》，《中华文化复兴月刊》第9期，1972；林恩显：《清代新疆垦务研究（3）》，《中华文化复兴月刊》第10期，1972。
⑤ 罗运治：《清高宗在新疆的屯垦政策》，《中国历史学会史学集刊》第15期，1983年5月。
⑥ 李景屏：《清前期军屯概述》，《中国社会经济史研究》1984年第4期。
⑦ 王希隆：《清代西北屯田研究》，兰州大学出版社，1990。
⑧ 赵予征：《新疆屯垦》，新疆人民出版社，1991。

究》①、苏奎俊的《清代巴里坤屯田述论》②、赵海霞的《清乾隆时期巴里坤商屯研究》③等。这些专著和论文在详细论述清代新疆的屯垦情况的同时,谈及清廷在巴里坤推行的各种屯田形式以及清代巴里坤屯田发挥的重要作用。

王希隆的《清代西北屯田研究》总结了清代西北兴屯的历史背景、屯田发展的条件、西北五种屯田的性质,详细阐述了屯田的各种组织形式以及管理等方面的诸多问题,同时考证了巴里坤、吐鲁番、哈密等地的屯田情况。苏奎俊的《清代巴里坤屯田述论》介绍了巴里坤屯田的主要形式。赵海霞的《清乾隆时期巴里坤商屯研究》则专门探讨了商屯这一形式。

周轩、张岩的《巴里坤移民屯戍与汉文化》从移民对文化的影响视角探讨了清代巴里坤的移民屯田与汉文化的相互关系。④ 张莉的《从环境史角度看乾隆年间天山北麓的农业开发》则从环境史的角度出发,讨论了屯田活动对自然环境的影响。⑤

学界在讨论清代巴里坤屯田时大多引用《清实录》、《东华录》、方略、方志等文献材料,对满文史料利用率还不高。此外,在康熙朝末年至雍正初年这一时期,巴里坤还有捐纳屯田、官屯形式,值得讨论。

2. 人口流动及户口

学界主要从移民历史背景、屯垦活动、移民来源及规模、移民的

---

① 张安福:《历代新疆屯垦管理制度发展研究》,中国农业出版社,2010。
② 苏奎俊:《清代巴里坤屯田述论》,《新疆社科论坛》2010年第1期。
③ 赵海霞:《清乾隆时期巴里坤商屯研究》,《兰台世界》2015年第25期。
④ 周轩、张岩:《巴里坤移民屯戍与汉文化》,《新疆大学学报》(哲学社会科学版)1998年第4期。
⑤ 张莉:《从环境史角度看乾隆年间天山北麓的农业开发》,《清史研究》2010年第1期。

经济社会影响、落籍等方面对清代新疆移民问题展开讨论。褚宏霞的《乾隆时期新疆移民落籍政策探析》、《清代新疆军事移民落籍的相关问题探析》、《清代嘉道时期新疆移民落籍方式初探》（合著）①等文章中探讨了新疆移民落籍的问题。其研究指出："从乾隆二十六年（1761）始，对迁居的内地移民，包括普通户民、商民、遣犯等制定了相应的落籍政策，迁徙新疆的不同移民群体陆续转换了移民身份，顺利落籍新疆";②"绿营军在清廷积极的移民实边政策下，渐由换防制改为携眷驻防，其眷属子弟也在驻防地认垦地亩，落户入籍，成为进入新疆的一类移民群体。"③褚宏霞探讨了清代新疆移民落户的方式，但集中于乾隆朝平定西域之后，没有涉及此前就生活在西域的各民族迁移及户籍问题。

阚耀平的《清代天山北路人口迁移与区域开发研究》分析了天山北路的自然环境，叙述了乾隆朝至嘉庆朝、同治朝以后两个时段天山北路东部和西部的人口迁移，以吉木萨尔县为中心探讨了人口迁移与区域发展之间的关系。④晁清的《巴里坤兰州湾子村倪氏家族研究》从民族学和人类学的视角，以巴里坤县兰州湾子村倪氏家族为研究对象，研究了倪氏家族在巴里坤的发展过程。⑤张莉的《〈西域图志〉所载镇西府、迪化州地区户口资料考述》讨论了《钦定皇舆

---

① 祁美琴、褚宏霞：《清代嘉道时期新疆移民落籍方式初探》，《西域研究》2013年第2期。
② 褚宏霞：《乾隆时期新疆移民落籍政策探析》，《中国边疆史地研究》2016年第1期，第20页。
③ 褚宏霞：《清代新疆军事移民落籍的相关问题探析》，《管子学刊》2019年第4期，第73页。
④ 阚耀平：《清代天山北路人口迁移与区域开发研究》，复旦大学，博士学位论文，2003。
⑤ 晁清：《巴里坤兰州湾子村倪氏家族研究》，新疆师范大学，硕士学位论文，2009。

西域图志》中所载镇西府和迪化州地区的户口情况，对巴里坤的人口情况也有所涉及。①

学界在研究巴里坤移民构成时，忽略了乾隆朝将准部归附人安置在巴里坤的情况。此外，满文刑科档案中包含很多巴里坤地方移民生活的细节材料，这是以往学者较少关注的地方。

3. 畜牧业

巴里坤有清代专设的官办牧厂，并设有享受清廷俸禄的专门牧马兵。关于清代新疆马政的研究成果较多。魏丽英的《明清西北官苑屯牧考略》②、王东平的《清代巴里坤马厂述略》和《清代新疆马政述评》③等论文从马厂的设置、中央政府对马厂的管理，以及官牧的设置原因、作用等方面展开讨论。苏亮的《清代八旗马政研究》从清代八旗马政的管理制度入手，以清朝前期为重点，分析了八旗马政的作用和意义。该文谈及巴里坤马厂的相关情况，叙述了巴里坤马厂自乾隆二十六年（1761）始设至新疆建省后的主要发展脉络。④ 但值得注意的是，在康熙朝末年清朝便派遣专人赴巴里坤饲养军需羊、马、骆驼等牲畜。

此外还有对驼运问题的讨论。例如，戴良佐的《清代用兵新疆驼运所起作用》论述了清朝历次用兵新疆时驼运发挥的重要作用。在文中作者指出清朝五次用兵新疆：第一次雍正七年（1729）派岳钟琪征讨准噶尔，第二次乾隆二十二年（1757）兆惠、富德进讨阿睦尔撒纳，第三次乾隆二十四年（1759）成衮扎布等征讨霍集占兄弟，第四次道光六年（1826）杨遇春等征讨张格尔，第五次光绪二

---

① 张莉：《〈西域图志〉所载镇西府、迪化州地区户口资料考述》，《中国历史地理论丛》2008年第2期。
② 魏丽英：《明清西北官苑屯牧考略》，《社会科学》1987年第6期。
③ 王东平：《清代巴里坤马厂述略》，《新疆地方志》1996年第3期；王东平：《清代新疆马政述评》，《中国边疆史地研究》1995年第2期。
④ 苏亮：《清代八旗马政研究》，中央民族大学，博士学位论文，2012。

年（1876）左宗棠征讨阿古柏，除第一次用兵以车运输外，其余四次用兵时，运送军粮、军火和其他军用物资主要使用骆驼。① 但该文未注意到康熙朝用兵准噶尔时靖逆将军屯扎巴里坤的情况，其时清朝亦使用了驼运。

4. 庙宇信仰

关于巴里坤庙宇信仰的研究相比其他方面较为丰富。学界多从宗教学、社会学的角度研究清代镇西的庙宇，特别是对镇西"庙宇冠全疆"的现象进行剖析。王建基的《"镇西庙宇冠全疆"初探》② 和黄达远的《清代镇西"庙宇冠全疆"的社会史考察》③ 分析了镇西"庙宇冠全疆"这一特殊现象出现的原因。认为镇西庙宇兴盛的原因主要是：巴里坤气候苦寒，并不适宜农业开发；官方、民间都希望获得鼓励和安全感的社会心理；缺乏以血缘为纽带的宗族势力，便以地缘为纽带凝结；巴里坤是重要的中转站，行商众多，有资金支持。王志佩的《天山北坡东段的民间信仰——以清代镇西庙宇为例》论述东疆地区的民间信仰以及民俗。④ 王鹏辉的《清代至民初新疆巴里坤的庙宇与社会生活》统计了巴里坤庙宇，认为民间信仰维护了巴里坤区域社会的内在秩序。⑤ 王鹏辉的《清代民初新疆镇迪道的佛寺道观研究》则从宗教学角度对巴里坤的庙宇文化展开探讨。⑥

---

① 戴良佐：《清代用兵新疆驼运所起作用》，《清史研究》1994 年第 2 期。
② 王建基：《"镇西庙宇冠全疆"初探》，《中南民族大学学报》（人文社会科学版）2003 年第 2 期。
③ 黄达远：《清代镇西"庙宇冠全疆"的社会史考察》，《新疆社会科学》2008 年第 6 期。
④ 王志佩：《天山北坡东段的民间信仰——以清代镇西庙宇为例》，《昌吉学院学报》2013 年第 2 期。
⑤ 王鹏辉：《清代至民初新疆巴里坤的庙宇与社会生活》，《中国边疆民族研究》第 8 辑，2015。
⑥ 王鹏辉：《清代民初新疆镇迪道的佛寺道观研究》，新疆人民出版社，2016。

清代巴里坤存在大量庙宇、会馆、行会，特别是以地域为标志大量存在的庙宇，如凉州庙、秦州庙、甘州庙等，直接展现了地区社会的民人来源，也反映了巴里坤移民社会融合共生的社会面貌。

关于巴里坤行政建制的研究

学界对巴里坤行政建制的研究较为丰富，其中对其演变过程的探讨居多。吴轶群的《清代新疆镇迪道与地方行政制度之演变》以镇迪道为中心讨论了其建制沿革及职能演变。① 郭润涛的《新疆建省之前的郡县制建设》探讨了新疆建省之前便已存在的郡县制建设，指出东疆地区以巴里坤为行政中心，建立了镇西府；西部以伊犁为中心，设有抚民同知；中部地区以乌鲁木齐为中心，设有迪化直隶州，发展最快。② 刘传飞的《清康雍乾时期嘉峪关以西地区郡县制的扩展与镇迪道的形成》一文对清代嘉峪关以西地区郡县制的形成过程进行了史实的梳理。③ 鲁靖康的《清代巴里坤行政建置演变与城市兴衰研究》认为，巴里坤扼守新疆东大门，战略位置十分重要，清朝统一新疆后曾着力经营，提升行政建制级别，扩大管辖区域，使之一度成为北疆军政一体的区域中心城市；而同光年间新疆的大规模战乱导致巴里坤城市衰落。④

综上，学界对巴里坤行政建制方面的研究较为丰富，对其形成、演变过程的讨论较多，但对巴里坤驻防建制与地方府县建制之间的关

---

① 吴轶群：《清代新疆镇迪道与地方行政制度之演变》，《中国历史地理论丛》2007年第3期。
② 郭润涛：《新疆建省之前的郡县制建设》，《西域研究》2013年第1期。
③ 刘传飞：《清康雍乾时期嘉峪关以西地区郡县制的扩展与镇迪道的形成》，陕西师范大学，硕士学位论文，2012。
④ 鲁靖康：《清代巴里坤行政建置演变与城市兴衰研究》，《都市文化研究》2016年第1期。

系的讨论还较少。巴里坤驻防与府县二元体制的建构有一定的特殊性，有进一步讨论的必要。

有关巴里坤其他方面的研究

1. 巴里坤历史地位与作用

华立的《清政府与新疆农业开发——兼谈国家政权在边疆开发中的地位和作用》①、薛晖的《镇西府在清代巩固西北边防中的历史作用》②、刘铮的《清代流放区域大转换与边疆政策研究》③、聂红萍的《从甘肃总督到伊犁将军：乾隆朝对新疆治理的探索》④ 等将巴里坤地区作为实例探讨了清朝的治边政策，但限于篇幅与重点，对巴里坤的探讨还不够详尽。齐清顺的《18世纪前半期清朝与准噶尔对吐鲁番地区的争夺》⑤ 叙述了巴里坤屯兵的情况及清廷的部署。

2. 巴里坤灾荒的赈济

何荣的《试论清统一新疆后的灾民安置措施》⑥、阿利亚·艾尼瓦尔的《清代新疆宜禾自然灾害与政府应对研究》⑦、张玉祥的《从

---

① 华立：《清政府与新疆农业开发——兼谈国家政权在边疆开发中的地位和作用》，《清史研究》1991年第2期。
② 薛晖：《镇西府在清代巩固西北边防中的历史作用》，《兵团教育学院学报》2007年第6期。
③ 刘铮：《清代流放区域大转换与边疆政策研究》，辽宁师范大学，硕士学位论文，2015。
④ 聂红萍：《从甘肃总督到伊犁将军：乾隆朝对新疆治理的探索》，《中国边疆史地研究》2016年第2期。
⑤ 齐清顺：《18世纪前半期清朝与准噶尔对吐鲁番地区的争夺》，《西域研究》2005年第1期。
⑥ 何荣：《试论清统一新疆后的灾民安置措施》，《西安文理学院学报》（社会科学版）2011年第3期。
⑦ 阿利亚·艾尼瓦尔：《清代新疆宜禾自然灾害与政府应对研究》，《西北民族大学学报》（哲学社会科学版）2015年第5期。

档案看清代道光二十二年新疆巴里坤大地震的赈灾对策》①从灾害赈济角度展开，梳理了档案材料中记录的房屋坍塌、旗民受损等具体情况，分析了清廷的救济政策。

3. 交通、台站及补给方面

张建军的《论交通线的变化对清代巴里坤的影响》是巴里坤地理位置、交通线路方面的代表作。文章梳理了巴里坤通往各处的交通路线，分析了巴里坤交通位置以及在不同时期发挥的作用，认为交通线路的改变是巴里坤衰落的主要原因之一。②但该文未涉及北路巴里坤通往乌里雅苏台、前往归化城的路线。蒋致洁的《左宗棠进军新疆运输路线考略》③、刘文鹏的《论清代新疆台站体系的兴衰》④、王志强与姚勇的《清代新疆台站体系及其在边疆开发中的作用》⑤、张连银的《雍正朝西路军需补给研究——以粮食、牲畜为中心》⑥等从交通位置、台站设立和军需补给相互关系的角度谈及巴里坤的区位优势与重要作用。

4. 遗迹

刘小萌的《新疆的清代遗迹——以八旗驻防为中心》⑦以考察报告的形式记录了新疆现存八旗满营驻防的遗迹，其中对巴里坤地区满

---

① 张玉祥：《从档案看清代道光二十二年新疆巴里坤大地震的赈灾对策》，《档案学研究》2017年第2期。
② 张建军：《论交通线的变化对清代巴里坤的影响》，《中国历史地理论丛》1997年第1期。
③ 蒋致洁：《左宗棠进军新疆运输路线考略》，《社会科学》1987年第1期。
④ 刘文鹏：《论清代新疆台站体系的兴衰》，《西域研究》2001年第4期。
⑤ 王志强、姚勇：《清代新疆台站体系及其在边疆开发中的作用》，《西域研究》2007年第4期。
⑥ 张连银：《雍正朝西路军需补给研究——以粮食、牲畜为中心》，厦门大学，博士学位论文，2007。
⑦ 刘小萌：《新疆的清代遗迹——以八旗驻防为中心》，载赵志强主编《满学论丛》第3辑，辽宁民族出版社，2013，第41页。

汉营、岳公台与碑石、民宅与粮仓、大墩烽隧有大篇幅的描述与记录。王永强、王晓丹、王艳朋的《新疆巴里坤县清代军事遗址调查及初步认识》① 通过实地考察记叙了巴里坤所存遗迹的现状，并对遗迹进行了一定的考证。

巴里坤作为清代西部重要的地区，是研究清代新疆不可绕过的重要议题。虽有《巴里坤哈萨克自治县概况》②、《巴里坤哈萨克自治县志》③ 等方志出版，但对巴里坤清代驻防与区域的研究还不够深入。赵子恒的《清代巴里坤区域历史地理研究——以地位变动为中心》④ 以及柴小君的《同光时期的巴里坤研究》⑤ 以巴里坤为整体研究对象，而不是某一方面的专题论文。赵子恒的论文侧重于讨论巴里坤在清朝西北边疆稳定中发挥的重要作用。柴小君的论文在讨论巴里坤地区建制沿革、驻防、社会经济等基础上，从城市功能变化和社会生活变迁两方面叙述了光绪朝收复新疆后经过治理巴里坤地区深刻的变化。

相比较少的巴里坤区域研究，学界对巴里坤的研究主要集中在屯田、庙宇信仰等方面，对其驻防、移民与边疆社会的形成发展等方面着墨较少。

---

① 王永强、王晓丹、王艳朋：《新疆巴里坤县清代军事遗址调查及初步认识》，《文博》2018年第6期。
② 《巴里坤哈萨克自治县概况》编写组编《巴里坤哈萨克自治县概况》，新疆人民出版社，1984。
③ 张建国主编《巴里坤哈萨克自治县志》，新疆大学出版社，1993。
④ 赵子恒：《清代巴里坤区域历史地理研究——以地位变动为中心》，陕西师范大学，硕士学位论文，2015。
⑤ 柴小君：《同光时期的巴里坤研究》，北京师范大学，硕士学位论文，2015。

第一章　治理体制

本书贯穿两条线索：一是巴里坤何以在清代新疆如此重要，二是清朝如何建构边疆社会。

"且夫有疆域然后有城池，有城池然后有人民，而设官分职，相土制宜，凡以为有民耳。"① 巴里坤在清前期只是游牧地，并未形成真正意义上的"城镇"，随着清廷驻扎重兵、修建城池、安置各处来人，巴里坤移民社会逐渐形成。②

本章重点探讨巴里坤移民社会的形成以及清廷对地方社会治理体系的建构。巴里坤的移民社会主要由八旗、绿营官兵及其家眷，官方

---

① 阎绪昌、高耀南、孙光祖：《镇西厅乡土志》，载马大正、黄国政、苏凤兰整理《新疆乡土志稿》，新疆人民出版社，2010，第103页。

② 葛剑雄等人所著《简明中国移民史》指出："我们对移民的界定是：具有一定数量、一定距离，在迁入地居住了一定时间的迁移人口。"参见葛剑雄、曹树基、吴松弟《简明中国移民史》，福建人民出版社，1993，第1页。在本书中，"巴里坤移民"指在巴里坤居住了一定时间的迁移人口。对于"移民社会"的概念，陈孔立在《有关移民与移民社会的理论问题》一文中做了较为全面的论述，指出："移民社会有广义与狭义之分，广义是指凡有较多外来移民的社会都称为移民社会，如某些新建的城市……狭义的是指那些以外来移民为主要成分的社会。"参见陈孔立《有关移民与移民社会的理论问题》，《厦门大学学报》（哲学社会科学版）2000年第2期，第53页。

招徕的商、民，安插的遣犯等构成。清廷在巴里坤构建了驻防体系与府县体系并存的二元体制，同时在基层社会推行里甲制，以期实行有效的治理。

第一节 乾隆朝巴里坤户民情况

文献记载，"巴里坤前因地方初辟，鲜有居民""除屯兵所种地亩外，余皆任其荒闲"[①]，经过乾隆朝移驻绿营、八旗及其家眷，招徕内地民户、安插遣犯，巴里坤人口聚集渐众。

首先，巴里坤驻防兵丁的家眷数量庞大，驻防兵丁及其家眷是巴里坤移民社会的重要组成部分。关于巴里坤处的户民情况，文献中有不同时期的记载，具体如表1-1所示。

表1-1 乾隆朝巴里坤（宜禾县）户民数量

时间	户数	人口总数	户均人数	出处
乾隆三十一年	479户	2596名	5.4	《哈密地区志》
乾隆四十二年		乌鲁木齐至巴里坤一带……自二十六年移驻户民10000余户……满洲、绿营俱系携眷驻防，又商民遣户人犯聚集已至数万		档案《奏报地方丰稔屯户乐于耕作事》
乾隆六十年底	601户	男3931人 女2889人	11.3人	《乌鲁木齐事宜》
乾隆朝	697户	2596人*	3.7人	《钦定皇舆西域图志》

[①] 《陕甘总督杨应琚为报巴里坤莞豆收成并请听民广为劝垦事奏折》（乾隆二十六年九月十三日），载中国第一历史档案馆《乾隆年间徙民屯垦新疆史料》，《历史档案》2002年第3期，第10页。

续表

时间	户数	人口总数	户均人数	出处
乾隆朝	2641户	9420人	3.6人	《乾隆府厅州县图志》**

注：*张莉考证这一数据是乾隆四十一年宜禾县实际户口与人口数量，参见张莉《〈西域图志〉所载镇西府、迪化州地区户口资料考述》，《中国历史地理论丛》2008年第2期，第145页。
**此处记载的是镇西府总数，即宜禾、奇台二县的总数。《钦定皇舆西域图志》记载"宜禾县697户，2596名口；奇台县1994户，6824名口"，户数合计2691户，人口合计9420人。《乾隆府厅州县图志》中记载的数据"2641户，9420名口"应是宜禾与奇台的总和，与《钦定皇舆西域图志》中所载户数相差50户，但总人口数相等。
资料来源：哈密地区地方志编纂委员会编《哈密地区志》，新疆大学出版社，1997，第463页；乌鲁木齐都统索诺木策凌：《奏报地方丰稔屯户乐于耕作事》（乾隆四十二年八月十二日），第一历史档案馆馆藏奏折，档案号：03-0831-001；永保：《乌鲁木齐事宜》，载王希隆《新疆文献四种辑注考述》，甘肃文化出版社，1995，第127页；《西域图志校注》卷三三，钟兴麒等校注，新疆人民出版社，2006，第461页；洪亮吉：《乾隆府厅州县图志》卷二六《甘肃布政使司·镇西府》，《续修四库全书》第626册，上海古籍出版社，2002，第469页；阎绪昌、高耀南、孙光祖：《镇西厅乡土志》，载马大正、黄国政、苏凤兰整理《新疆乡土志稿》，新疆人民出版社，2010，第104页。

据《乌鲁木齐事宜》记载，截至乾隆六十年底，巴里坤满营共有4890口，"官兵岁支粮饷与乌鲁木齐例同。每年共需银七万五千九百余两。又红、白银两每年约用银九百至一千余两。截至乾隆六十年底止，壮丁四百一十九名，幼丁八百四十九名，男妇老幼共眷口四千八百九十口"。[1] 而乾隆朝宜禾县属的民人只有601户，合计6820人，可见满洲、绿营官兵之家眷占巴里坤移民社会的比重之大。

笔者查阅了乾隆朝后期的档案，发现彼时驻防巴里坤的兵丁即使只有一人在"旗籍"，移驻时也会携带全家，上至父母下至兄弟姐妹，连同妻儿、奴仆，若如《乌鲁木齐事宜》记载"除官员外，实兵一千零七十六名"[2]，按1名兵丁携带父母及兄弟姐妹共

---

[1] 永保：《乌鲁木齐事宜》，载王希隆《新疆文献四种辑注考述》，甘肃文化出版社，1995，第109页。
[2] 永保：《乌鲁木齐事宜》，载王希隆《新疆文献四种辑注考述》，甘肃文化出版社，1995，第109页。

3人、1名奴仆计算，1076名兵至少有4304名家眷，这一数字与乾隆六十年底宜禾县的民人（含商民）数量相当，而这仅是保守估计。从《乌鲁木齐都统明亮奏审拟巴里坤满洲披甲白永殴毙其妻案请将署都统图思义察议折》①等满文档案中可以看出驻防兵丁的家眷数量庞大。此份档案中的披甲白永一人为驻防兵丁，家中有父母、两个妹妹、妻子和1名侍女（仅据档案载），合计至少有6名家眷，此类家眷数量在满文档案中十分常见。

其次是由官方招徕和安插的民户。《三州辑略》中记载了乾隆二十七年（1762）至乾隆朝末年巴里坤招徕与安插民户的情况，具体见表1-2。

表1-2　乾隆朝巴里坤招徕与安插人口及认垦情况

乾隆二十七年至三十七年止	招募商民并安插户民湖广海城等户共垦荒地五百五顷二十一亩（内除逃亡病故户民退出地六十六顷二十亩），实在种地四百三十九顷一亩，每亩照安西州之例（正粮四升一合八勺零，加粮四合一勺八□零，草折粮二升），共额征粮三千三百三十九石三升零
乾隆四十三年	安插巴里坤哈密屯田为民遣犯共垦种地九十亩
乾隆四十四年	安插巴里坤哈密为民遣犯共垦种地九十亩
乾隆四十五年	安插安南厂徒共垦地二顷四十亩
乾隆四十六年	安插武威永昌户民共垦种地九顷四十二亩
乾隆五十四年	安插商民共种地六顷
乾隆五十五年	安插商民共种地一顷九十亩

资料来源：和宁：《三州辑略》卷三，成文出版社，1968，第111页。

巴里坤最初安插的是战后留营效力的兵丁家口，《平定准噶尔方略》中就有"济喇特辖默尔根留营听用，家口送巴里坤安插"②的记载。

---

① 《乌鲁木齐都统明亮奏审拟巴里坤满洲披甲白永殴毙其妻案请将署都统图思义察议折》（乾隆四十七年十一月二十四日），中国第一历史档案馆编《清代新疆满文档案汇编》第153册，广西师范大学出版社，2012，第399~401页。
② 傅恒：《平定准噶尔方略》正编卷五四，乾隆二十三年四月庚午条，方略馆编《清代方略全书》第25册，北京图书馆出版社，2006。

第一章 治理体制

平定西域后，多安插内地"不安分"户民，带有一定的行政强制性。例如，乾隆三十二年（1767），分徙徐帽儿庄户民：

> 陕甘总督吴达善奏覆分徙徐帽儿庄户民一案，臣即饬委署固原州知州姚菜等确查，据该州禀覆，该庄回民共五十八户，为匪犯案者三十八户，所剩户口，传讯邻庄乡保人等，佥称向系业农，实未同伙行窃。臣按照巴里坤、穆垒（按：又作木垒，属八里坤）、乌鲁木齐三处地方，酌量户口多寡，分拨安插，分作三起，遴员护解。查各户并无田产，均系赤贫，应照户民例，酌给房地籽种牛具，以裨耕屯。①

"该庄回民共五十八户，为匪犯案者三十八户"，清廷"酌量户口多寡，分拨安插，分作三起，遴员护解"安插至巴里坤、穆垒、乌鲁木齐等地，并按照户民例，给予房地、籽种、牲畜、农具等。这是巴里坤安插民户的形式之一。类似的例子还有强制迁移湖北武昌府不守本分之武家龙一族人至巴里坤种地②等。

从现有文献看，乾隆朝后期因巴里坤余田不多等原因，再未有大规模的安插与官方招徕活动。

---

① 《清高宗实录》卷七九三，乾隆三十二年八月辛卯条。
② 《巴里坤办事大臣钟音等奏湖北武昌府不守本分之武家龙一族人迁至巴里坤种地折》（乾隆二十九年二月二十四日），中国第一历史档案馆编《清代新疆满文档案汇编》第67册，广西师范大学出版社，2012，第186页。"武家龙"又作"吴加隆"，见《清高宗实录》中所记载。《清高宗实录》卷八五二，乾隆三十五年二月己酉条载："巴里坤乾隆二十九年安插吴加隆等七户，承种地二百十亩，应如所请，于乾隆三十四年，依渊泉县民赋科则，征收如额。"另见《陕甘总督吴达善为遵旨将湖北马迹岭吴姓族人分徙新疆等处屯垦事奏折》（乾隆三十二年四月十一日），载中国第一历史档案馆《乾隆年间徙民屯垦新疆史料》，《历史档案》2002年第3期，第16~17页。

第二节　驻防与府县二元体制的建构

《钦定皇舆西域图志》载:"自嘉峪关以西,安西州、哈密、镇西府久隶版籍。惟是西域荡平之后,改设州县,移驻提镇,经制攸殊,且为新疆门户,是编托始于此,所以备西域之大全也。"① 巴里坤"久隶版籍"是指在一段时间内行政上隶属于甘肃巡抚管辖,西域平定后巴里坤改设州县,在行政区划上进行了一系列调整。

学界对巴里坤行政建制的研究较为丰富,对演变过程等方面的探讨居多,② 但对巴里坤驻防体系与行政建制之间的关系讨论得还较少。巴里坤驻防与府县二元体制的建构有一定的特殊性。

乾隆二十一年(1756),因巴里坤民人渐多,清廷在此设置了"理事同知"。《清高宗实录》载:"大学士管陕甘总督黄廷桂奏,巴里坤现派满兵驻防,兵民杂处,应设理事同知一员弹压,即于通省人员内拣补,三年俸满引见,以应升之缺升用。得旨,如所请行。"③ 同知是掌管所在厅一切行政事务的主官,有抚民同知或理事同知。这是清廷在巴里坤首次设置的管理"兵民"事务的行政机构。

因设置巴里坤理事同知时,西北战事未完,巴里坤一切事务都由陕甘总督、甘肃巡抚辖制。随着战事逐渐平息,虽然在伊犁设置伊犁将军统辖全疆,实行军府制,但巴里坤亦有内地的府州县建制。《三

---

① 《西域图志校注》,钟兴麒等校注,新疆人民出版社,2006,凡例,第6页。
② 例如,郭润涛:《新疆建省之前的郡县制建设》,《西域研究》2013年第1期;鲁靖康:《清代巴里坤行政建置演变与城市兴衰研究》,《都市文化研究》2016年第1期;吴轶群:《清代新疆镇迪道与地方行政制度之演变》,《中国历史地理论丛》2007年第3期;刘传飞:《清康雍乾时期嘉峪关以西地区郡县制的扩展与镇迪道的形成》,陕西师范大学,硕士学位论文,2012。
③ 《清高宗实录》卷五二五,乾隆二十一年十月庚寅条。

第一章 治理体制

州辑略》载:"我朝高宗纯皇帝平定准回两部,天山南北置巡、道、府、厅、州、县,无异直省,而以都统辖之,则是以治屯行军而兼膺民社也,责綦重焉,且分设领队大臣五,如汉戊己校尉之制。"① 这样巴里坤就形成了特有的军府制与郡县制并行的二元体制,两种体制相互影响,互相调节(见图1-1)。

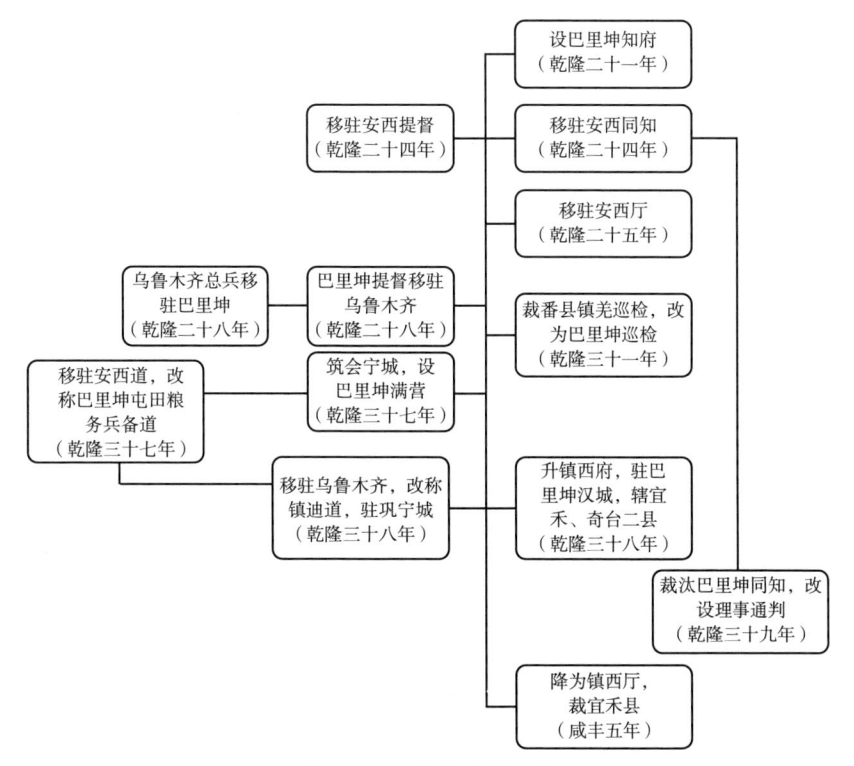

图 1-1 巴里坤建置变化

资料来源:笔者根据《清实录》相关记载制作。

虽然清廷一直强调巴里坤军事地位的重要性,不断完善和加强驻防体系的构建,但也非常重视巴里坤府县体系的建设。在《三州辑

---

① 和宁:《三州辑略》卷二,成文出版社,1968,第31页。

略》中有多处记载清廷将巴里坤的官缺定为"重、繁、难三要缺",进行重点选派,如镇西府知府、宜禾县知县。

>镇西府驻扎巴里坤……三十八年吏部议镇西为重、繁、难三要缺,遇有缺出,在于陕甘两省满员内拣选调补,三年俸满,咨部办理。……吏部议定,宜禾县为重、繁、难三要缺,三年俸满,分别题咨升用。[①]

值得注意的是,上引材料中并没有强调宜禾县知县是"满缺"。乾隆朝出任、署理宜禾县知县的人员族籍不全是满洲。如表1-3所示,乾隆朝有汉人如张建庵、连彭年等署理宜禾县知县,尽管署理并不是正式的任命,但在一定程度上说明这一职位并不完全都由满洲人署理和出任。镇西府、宜禾县衙门都驻扎在巴里坤汉城,衙署的设置都较为完备。

表1-3 乾隆朝历任宜禾县知县

姓名	籍贯	任职时间
文福		乾隆四十年二月任事,本年四月病故
巴彦岱	蒙古正蓝旗	乾隆四十年四月以镇西府知府兼摄,四十一年二月卸事
张建庵	四川峨眉县	乾隆四十一年二月以安西州吏目署事,四十二年二月卸事
瑚图里	汉军镶蓝旗	乾隆四十二年任事,四十七年三月被参卸事
博通	满洲镶黄旗	乾隆四十七年三月以护理镇西府知府兼摄,本年四月卸事
韦驮保	满洲镶白旗	乾隆四十七年以候补知县署事,四十八年二月被参卸事
祥泰	满洲正红旗	乾隆四十八年二月以镇西府知府兼摄,本年四月卸事
恒亮	满洲正红旗	乾隆四十八年四月任事,本年七月卸事

---

① 和宁:《三州辑略》卷二,成文出版社,1968,第44~45页。

第一章 治理体制

续表

姓名	籍贯	任职时间
祥泰	满洲正红旗	乾隆四十八年七月以镇西府知府兼摄,四十九年正月被参卸事
富升	满洲镶黄旗	乾隆四十九年正月以护理镇西府知府兼摄,本年三月卸事
特通额	满洲镶黄旗	乾隆四十九年三月任事,五十五年三月卸事
丰延泰	—	乾隆五十五年三月任事,五十六年八月卸事
齐默慎	蒙古镶红旗	乾隆五十六年八月任事,五十七年四月卸事
连彭年	浙江上虞县	乾隆五十七年四月以济木萨县丞护理,本年十二月卸事
武什杭阿	满洲正白旗	乾隆五十八年十二月任事,六十年九月卸事
张利溥	汉军包衣镶黄旗	乾隆六十年九月以昌吉县知县署,嘉庆元年十月卸事

资料来源：和宁：《三州辑略》卷二,成文出版社,1968,第51~52页。

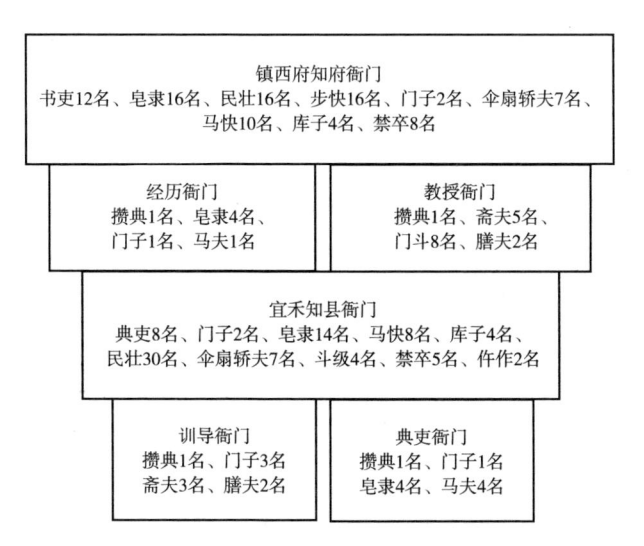

```
┌─────────────────────────────────────────────┐
│          镇西府知府衙门                      │
│  书吏12名、皂隶16名、民壮16名、步快16名、   │
│  门子2名、伞扇轿夫7名、                      │
│  马快10名、库子4名、禁卒8名                  │
└─────────────────────────────────────────────┘
    ┌──────────────┐        ┌──────────────┐
    │   经历衙门    │        │   教授衙门    │
    │ 攒典1名、皂隶4名、│    │ 攒典1名、斋夫5名、│
    │ 门子1名、马夫1名 │     │ 门斗8名、膳夫2名 │
    └──────────────┘        └──────────────┘
    ┌─────────────────────────────────────┐
    │          宜禾知县衙门                │
    │ 典吏8名、门子2名、皂隶14名、马快8名、库子4名、│
    │ 民壮30名、伞扇轿夫7名、斗级4名、禁卒5名、仵作2名 │
    └─────────────────────────────────────┘
    ┌──────────────┐        ┌──────────────┐
    │   训导衙门    │        │   典吏衙门    │
    │ 攒典1名、门子3名、│    │ 攒典1名、门子1名、│
    │ 斋夫3名、膳夫2名 │     │ 皂隶4名、马夫4名 │
    └──────────────┘        └──────────────┘
```

图1-2 镇西府、宜禾县衙署（驻巴里坤）设置

资料来源：笔者根据相关记载制作,参见和宁《三州辑略》卷二,成文出版社,1968,第44~45页。

《乌鲁木齐政略》记载:"巴里坤每岁满、汉官兵文武各项,共需银二十万一千二百六十余两"①,这是乾隆三十七年至四十二年巴里坤每年平均的开销。这一饷银的开销是迪化州所属各城开销"四十三万八千一百余两"的一半,是哈密(文武各项每岁需银二万一千七百余两)、辟展(文武各项每岁需银二万三千余两)等地的近10倍。②

清廷在巴里坤构建驻防体系的同时,也建设了专管民事的行政系统,二者相辅相成,在乾隆朝不断完善,最终发展为定制。

第三节 二元体制权力的划分

巴里坤行政建制复杂,在职掌范围、行政归属等问题上存在交叉重合。

一 甘肃与新疆权限的划分

乾隆朝平定西域之前,因巴里坤民人渐多,兵民杂处,清廷于乾隆二十一年(1756)设置了理事同知,受陕甘总督管辖;乾隆二十四年(1759)平定西域后,设伊犁将军统辖全疆,但巴里坤府县体系仍隶属于甘肃布政使司,受陕甘总督管辖。《清高宗实录》乾隆三十一年(1766)十二月乙丑条载:

> 现在守备暂管户民,审理狱讼,应酌立科条,请将命盗重

---

① 佚名:《乌鲁木齐政略》,载王希隆《新疆文献四种辑注考述》,甘肃文化出版社,1995,第62页。

② 佚名:《乌鲁木齐政略》,载王希隆《新疆文献四种辑注考述》,甘肃文化出版社,1995,第62页。

第一章　治理体制

案，令该守备验看取供，将人犯解送巴里坤同知衙门审拟，成招定谳，由安西道解司，勘转到臣，覆审具题。如犯军流徒罪者，由安西道核讯移司，转详臣衙门，分别咨部批结。至户婚田土赌博打降诸事，即令该守备审理，仍报明巴里坤同知，核明发落。得旨，如所议行。①

从上述文献记载来看，巴里坤所属地方的"命盗重案""犯军流徒罪者""户婚田土赌博打降诸事"按严重程度由当地守备、巴里坤同知、安西道、陕甘总督分别管辖，具体流程如图1-3所示。可以看出巴里坤民事受陕甘总督辖制，但自乾隆四十年（1775）统一由乌鲁木齐都统管辖：

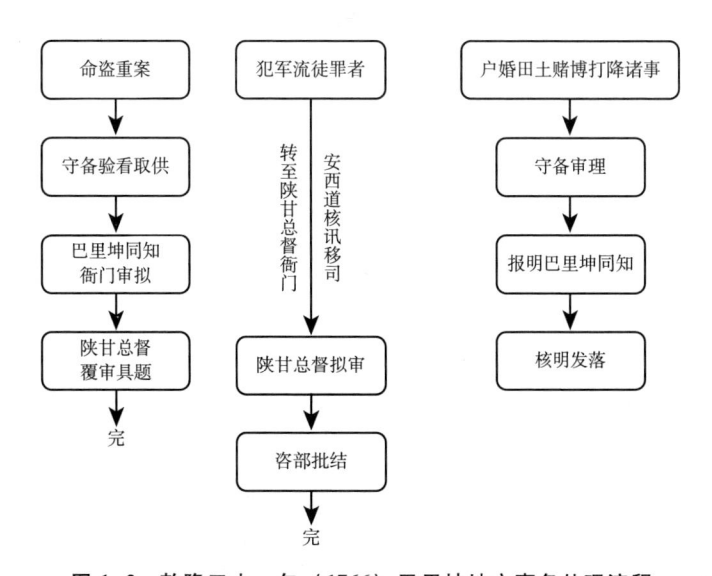

图1-3　乾隆三十一年（1766）巴里坤地方事务处理流程

资料来源：笔者根据相关记载制作，参见《清高宗实录》卷七七五，乾隆三十一年十二月乙丑条。

---

① 《清高宗实录》卷七七五，乾隆三十一年十二月乙丑条。

乾隆四十年军机处议覆都统索诺木策凌具奏……巴里坤地方一切事件向由该道经报总督办理,查该处距兰州省城四千余里,鞭长莫及,难免贻误,且现在巴里坤、古城、吐鲁番满营事务俱属乌噜〔鲁〕木齐都统总理,应将巴里坤、奇台、古城地方事务全归乌噜〔鲁〕木齐都统办理。①

巴里坤在一段时间内处于甘肃、西域两地的"中间带",巴里坤八旗的驻防体系受伊犁将军节制,但民事由陕甘总督管辖,使其在一定程度上"属"甘肃地区而不完全归属于西域。乾隆四十年（1775）的调整是巴里坤地方行政体系在真正意义上归属西域的开始。

二 乌鲁木齐都统和伊犁将军权限的划分

巴里坤地方事务划归新疆管辖后,主要受乌鲁木齐都统辖制,而不是伊犁将军。关于乌鲁木齐都统和伊犁将军权限的划分,学界已有较多讨论②。华立认为,天山东路地区主要受乌鲁木齐都统直辖,特别是理民体制③,实际上在军务方面乌鲁木齐都统也有一定的直辖

---

① 和宁:《三州辑略》卷二,成文出版社,1968,第32页。
② 例如,聂红萍:《从甘肃总督到伊犁将军:乾隆朝对新疆治理的探索》,《中国边疆史地研究》2016年第2期;华立:《新疆军府制下的理民体制与满汉员的任用》,《清史研究》2010年第4期。
③ 华立:《新疆军府制下的理民体制与满汉员的任用》,《清史研究》2010年第4期。华立指出:"一种看法认为,清廷曾在伊犁将军之下,将新疆划分为伊犁、塔尔巴哈台、喀什噶尔和乌鲁木齐四个辖区。从军务的角度,特别是兵力配置和军队统辖关系来看,这一看法有其道理。但是,如果从地方行政、民事治理的角度看,笔者更倾向于传统的三大地理单元的划分,也就是:由伊犁地区和塔尔巴哈台地区构成的,有深厚游牧文化背景的北路;由乌鲁木齐及其周边地区构成的,经内地移民大力开发的东路;天山以南由突厥语系穆斯林构成的,以绿洲农业文化为主的南路即回疆……从理民体制的角度看,州县体系较为完备的是由乌鲁木齐都统直辖,受伊犁将军节制的天山东路地区。"

权，并不完全受制于伊犁将军，如军队的军政考核权。《乌鲁木齐都统索诺木策凌奏乌鲁木齐巴里坤古城等处官员军政考核折》载：

> 今年内外旗官考选军政，乌鲁木齐、巴里坤、古城等三地均设驻防，故此应按伊犁之例考选军政。
>
> 官员中若有年长者、生病者，应予弹劾者不必汇总处理，立即弹劾上奏。
>
> 此外应于特简官员，视各地驻防数量，定乌鲁木齐处二人，巴里坤、古城处每地一人，此三地亦为边疆要地，离京城甚远。特简官员，按伊犁之例，派往部院，不必引见。①

该档案中记载"乌鲁木齐、巴里坤、古城等三地均设驻防，故此应按伊犁之例考选军政"，若伊犁处管辖乌鲁木齐、巴里坤、古城三地，伊犁将军则会亲自去往各处或致函各处考选军政。但上述记载清廷发至乌鲁木齐都统处，让其按照"伊犁之例"处理，说明乌鲁木齐都统有职权考取其辖区内的各地驻防；乌鲁木齐都统可以"立即弹劾上奏"，不必向伊犁将军汇报；按"按伊犁之例"，在乌鲁木齐、巴里坤、古城三处配置特简官员。这说明乌鲁木齐都统对驻防亦有一定的直辖权。

三 驻防体系与府县体系权限的划分

前文已有论述，乾隆二十一年（1756），清廷在巴里坤设置了理事同知，区别管理民人与驻防官兵。随着巴里坤的开发，这里的户民逐年增加，清廷计划在这里设置文员，专管户民。《清高宗实

---

① 《乌鲁木齐都统索诺木策凌奏乌鲁木齐巴里坤古城等处官员军政考核折》（乾隆四十二年十月十五日），中国第一历史档案馆编《清代新疆满文档案汇编》第133册，广西师范大学出版社，2012，第221~223页。

录》载：

> 陕甘总督吴达善奏，酌定穆垒安户章程：一新安户口，宜编立里甲，请按每年招徕户民，编为一里，一里之中，分为十甲，将来户口丁粮册籍，悉照里甲顺庄开造，至编设里甲，约可安三千户之数，编为十里，酌定里名，以分界限。一每里应选立里长、渠长、保约，请按每里设里长一名，每百户设渠长一名，乡约、保正各一名，给以委牌，俾各有职掌，如果勤于劝导，照内地例给扁奖励……一招徕户民，应俟广集后，移驻文员，除现在咨送二百户，移驻尚属无多，仍照原例令守备暂管外，至戊子年三百户之时，酌设文员专管户民。①

这是一则记载清廷如何治理巴里坤地区的重要文献。从这份史料中可以看出，清廷在筹划治理巴里坤基层社会时采用了里甲制，设置乡约、保正，并且"移驻文员"管理户民，明确地指出巴里坤八旗驻防、绿营驻防中的官员没有管理民户的权限，朝廷会选定专门的"文员"承担这一职责，即建设专管民户的府县体系。

巴里坤八旗驻防最高军事官员为"领队大臣"，受乌鲁木齐都统管辖。虽然在一段时间内巴里坤领队大臣有兼管地方事务的权力，但很快清廷就将权限交给地方的府县体系：

> 巴里坤领队大臣，驻扎会宁城，管理驻防八旗官兵差添一切事宜。乾隆四十九年奉上谕，巴里坤、古城领队大臣原为操演兵丁而设，向不办理地方事务，嗣因海禄具奏，盘查地方官亏空，

---

① 《清高宗实录》卷七七五，乾隆三十一年十二月乙丑条。

始令兼管，但满洲领队大臣内能管辖兵丁，复能办理地方事宜者鲜有，着照旧制，责令乌噜〔鲁〕木齐都统道员管理其地方事务，毋庸领队大臣稽查，惟以训练兵丁为务。①

根据上引史料的记载，清廷为"盘查地方官亏空"，始令巴里坤领队大臣兼管地方事务，但考虑到"领队大臣内能管辖兵丁，复能办理地方事宜者鲜有"，因此"照旧制"将管理民事的权限交于地方行政体系。正如《镇西厅乡土志》所载："城分满汉，营别旗绿，驻领队以专理旗务，设府县以分治民事"②，形成了以巴里坤满营领队大臣专理驻防体系旗务，地方知府、知县专管地方民事的权限划分。

四 是旗是民——权限划分中的模糊地带

在旗民二元体系中，驻防八旗与地方民人是由界限明确的两套体系进行管理。巴里坤的旗民二元体系中也有一些不同于他处的地方，旗民二元社会在一些领域并没有明确的划分。

定宜庄在《清代八旗驻防研究》中指出八旗驻防与地方事务是分离的，体现在八旗驻防与地方官不得互相干涉、八旗驻防与绿营分离、八旗驻防与财权分离。③ 对于"理事同知"一职，定宜庄指出，清廷"设置理事同知，专门负责审理旗人与当地民人的交涉、诉讼事件……由此形成了两类理事同知：一种在八旗驻防地区，为知府佐贰；一种在边疆地区，作为分派某地的最高行政长官。办事衙署为理事厅，与府同级。二者官称既同，职掌作用亦略相同"。④

---

① 和宁：《三州辑略》卷二，成文出版社，1968，第33页。
② 阎绪昌、高耀南、孙光祖：《镇西厅乡土志》，载马大正、黄国政、苏凤兰整理《新疆乡土志稿》，新疆人民出版社，2010，第95页。
③ 定宜庄：《清代八旗驻防研究》，辽宁民族出版社，2003，第129~134页。
④ 定宜庄：《清代八旗驻防研究》，辽宁民族出版社，2003，第177~178页。

理事同知的设置与职掌在许多地区的确如此，但巴里坤有特殊之处。

清廷于乾隆二十一年（1756）十月设置了巴里坤理事同知；乾隆二十四年（1759）十月，将安西同知移驻巴里坤，改为巴里坤同知，既有巴里坤同知又有巴里坤理事同知；乾隆三十九年（1774）二月，裁撤巴里坤同知，改设巴里坤理事通判。《清高宗实录》记载："吏部议准，陕甘总督兼管甘肃巡抚勒尔谨疏称，巴里坤同知，前经奏准裁汰，改设理事通判"[1]，但此后不久巴里坤的"理事同知""理事通判"就未见史料提及，亦未查到具体裁撤时间。

在乾隆四十年间的档案中，记载处理"旗民事务"的都是宜禾县知县。虽然前文已提及巴里坤一切事务由驻防体系的"乌鲁木齐都统"管辖，但巴里坤基层社会的管理仍由府县体系中的宜禾县知县负责，最后交于乌鲁木齐都统审核。

如满文档案《乌鲁木齐都统明亮奏审拟巴里坤满洲披甲白永殴毙其妻案请将署都统图思义察议折》[2]中所载，白永是巴里坤正蓝旗满洲叶不肯俄佐领下马甲，从他杀妻后"将尸身用绳系下井去，装作投井的样子，报官相验"，以及"因关协领在尸场争论得罪了宜禾县瑚知县，瑚知县同奇台知县窝知县先后复验都说是磕碰伤痕，我所以不认打死，要想免罪"等记载来看，驻防八旗的刑事案件由管理地方民事的宜禾县知县审理。"关协领"指"协领"，在巴里坤八旗驻防体系中属较高的官职，仅次于"巴里坤领队大臣"，但即使是这样的"高官"，因得罪宜禾县知县和奇台县知县，其女儿被白永杀害也被冤枉是投井自杀。

笔者查阅了巴里坤诸多刑科档案，无论是驻防体系中的八旗官兵

---

[1] 《清高宗实录》卷九五三，乾隆三十九年二月辛亥条。
[2] 《乌鲁木齐都统明亮奏审拟巴里坤满洲披甲白永殴毙其妻案请将署都统图思义察议折》（乾隆四十七年十一月二十四日），中国第一历史档案馆编《清代新疆满文档案汇编》第153册，广西师范大学出版社，2012，第399~401页。

第一章　治理体制

还是地方社会的民人，在触犯刑法后都由宜禾县知县初步审理，再交道员复查。如《乌鲁木齐都统尚安奏巴里坤满洲营披甲苏赫图打死其妻拟绞监候折》中载：

> 据查乾隆五十五年九月二十八日，宜禾县知县丰彦泰呈报，骑兵披甲苏赫图（moringga uksin suhetu）将其妻子尹氏打死，尸检人员详细检查后，尹氏右侧耳根处有一处伤，肋、腰等处有四处打伤。交署理道员文惠审讯。①

骑兵披甲苏赫图杀妻后，由宜禾县知县丰彦泰初审并验尸，再交道员审讯，最后由乌鲁木齐都统核定。按惯例，宜禾县衙署位于巴里坤汉城，驻防满营居住在会宁城内，满洲兵丁在会宁满城杀人后向汉城内宜禾县"报官相验"，从侧面似也证明，两座城应是互相开放，来往较为便利。

满文档案中还有很多关于巴里坤驻防八旗的刑科案件，从档案记载来看，驻防八旗携带众多家眷至巴里坤，其本人与家眷所涉及的刑科事件一般归地方府县体系管理。

除了旗民事务由宜禾县知县管辖外，官铺税收上的权限也较为模糊。官铺指全权由驻防官兵开设的商铺，如伊犁官铺，所得一般用于驻防兵丁的各项开支。但巴里坤处官铺部分交于镇西府、宜禾县等地方机构收租，所得不再由驻防八旗独享。

巴里坤的旗民二元体系中，"旗"与"民"既属于权限明确的两套不同管理体系，又有相互交融、统一管理的地方，有一定的特殊性和代表性。

---

① 《乌鲁木齐都统尚安奏巴里坤满洲营披甲苏赫图打死其妻拟绞监候折》（乾隆五十六年正月二十日），中国第一历史档案馆编《清代新疆满文档案汇编》第191册，广西师范大学出版社，2012，第80页。

61

第四节　基层社会治理模式

清廷不仅在巴里坤设置府县体系管理户民，还推行里甲制，在地方设有乡约、保正等辅助朝廷官员对基层社会进行治理。关于清代新疆的基层社会治理，学界有一定的讨论①，但主要集中于清末民初这一时段，对乾隆朝时期就已存在的巴里坤里甲制等讨论较少。笔者认为，乡约制度在乾隆朝巴里坤地区就已存在，其产生的时间、施行的范围与发挥的作用不局限于清代新疆建省以后。

前文已引，乾隆三十一年（1766），陕甘总督吴达善上奏酌定巴里坤地区木垒安户章程，其中提到，"新安户口，宜编立里甲"，"户民认垦地亩，应均匀丈拨，请用巴里坤同知衙门部颁步弓，丈准地亩"②，可知木垒处民户与巴里坤处相同，都归巴里坤同知衙门管辖。既同属一处管辖，地方行政建制与管理体系也应相同，因此可以推测巴里坤应设有里甲制管理户民。据《镇西厅乡土志》记载，巴里坤确实有乡约参与基层社会治理：

> 农处东西北三乡，各乡户口多寡不均，概立头目，俾相联络。东乡一百四十八户，乡约十三名。西乡八十二户，乡约三名。北乡三百九十二户，乡约十七名。藉资催科，互相劝戒。一

---

① 关于清代新疆乡约的研究，段自成：《清末民初新疆乡约的特点》，《清史研究》2004 年第 4 期；赵丽君：《清代新疆乡约制度研究三题》，《新疆师范大学学报》（哲学社会科学版）2006 年第 4 期；杨军：《浅议清代新疆乡约制度创设及司法职能》，《思想战线》2008 年第 6 期；何荣：《试论杨增新时期新疆乡约的特点》，《新疆大学学报》（哲学社会科学版）2008 年第 3 期；曾耀凤：《乡约多重角色折射的清末新疆治理图景》，《云南民族大学学报》（哲学社会科学版）2019 年第 5 期。

② 《清高宗实录》卷七七五，乾隆三十一年十二月乙丑条。

切水利种植，必取责焉，遇有口角细故，钱债琐务，必关白乡约，量为调处。若有别项大故，禀官究办，必择品行端正，乡望素著者，为之充放。设有因公科派遇事生风，立为撤换。此亦为守望相助之遗意耳。①

清廷在巴里坤地区设有里长、渠长、乡约、保正，这些职衔的职掌不相同。乾隆朝巴里坤地区一里之中有十甲、三千户为十里，即一里有三百户、一甲为三十户，"悉照里甲顺庄开造"。"每里设里长一名，每百户设渠长一名，乡约、保正各一名，给以委牌，俾各有职掌"，他们的主要职责是"勤于劝导"。② 这样实际上巴里坤府县体系的官员如知县，并不处理户民之间的琐事，而是直接由里长、渠长、乡约等教化劝导。这一劝导、调节作用在档案中也有记载，《乌鲁木齐都统索诺木策凌奏将三台地方凶犯何起仁拟绞监候折》中就记录了乡约调节户民之间矛盾的细节：

> 这月（按：乾隆四十二年四月到六月间）二十六日，该小的（按：何大汉，即何起仁）与王法才、赵国本、范名鼎四人做工，小的去的迟了些，赵国本就责备小的，小的因独有赵国本发话不服，与他争论，被乡约马秉全等劝散了。小的坐了一会，到街上又遇见赵国本，拉他到乡约马秉全家讲理，马秉全也说小的不是，小的不服，又同赵国本嚷骂、扭打，马秉全拿柳条把小的们打散。后小的气忿仍走到社庙，见赵国本在那里做工，就叫着他的名字喊骂。因赵国本也回骂，小的气忿不过，就拔出身上带的小刀，吓唬赵国本，赵国本见小的拔出刀子就跑，小的持刀

---

① 阎绪昌、高耀南、孙光祖：《镇西厅乡土志》，载马大正、黄国政、苏凤兰整理《新疆乡土志稿》，新疆人民出版社，2010，第117~118页。
② 《清高宗实录》卷七七五，乾隆三十一年十二月乙丑条。

追赶。有王法才从后赶来,把小的拿刀的手连衣拉住,小的说你快放手,就把右手往后一摔,原是要摔脱他,不料戳在王法才左乳下,王法才哎哟一声扑倒在地,小的急忙转身看时,王法才已不能言语,过了一会就死了……①

在这处记载中,乡约马秉全发现赵国本与何起仁吵架,将二人"劝散";何起仁因不服被赵国本责备,在街上再次遇见他后,拉着他往乡约马秉全家讲理。可见乡约有劝导的职能,且在当地有一定的威望,当民人之间有矛盾时,会主动前往乡约处说理。

孙海泉指出:"清代州县以下地方基层制度经历了从里甲制到保甲制的演变,这已是学术界较为一致的看法……到雍正初年开始的摊丁入地等一系列赋役制度的改革措施,不仅改变了赋役征收制度,也改变了地方州县以下基层组织制度,即里甲制开始被保甲制所取代。"②孙海泉认为,自雍正初年开始,里甲制开始瓦解,那何以乾隆三十一年(1766)在巴里坤推行里甲制?孙海泉认为:"顺庄法是针对里甲中土地所属关系的混乱状况实行的。但这一做法却深刻地触动了里甲组织的格局,以致里甲制度彻底崩溃,清代州县以下地方基层组织结构发生根本变化。"③《清高宗实录》载,巴里坤"编立里甲……悉照里甲顺庄开造"④,似乎巴里坤的里甲制有名无实,实行的还是以顺庄法为主的保甲制。

---

① 《乌鲁木齐都统索诺木策凌奏将三台地方凶犯何起仁拟绞监候折》(乾隆四十二年七月初六日),中国第一历史档案馆编《清代新疆满文档案汇编》第133册,广西师范大学出版社,2012,第103页。供单系汉文。
② 孙海泉:《论清代从里甲到保甲的演变》,《中国史研究》1994年第2期,第59、61页。
③ 孙海泉:《论清代从里甲到保甲的演变》,《中国史研究》1994年第2期,第62页。
④ 《清高宗实录》卷七七五,乾隆三十一年十二月乙丑条。

第一章　治理体制

《清文献通考》记载了清代州县以下地方管理模式为：

> 地方一役最重，凡一州县分地若干，一地方管村若干。其管内税粮完欠、田宅争辩、词讼曲直、盗贼生发、命案审理，一切皆与有责。遇有差役所需器物，责令催办。所用人夫，责令摄管。稍有违误，扑责立加。终岁奔走，稍有暇时。乡约、里长、甲长、保长，各省责成轻重不同，凡在民之役大略如此。①

从上述记载来看，乾隆朝巴里坤地方所设的里长、乡约、保正等有管理税粮、田宅、词讼、盗窃、命案等的权限，与《清高宗实录》中记载的"给以委牌，俾各有职掌"相吻合，他们直接参与了地方基层社会的治理。

《清高宗实录》中记载巴里坤"每百户设渠长一名"，但没有直书其具体的职责。档案《陕甘总督吴达善为请定木垒安户章程事奏折》中记载，渠长的具体职责是"均平水利"，由"公正无私之人充当"。② 前引《清文献通考》记载中有乡约、里长等，但没有渠长这一职衔。"渠长"这一职务唐代已设，《新唐书》载"京畿有渠长、斗门长"③，主要管理水务。萧正洪指出："唐代以后关中各灌区中，无论水权纠纷的性质如何，都是通过大体相同的程序来加以解决：首先由渠长出面调解，而渠长在调解过程中扮演着国家基层政权代表的角色，其所依据的也是国家的有关水政法规和法律。如果渠长调解无

---

① 《清文献通考》卷二一《职役·乡志》。
② 《陕甘总督吴达善为请定木垒安户章程事奏折》（乾隆三十一年十二月十六日），载中国第一历史档案馆《乾隆年间徙民屯垦新疆史料》，《历史档案》2002年第3期，第15页。
③ 《新唐书》卷四六《百官一》，中华书局，1975，第1202页。

65

效或当事人不服,则要对簿公堂,由县、府乃至省一级行政机构作出裁决。"①

巴里坤移民社会的管理中有同知、知府、知县等府县体系,又有乡约、里长、渠长等辅助管理基层社会。清廷注重地方社会的教化引导,也按事务的轻重、大小,顺庄、分级管理。

---

① 萧正洪:《历史时期关中地区农田灌溉中的水权问题》,《中国经济史研究》1999年第1期,第51页。

第二章　农牧业的发展

《镇西厅乡土志》载："乾隆中叶，招关内之商旅，作塞上之屏藩，办地土之瘠腴，审气候之寒燠，编氓列户，营兵屯田，始设官以分治焉。"① 通过清廷"招商旅""作屏藩""办地土""审气候"等举措，巴里坤"编氓列户""营兵屯田"，设官分治，逐渐形成了移民社会，推动了巴里坤区域经济的发展。

关于清代新疆农业开发的研究，学术成果非常丰富也十分全面。清代新疆的农业开发，不仅奠定了近代以来新疆地区农业生产的基本格局，而且对新疆地区社会经济发展、各民族交往交流交融等多方面都具有重要的历史意义。学界对清代新疆农业开发进行了多视角的研究，但多集中于乾隆朝以后。

本章以巴里坤移民社会的发展为中心，聚焦其农牧业的发展，以在康熙朝末年至雍正初年这一时期巴里坤出现的官屯、捐纳屯田形式为重点，加以讨论。康雍时期的文献多记录巴里坤气候暖和、庄稼丰收等美好图景，而清中后期主要记录其为严寒、瘠苦之地。以下以屯田环境的记载反差为线索，探讨康雍乾三朝巴里坤农业发展的实际情况。

---

① 阎绪昌、高耀南、孙光祖：《镇西厅乡土志》，载马大正、黄国政、苏凤兰整理《新疆乡土志稿》，新疆人民出版社，2010，第95页。

第一节　康雍时期的"官屯"

关于清朝在巴里坤屯垦的记载始见于康熙年间。康熙五十四年（1715）清廷开始在巴里坤驻防。康熙五十五年（1716）开始勘查地亩，准备屯田。在屯田未有收获时，主要靠内地运送口粮。

关于康熙朝粮饷供给的问题，已经有学者做过专题研究。[①] 清廷对出征官兵，基本按照每兵每月两斗的标准支给口粮，但需要指出的是，虽以"斗"为单位，但"斗"的具体数额是有变化的，满文档案中便有西安将军席柱因为"一斗按十九斤"而获罪问责的事件[②]。笔者查阅的档案文献等，很难找到历次解送至巴里坤军营的详细粮食清单，根据文献材料整理出一部分明确记载送往巴里坤的口粮记录，见表2-1。

---

① 刘锦增：《平定准噶尔战争中的军粮供应问题研究》，陕西师范大学，博士学位论文，2018。论文介绍了平准期间清朝军粮来源有仓储调拨、市场采买、屯田、捐纳等具体情况。关于平准战争中的军粮支给制度，指出："清代对出征官兵的军粮供应有明确的规定，包括行粮和坐粮两部分。清政府对出征官兵，基本按照每兵月给二斗的标准支给口粮……康熙末年，清政府在对西北用兵的过程中，进剿官兵也是按每人每月发给口粮二斗计算。"

② 满文档案《议政大臣苏努等奏报席柱等贻误军务案情折》中问责席柱时写道："于三十六年出征噶尔丹之兵，均以十五斤之仓斗供给米粮，尔不谨遵定例办理，妄用十九斤之斗供给兵粮，此为何故？"席柱称："前云知府高功情愿捐驼只一百，遂驮送米一百二十石。等情。是以我即照此行文。后以知府高功捐驼一百只，照三十六年之例，每驼以十五斤之斗计，驮送米一百六十石，故我照此行文。等语。该咨文于十一月初九日送至，自初十日始，便按十五斤之斗领取兵粮。臣甚是昏庸无能，未能详核仓斗，直至十一月初九日，以十九斤之仓斗取米拨给兵丁，奴才无言以对。"可以知道，康熙朝一斗为多少斤是有变化的，在统计兵丁口粮石数时，值得注意。参见中国第一历史档案馆编译《康熙朝满文朱批奏折全译》，中国社会科学出版社，1996，第1131页。

第二章 农牧业的发展

表 2-1 康熙朝运送至巴里坤口粮明细

时间	来源	种类	数目(石)	花费脚价银(两)	经办人
康熙五十四年	甘肃等地	黍米、粟米、小麦、青稞、大麦	20000	不详	原陕西巡抚雍泰恭、甘肃巡抚绰奇
康熙五十四年	哈密额敏处	米、小麦	600	不详	蒙古衙门主事石仲
康熙五十七年	杜尔博尔金等处种收	青稞	5500	23300	料理巴尔库尔事务道员李宜麟等
康熙五十七年	哈密	米	7900	31800	料理巴尔库尔事务道员李宜麟等

资料来源：《议政大臣苏努等奏报备办进剿军需折》（康熙五十四年六月十四日）、《吏部尚书富宁安奏闻暂借粮给发满洲官兵等情折》（康熙五十四年十月二十五日），中国第一历史档案馆编译《康熙朝满文朱批奏折全译》，中国社会科学出版社，1996，第 1025、1069~1070 页；《清圣祖实录》卷二八五，康熙五十八年九月庚寅条。

鉴于运粮的不便与高成本，康熙五十五年（1716），清廷开始勘查地亩，派遣兵丁在当地耕种。康熙皇帝重视巴里坤屯田，认为种地得粮甚属紧要。《清圣祖实录》记载："巴尔库尔、科布多、乌兰古木等处种地之事，甚属紧要，若种地得收，则诸事俱易，着会议具奏……再先经尚书富宁安奏称，哈密所属布鲁尔、图呼鲁克接壤之处，并巴尔库尔、杜尔博尔金地方、哈喇乌苏，及西吉木、达里图、布隆吉尔附近之上浦下浦等处，俱可耕种，应各令派人耕种，给与口粮牛种，再兵丁内有愿耕种者，亦令耕种，俟收成后将米数奏闻议叙。"① 清廷鼓励民人、兵丁在巴里坤等地耕种，秋收后可以议叙。实际上这一时期主要还是驻扎在巴里坤一带的官兵进行屯田。

史料中有多处巴里坤驻防官兵屯田的记载。例如，雍正元年（1723）十二月初四日上奏的《议政大臣和硕裕亲王保泰等奏议叙屯田多收之员折》，记载了靖逆将军富宁安带领巴里坤驻防官兵屯

---

① 《清圣祖实录》卷二六七，康熙五十五年二月乙丑条。

垦的细节：

> （靖逆将军大学士富宁安）于巴里坤播种青稞种子二千石，以每亩播种一斗而计，共应种地二万亩，经丈量后，分给满洲、蒙古、绿旗官兵，臣及诸臣官员自捐马畜，自二月十五日始，至三月二十二日陆续播种完矣。①

这一年巴里坤驻防兵丁共播种了二万亩青稞，驻防在巴里坤的满洲、蒙古、绿旗官兵自捐马畜完成了种植。具体的分工及收成见表2-2。

表2-2 雍正元年巴里坤屯田情况

承种人员	种子数目	收获数目	收成*
都统穆森所属之正黄旗护军参领夸兰依达华色等	118石4升	1298石4斗4升	11成
正白旗拖沙喇哈番，委署鸟枪骁骑夸兰依达扎鲁等	28石7斗1升	315石8斗1升	11成
副都统萨尔禅所属正黄旗鸟枪护军校、委署鸟枪护军夸兰依达泰柱等	147石2斗5升	1619石7斗5升	11成
副都统觉罗英柱所属之镶黄旗云麾使兼拖沙喇番，钦命委署之章京、委署护军夸兰依达拉寨等	75石5斗8升	831石3斗8升	11成
正黄旗拖沙喇哈番委署骁骑夸兰依达博和里等	67石9斗8升	747石7斗8升	11成
西安副都统常寿等所属正蓝旗佐领，委署夸兰依达鼐木岱、正黄旗汉军四品参领、委夸兰依达朱兴仁等	321石2斗4升	3532石6斗4升	11成
副都统智永所属之镶红旗察哈尔达木巴多尔济佐领之亲军部委参领锡拉布等	20石	200石	10成
甘肃提督路振声所属之甘州游击何明高等	344石4斗	3454石6斗	10成
原总督标下副将，今擢任总兵官之田俊等	125石9斗	1260石1斗2升	10成

---

① 《议政大臣和硕裕亲王保泰等奏议叙屯田多收之员折》（雍正元年十二月初四日），中国第一历史档案馆译编《雍正朝满文朱批奏折全译》，黄山书社，1998，第544页。

续表

承种人员	种子数目	收获数目	收成
总督标下守备陈山等	73石1斗	731石3斗	10成
统管肃州兵之潼关营副将潘之善等	200石	2034石5斗2升	10成
凉州游击白玉柱原领	43石6斗	437石4斗	10成
凉州游击程尚仁	114石8斗	1150石6斗	10成
宁夏游击彭云龙等	150石4斗	1555石2斗	10成
固原守备王源等	144石3斗	1443石3斗	10成
榆林守备韩仁丰	19石7斗	198石5斗	10成
富宁安		72石	
提督路振声		61石2斗	
总兵官杨昌泰		61石2斗	
合计	2000石	21006石7斗4升	

注：*清廷按收成数目与种子数目之比议叙，如收获10倍称"十成"或"十分"。按当时清廷的规定"巴里坤屯田官兵，若有收获七成以上者，即交九卿照例议叙。若有收获五六成者，即免查议。若有收获四成以下者，则令查议"，参见《和硕怡亲王允祥等奏报于阿尔泰路驻兵及屯田事折》（雍正二年十一月初五日），中国第一历史档案馆译编《雍正朝满文朱批奏折全译》，黄山书社，1998，第964页。

资料来源：《议政大臣和硕裕亲王保泰等奏议叙屯田多收之员折》（雍正元年十二月初四日），中国第一历史档案馆译编《雍正朝满文朱批奏折全译》，黄山书社，1998，第544~545页。

此次屯田"满洲、蒙古、绿旗官兵官耕种子二千石，收青稞共计二万八百十二石二斗四升"，富宁安等官员"自力耕收青稞共一百九十四石四斗"，合计"耕收青稞共二万一千六石七斗四升"。[①] 档案载，秋收后各路官兵将收获的青稞各自运至巴里坤，交付暂办粮饷事

---

① 《议政大臣和硕裕亲王保泰等奏议叙屯田多收之员折》（雍正元年十二月初四日），中国第一历史档案馆译编《雍正朝满文朱批奏折全译》，黄山书社，1998，第544~545页。档案载"以上官耕自力耕收青稞共二万一千六石七斗四升"，而《平定准噶尔方略》中记载的是"二万一千六十石有奇"，参见《平定准噶尔方略》前编卷十三，雍正元年十二月戊申条。

务之阶州知州邵嗣世。运至仓场后，除将用于来年耕种的青稞种子二千石交知州邵嗣世另行贮藏外，余下的青稞另行咨川陕总督年羹尧、甘肃巡抚绰奇作为军饷。可见康雍时期巴里坤处的屯田若有丰收，还会分享给其他驻防处。

另外一个值得注意的问题是在雍正朝例行奖励屯田时，只奖励官弁，不涉及种田兵丁。档案《和硕廉亲王允禩等奏请议叙巴里坤路屯田官兵事折》记载："查前年于巴里坤等地种田收获官弁，经奏请议叙后，由议政议交九卿议叙在案。又查去年将军富宁安奏请议叙巴里坤等地种田收获十二成、十一成官弁时，特谕将军富宁安议定具奏如何赏赐种田兵丁。将军富宁安奉旨赏赐种田兵丁各一月行粮。去年议叙种田收获官弁时，不曾议种田兵丁，故今年亦不议种田兵丁外，拟将种田收获十二成有余之满洲、蒙古、绿旗官弁职名清册，一并仍按前年例交九卿照例议叙之。"[①] 可见只有参与屯田的满洲、蒙古、绿旗官员会受到清廷"照例议叙"，种田兵丁会获得"一月行粮"赏赐。

第二节　雍正初年的捐纳屯田

巴里坤不仅是新疆地区较早进行屯田的地方，也是较早开展"捐纳屯田"的地方。清朝有捐纳的传统，一般都是提供金钱或物资得到相应的职官，但自备种子及器具，以屯田纳粮的形式捐纳的比较少见，笔者选取了档案中记载的几个例子，具体见表2-3。

[①] 《和硕廉亲王允禩等奏请议叙巴里坤路屯田官兵事折》（雍正二年九月二十四日），中国第一历史档案馆译编《雍正朝满文朱批奏折全译》，黄山书社，1998，第940页。

第二章 农牧业的发展

表 2-3 捐纳屯田举隅

姓名	籍贯	职衔	捐纳事由	屯田收成
威和岱	京城索津佐领之人	西安镶蓝旗都木巴佐领之候补笔帖式	为自己捐纳。康熙五十九年,肃州新开九项条例,捐纳了先期录用之免试笔帖式,未食俸米,自力于军营效力四年有余,随师兵征乌鲁木齐一次,在吐鲁番军营效力一年多	雍正元年春自备八石种子及耕田所需马畜器械等物在巴里坤垦田。收得青稞八十石三斗,欲自行运送交仓
德柱	正红蒙古旗额尔柱佐领之人	护军	为给其弟佛保(佐领之捐纳监生)捐纳	雍正元年,自备青稞种子八石及器械等物,于巴里坤耕田。今连种子共收得青稞八十六石,欲自行运送交仓
三柱	镶黄蒙古旗纳尔泰佐领之人	护军	为给同旗胞弟善寿(原色棱佐领之闲散蒙古)捐纳	雍正元年自备青稞种子八石及器具等物,于巴里坤耕田,连种子共收青稞八十四石三升,欲自行运送交仓
杨文修	直隶顺天府大兴县民	无	为给胞弟杨文标捐纳。杨文标于康熙五十六年七月在陕西甘州新开增之九项条例中捐纳了候补州同	雍正元年自备种子八石及耕田所需马畜器具等物,在巴里坤耕田。收青稞八十二石,欲自行运送交仓

资料来源:《议政大臣裕亲王保泰等奏议于巴里坤自力耕田之人议叙折》(雍正元年十二月初四日),中国第一历史档案馆译编《雍正朝满文朱批奏折全译》,黄山书社,1998,第543页。

屯田捐纳的起因是:"前盛京兵部侍郎海寿[①]奏开,巴里坤自愿效力耕田之人,其所有种子、器具等物俱自关内运至,颇费人力工银。祈请圣主降旨,凡巴里坤等地自力耕田之人,秋季交粮时予以殊恩议叙,等情奏入。"雍正元年十月二十二日,经散秩大臣都统拉锡转奏,雍正帝"着总理事务之王大臣等会同议政大臣议奏",经过议

---

① 海寿从盛京兵部侍郎调任为督管巴里坤等地耕田侍郎。

叙，最终决定"按其所交之青稞多寡，路途之远近而计，予以议叙"。①

随着西北事竣，雍正二年九月，雍正皇帝下旨："为益于军需，原属一时权宜，非可行之久远。皇考曾屡言，捐纳非美事。朕缵承大统，亦以军需之用度浩繁，户部之供支不继，捐纳事例仍暂开收，今仰赖皇考在天之灵，西边军务将已告竣。既现有需用钱粮之处，为数无多，着将户部与陕西各案捐例即行停止。"② 巴里坤屯田捐纳也随之告一段落。

第三节　乾隆朝的大力垦荒

在平定西域之前，乾隆皇帝就已经调拨甘、凉、肃三处熟悉耕作兵丁500名前往巴里坤驻扎屯田。《清高宗实录》乾隆二十一年十月乙亥条记载：

> 巴里坤现派满兵驻防，应酌设屯田，以省兵粮运费。查该地颇宜青稞，兼有南山雪消之水可资灌溉，计布种一千石，可收成九千石，应豫开沟渠置犁铧农具二百五十副，牛马五六百头，并派甘凉肃三处熟悉耕作兵五百名前往，俟春融播种秋成后，悉令入城居住，又可添壮军容，统照驻防例，三年一换。③

由于巴里坤"派满兵驻防"，清廷便派遣绿营前去屯田，以节省

---

① 《议政大臣裕亲王保泰等奏议于巴里坤自力耕田之人议叙折》（雍正元年十二月初四日），中国第一历史档案馆译编《雍正朝满文朱批奏折全译》，黄山书社，1998，第543~544页。
② 《吏部尚书田从典等奏报收过捐纳银两数目折》（雍正二年九月十五日），中国第一历史档案馆译编《雍正朝满文朱批奏折全译》，黄山书社，1998，第932页。
③ 《清高宗实录》卷五二四，乾隆二十一年十月乙亥条。

兵粮运费，并为屯田兵丁配给农具和牛马，秋收让其入城居住，三年一换。

平定西域后，巴里坤开始大力开荒，挖渠引流，运肥养地，精心耕作，屯田兵丁由之前的五百名增加至一千名，试种各种作物。巴里坤办事大臣清馥等于乾隆二十四年（1759）五月上奏查看巴里坤屯田兵丁新垦土地情况，巴里坤处有屯田兵一千人，已经在破城子、奎素两地耕种了两万亩。清馥得知还有可以开发的土地后，便前去查看，"鼓励兵丁开荒辟地，人尽其力，力争超额完成"，又开辟了九百亩，种植豌豆和青稞。详细情况转引如下：

> 巴里坤处有屯田兵一千人，破城子、奎素两地耕种了二万亩，奴才清馥到达巴里坤后，听说还有可开垦之田。今年正月，奴才亲自到破城子、奎素耕田处，带着副将官保，详尽查看。除了先前耕种的田地外，还有可开垦之地。奴才清馥就详细交代屯田事务之官员，今年鼓励兵丁开荒辟地，人尽其力，力争超额完成。三月化冰时节，奴才等又详细交代屯田官兵，务必努力多多耕种，万万不可敷衍松懈。之前官保等报，带领屯田兵众，从三月二十日起，两万亩旧耕田均陆续耕种。又根据指示安排，新增开垦农田九百亩。其中试种豌豆一百亩，新开与旧耕之地共计二万九百亩，用了青稞种子计二千八十斛，豌豆种子十斛。均于四月二十六日种植完毕，奴才等五月十四日亲赴种植处查看，庄稼秧苗正在出土成长，沟深水丰，新增耕田均与副将官保所报之数相符。奴才等详细交代各位官兵，此处必须及时灌溉，不时打理。[1]

---

[1] 《巴里坤办事大臣清馥等奏查看巴里坤屯田兵丁新垦地亩情形折》（乾隆二十四年五月二十三日），中国第一历史档案馆编《清代新疆满文档案汇编》第38册，广西师范大学出版社，2012，第258~259页。

乾隆皇帝非常重视巴里坤处屯田，多次详细查问各种作物的收成。例如奏折《巴里坤帮办大臣同德等奏报巴里坤等处本年粮食收成数目折》中记载：

> 巴里坤、奎素等地新旧开荒种植青稞地二万八百亩，又试种豌豆一百亩，粗略计算可得青稞达一万三千斛，豌豆三十三余斛。[朱批：到底比去年如何？]
>
> 一亩农田可收七斗七勺，今年新旧耕地共计二万八百亩地之中，已碾未碾之粮统共可收一万四千五百七十四斛五斗余青稞。去年所种植两万亩田所收青稞一万一千五百七十三斛四斗五升四合。算入今年新开垦的八百亩田地所收青稞之数，比去年共计多收三千一斛多青稞大麦，另试种豌豆的一百亩，现在均已碾完，共收四十四斛六斗三升，后续全部碾完后再报。
>
> 去年所种二万亩田共收一万一千五百七十三斛四斗五升四勺青稞，今年所耕二万亩田中，所收之数与去年所耕二万亩田相比，今年多可得二千四百四十斛余。①

一亩农田可收七斗七勺，庄稼收成似乎并不突出，只能勉强达到清廷户部规定的"七分"及格线。虽收成一般，但巴里坤处始终用心经营，继续开垦种植：

> 巴里坤之奎素等处的村屯，一万九千亩青稞大麦，三千亩豌豆，现在陆续成熟均已收割完毕。奴才等亲自前往，经合计，按土地肥沃程度，将官兵处所收割麦捆，分出三等，合计一算，所

---

① 《巴里坤帮办大臣同德等奏报巴里坤等处本年粮食收成数目折》（乾隆二十四年九月十九日），中国第一历史档案馆编《清代新疆满文档案汇编》第41册，广西师范大学出版社，2012，第249~250页。

收之处青稞大麦每亩七斗五合，所种的一万九千亩田地，青稞大麦收一万三千四百斛，与去年一万九千亩青稞大麦之数相比，今年巴里坤雨水及时，多收三十八斛余；豌豆一亩四斗六升，所种植的三千亩田地，豌豆收一千四百斛余，与去年一亩地所收豌豆相比，今年下霜之前均出豆荚，故一亩多收一斗四升。三千亩田地估计多收四百二十斛。①

可以看出乾隆二十六年（1761）巴里坤处已经有"一万九千亩青稞大麦，三千亩豌豆"，合计二万二千亩田，相比乾隆二十四年的二万九百亩又开垦一千一百亩地。

巴里坤还不断试种各种经济作物：

> 巴里坤之地时节寒冷，下雪早，这几年都种植青稞、豌豆，未种其他种类细粮。从去年起试着种了麦子、胡麻、荞麦、米黍，胡麻、麦子都有收获，米黍只结穗，并未结果。胡麻、荞麦虽有收获，毕竟少，不及所收麦子数量。奴才等停种胡麻、荞麦、米黍，只多种麦子。剩下土地，仍然种植青稞、豌豆。此事上奏后，记入档册。奴才等又查看各地农田，看其高洼、视其难易，共同商议，总管耕田事务游击王绍、都司杨靖达等，奎素等饮水难之高处，视情况仍种植青稞、豌豆，寻得破城子等阳面地一千五百亩，增种麦子，开挖九百七十余条双沟渠，引流河水，灌溉农田。②

---

① 《巴里坤办事大臣永宁等奏报巴里坤等地屯田粮石收成分数折》（乾隆二十六年八月二十九日），中国第一历史档案馆编《清代新疆满文档案汇编》第52册，广西师范大学出版社，2012，第346页。
② 《巴里坤办事大臣钟音奏巴里坤不宜种植经济作物请增收麦子并报挖渠情形折》（乾隆二十八年二月十七日），中国第一历史档案馆编《清代新疆满文档案汇编》第61册，广西师范大学出版社，2012，第107~108页。

这份奏折中详细陈明巴里坤的气候并不适宜农业发展,但巴里坤处善查当地条件,开挖水渠、引流灌溉:

> 又低处恐怕山水下流淹没,于稍远处另行挖沟阻流,不致冲毁农田。此外农田中不施肥土,收成较少,于是交代所属官员派出农事官员及效力之废员,带领兵丁、罪犯,努力多运肥土施之。现在王绍、杨景达等已开挖沟渠,耕地中都已运去肥土施之。奴才等亲自前往各处农田,按次查看,均已按奴才所指示交代之处,有条不紊办理。奴才伏思,去年冬季积雪较多,今年春季时令较暖,雪逐渐融化,农田肥沃且人力增加,如此耕种,仰赖圣主之福,可期秋季丰收。①

乾隆朝在巴里坤屯田事务上付出了许多努力,但巴里坤处的收获并不十分理想。《清高宗实录》载,乾隆二十七年在巴里坤多处试种庄稼,但收获只有"五分":

> 据永宁等奏,巴里坤、奎素等处,向来地气较寒,一切细粮均难成熟,今屯田试种以来,该游击王绍,守备李执中、丛天祝、焦燥等,俱能尽心出力,督率兵丁,多方培溉,是以初次试种小麦,收成已及五分,其余豌豆等项,亦俱有收。再革职副将杨景达到屯效力三载,经理一切,勤慎奋勉,并无贻误,于屯务实多裨益等语。所有王绍、李执中、丛天祝、焦燥等,俱着交部议叙,其革职副将杨景达,着加恩以都司用,以示

---

① 《巴里坤办事大臣钟音奏巴里坤不宜种植经济作物请增收麦子并报挖渠情形折》(乾隆二十八年二月十七日),中国第一历史档案馆编《清代新疆满文档案汇编》第 61 册,广西师范大学出版社,2012,第 108 页。

鼓励。①

虽然巴里坤处兵屯尽心出力、勤慎奋勉，"初次试种小麦，收成已及五分""豌豆等项，亦俱有收"，受到了清廷的议叙、嘉奖，但巴里坤有"地气较寒，一切细粮均难成熟"的问题。加之巴里坤处满汉兵丁人数众多，地方种植收获与需求不平衡，巴里坤民屯、兵屯所收的口粮并不能满足满汉官兵粮食需求，满汉兵丁的口粮时常需要接济和采买。《乌鲁木齐政略》记载：

> 巴里坤属仓收民、屯各粮，除供支绿营官兵及过往差使口粮外，每岁可得余粮一万一千四百余石。巴里坤满营官兵岁需粮料一万八千七百余石。除将余粮供支外，尚不敷粮七千三百余石，由木垒仓粮内酌量运济，或在本地采买筹划办理。②

《新疆图志》载："逮于本朝，益扩张屯垦之政以赡军食。中兴以来，改设郡县，变屯田旧法，垦地至一千万余亩。"③清廷在平定西域后大力开发边疆，特别是在乾隆朝巴里坤处不断拓荒，扩大土地种植面积，极大地促进了地方的发展。

第四节　巴里坤屯田环境

关于巴里坤屯田研究较为丰富，从历史发展、屯田形式、中央政

---

① 《清高宗实录》卷六七二，乾隆二十七年十月己亥条。
② 佚名：《乌鲁木齐政略》，载王希隆《新疆文献四种辑注考述》，甘肃文化出版社，1995，第63页。
③ 王树枏等纂修，朱玉麒等整理《新疆图志》卷二八，上海古籍出版社，2015，第540页。

府的管理等方面都有深入的讨论①，但大多基于汉文史料，对满文史料的利用还不够充分，而满文史料中保留了大量翔实的记录，特别是屯田进程、耕种农作物类别及详细亩产等。已有成果中虽提及巴里坤屯田，但未注意到其屯田环境文本书写的反差。此外，学界讨论巴里坤屯田，主要考虑其"满足军需"的目的，而忽视了对其环境因素的探讨。《清代新疆农业开发史》中虽然注意到环境、政治、经济发展对农业开发的影响，但只是概述了当代新疆的自然环境，基于当代环境状况评估清代的农业开发条件，缺乏梳理清人在文献中对当时环境条件的记录，也未讨论自然环境自身的变化，以及清人对屯田环境文本书写的问题。

清朝以"宜禾"②名县，清前期也多记录该地气候温暖、庄稼丰收，至后期却记录其为苦寒之地，不利于农作。是该地自然环境发生了巨大变化吗？"宜禾"到底宜不宜禾？为何文献记载有如此之大的反差？笔者综合利用满汉文献资料，从环境史的视角对以上问题展开讨论。

一 清代文献中有关巴里坤屯田物候的记载

1. 康熙朝

清朝关于巴里坤开展农业活动的记载始见于康熙年间。康熙五十四年（1715），清廷用兵准噶尔，重兵驻扎在巴里坤。康熙五十五年

---

① 例如，赵予征：《新疆屯垦》，新疆人民出版社，1991；华立：《清代新疆农业开发史》，黑龙江教育出版社，1998；王希隆：《清代西北屯田研究》，新疆人民出版社，2012；张安福：《历代新疆屯垦管理制度发展研究》，中国农业出版社，2010；苏奎俊：《清代巴里坤屯田述论》，《新疆社科论坛》2010年第1期。
② "宜禾"作为地名，三国时期便已出现，据学者考证治所在今甘肃安西南。西晋时期，以宜禾都尉改置，属凉州敦煌郡，治所在今甘肃安西县。清朝的史料中并没有直接记载为何将巴里坤新设的县取名为"宜禾"，因此无法确定该名称是借用古已有之的地名，还是根据"宜禾宜黍"类似有寓意的词新命名的地名。

(1716),清廷开始勘查地亩,派遣兵丁进行耕种。清廷非常重视巴里坤等处的屯田,康熙皇帝认为在巴里坤一带种地"甚属紧要",并晓谕了其中的利害关系,"若种地得收,则诸事俱易",命诸大臣认真对待。①

有关康熙朝巴里坤物候的记载有:

康熙五十六年正月:"巴里坤地方气候暖和,牧场甚好。"②

康熙五十七年十月:"今年秋季,雨水合时,到处水草茂盛,官兵之马畜俱益加肥壮。入冬以来,五次落雪,雪厚不过二三寸,因气候较暖,雪落即融,如今并不冷……巴里坤地方水好,满蒙绿营官兵、跟役以至商贾,竟无病灾,平安生活。"③

康熙五十八年四月:"各处木草甚好,官兵马畜肥壮,气候较暖并不冷……巴里坤地方,如同内地,四季适宜。今年春季,已降二三次小雪,天气较暖,即刻融化……雨水四时调匀,冬季无严寒,夏季无炎热,地方水佳宜人。"④

---

① 《清圣祖实录》卷二六七,康熙五十五年二月乙丑条。
② 《吏部尚书富宁安奏报巴里坤等处军营情形折》(康熙五十六年正月二十六日),中国第一历史档案馆编译《康熙朝满文朱批奏折全译》,中国社会科学出版社,1996,第1168页。
③ 《吏部尚书富宁安奏报肃州等处训练并贸易情形折》(康熙五十七年十月十九日),中国第一历史档案馆编译《康熙朝满文朱批奏折全译》,中国社会科学出版社,1996,第1335页。
④ 《吏部尚书富宁安奏报气候及兵民生计情形折》(康熙五十八年四月初四日),中国第一历史档案馆编译《康熙朝满文朱批奏折全译》,中国社会科学出版社,1996,第1381页。

康熙朝关于巴里坤环境的记载主要是"气候较暖,雪落即融""如同内地,四季适宜""雨水四时调匀""地方水佳宜人"等描述地方物候优渥的语句。

2. 雍正朝

雍正朝,因与准噶尔时战时和,清军在巴里坤重兵屯扎近10年。"雍正三年,策妄阿拉布坦乞降,辟展、吐鲁番回子内徙,撤大兵还。雍正七年,大军复驻巴里坤,宁远大将平岳钟琪镇之。八年,岳钟琪入觐,纪成斌护理宁远大将军。其后查朗阿、张广泗继之。十三年,撤兵还"①,并于雍正九年(1731)建巴里坤城。这期间巴里坤发展了多种形式的屯田,特别是捐纳屯田在巴里坤的施行吸引了许多人前往屯田,前往巴里坤捐纳屯田的甚至有来自京城、直隶等地之人。

这一时期对巴里坤环境的描写主要是"天气暖和""庄稼长势秀穗好"等。例如,雍正元年七月:"去冬今春不太冷,二月下了三四次雪,因天气暖和,雪随下随化。三月下了二场大雪,草长势甚好……四月又下了四场大雨,五月初一日至六月二十日下了一次雨,一连四五日不断,庄稼长势秀穗甚好……但自六月二十日以来至七月十二日雨水极少,与内地一样,很热。由于日晒,青稞秀实,丰收可望。"② 雍正二年八月:"今岁仰赖圣主奇福,感召天和,雨水甚调,且屯田官兵愈加彼此鼓励,各自勤勉,所耕田禾有十二分收成。"③

---

① 王树枏等纂修,朱玉麒等整理《新疆图志》,上海古籍出版社,2015,第34~35页。

② 《靖逆将军富宁安奏报巴里坤雨水稼禾情形折》(雍正元年七月十三日),中国第一历史档案馆译编《雍正朝满文朱批奏折全译》,黄山书社,1998,第236页。

③ 《靖逆将军富宁安奏请赏赐屯田兵丁折》(雍正二年八月二十四日),中国第一历史档案馆译编《雍正朝满文朱批奏折全译》,黄山书社,1998,第913页。

3. 乾隆朝

乾隆朝，清廷平定西域，在各地建立行政机构，行使对边疆地区的国家主权。乾隆帝大力开荒，招徕民户，新疆地区形成了规模空前的土地开垦热潮，极大地促进了边疆地区开发，出现了以乌鲁木齐、伊犁等为中心的天山北路农业区，天山南路的农业经济也恢复发展。巴里坤处挖渠引流，运肥养地，精心耕作，试种多种经济作物。

乾隆朝有关巴里坤屯田环境的记载相对较多。例如，乾隆二十一年十月："查该地颇宜青稞，兼有南山雪消之水可资灌溉，计布种一千石，可收成九千石。"① 乾隆二十二年十月："查巴里坤一带气寒霜早，惟宜青稞，应令各兵于青稞外，如糜谷之类，少为试种，有收再增……"② 乾隆二十五年四月："巴里坤入冬寒甚……"③ 乾隆二十六年八月："巴里坤有屯田绿旗兵一千名，虽经垦种，而地寒霜早，仅收青稞，该屯兵仍须给盐菜银及粟麦，所费颇多……巴里坤屯田，所收青稞，不敷官兵等支食，今安西兵又移往该处，所支银米尤多，即云试种豌豆有收，亦未必常年如是。"④ 乾隆二十六年十月："巴里坤地寒霜早，若将屯田兵移于乌噜〔鲁〕木齐，实为有益……"⑤ 乾隆二十七年十月："巴里坤、奎素等处，向来地气较寒，一切细粮均难成熟。"⑥

从文献的记载可以发现该时期关于气候的描述以"地寒霜早""入冬寒甚""地气较寒"等为主，已不同于康雍时期的"气候较暖""四季适宜""地方水佳宜人"等记载。

---

① 《清高宗实录》卷五二四，乾隆二十一年十月乙亥条。
② 《清高宗实录》卷五四八，乾隆二十二年十月庚午条。
③ 《清高宗实录》卷六一〇，乾隆二十五年四月癸未条。
④ 《清高宗实录》卷六四二，乾隆二十六年八月辛巳条。
⑤ 《清高宗实录》卷六四六，乾隆二十六年十月丁卯条。
⑥ 《清高宗实录》卷六七二，乾隆二十七年十月己亥条。

4. 嘉道以后

嘉道之后，文献中有关巴里坤的环境记载较少，主要是"瘠苦之区""地气苦寒""所产粮石无多"的描述，与前期的记载形成了较大的反差。

例如，道光二十二年六月："巴里坤宜禾县地方猝遭地震，受灾甚重……巴里坤为新疆东路瘠苦之区，现猝遭地震，兵民房屋陡被震塌，必致失所无依，情殊可悯。"①

同治二年四月："巴里坤地方瘠苦，兵食维艰。"②

同治十二年六月："巴里坤亦系瘠苦之区，所产粮石无多，尤非安敦玉一带可比。"③

光绪十一年五月："巴里坤著名寒瘠，饷运艰难……巴里坤地气苦寒，岁多不熟……"④

自康熙朝以来，清朝史料中有大量巴里坤地区屯田的记载，其中对自然环境的记载有较大的反差。大体可分为三个不同时期，即康雍时期、乾隆朝以及嘉道之后。

从文献记载来看三个时期关于自然环境的描述反差较大。康雍两朝的记载主要是"天气较暖""雪落即融""水草茂盛"等描述地方环境优渥的词句，道光朝后则以"瘠苦之区""地气苦寒"等记录为主。康雍时期的描述里，巴里坤环境宜人，满蒙绿营官兵、跟役、商贾等安居乐业，一片祥和；乾隆朝多出现口粮不敷、气候不宜，兵丁请求迁往他处的呼声。清时巴里坤地区屯田环境到底如何？

---

① 《清宣宗实录》卷三七五，道光二十二年六月壬辰条。
② 《清穆宗实录》卷六三，同治二年四月丁丑条。
③ 《清穆宗实录》卷三五三，同治十二年六月乙亥条。
④ 刘锦棠：《刘襄勤公（毅斋）奏稿》，沈云龙主编《近代中国史料丛刊》第 24 辑，文海出版社，1973，第 1130 页。

二 清代巴里坤屯田环境分析

康雍时期文献记载巴里坤"气候较暖，雪落即融""如同内地，四季适宜"，查阅康熙、雍正年间巴里坤的屯种记录，耕作的农作物一直以青稞为主，甚至一度只种植青稞。

乾隆朝平定西域后，清廷派遣屯田兵至巴里坤专事农业，也仅有青稞收获，"巴里坤有屯田绿旗兵一千名，虽经垦种，而地寒霜早，仅收青稞"。①

在乾隆皇帝高度重视、多次查问下，地方官员用心治理，大力开荒，挖渠引流，运肥养地，精心耕作。乾隆二十四年（1759）首次试种豌豆，乾隆二十七年（1762）试种小麦等其他粮食作物，但结果并不理想。

> 巴里坤之地时节寒冷，下雪早，这几年都种植青稞、豌豆，未种其他种类细粮。从去年起试着种了麦子、胡麻、荞麦、米黍，胡麻、麦子都有收获，米黍只结穗，并未结果。胡麻、荞麦虽有收获，毕竟少，不及所收麦子数量。奴才等停止胡麻、荞麦、米黍的种植，只多种麦子。②

因气候寒冷、下雪早，巴里坤不适合种植细粮作物。发展至清末，巴里坤地区也主要种植青稞、小麦和豌豆三种作物。

康雍时期记载的气候条件与其一直屯种的农作物种类有出入。从种植的作物种类来看，巴里坤气候似乎一直较寒。

---

① 《清高宗实录》卷六四二，乾隆二十六年八月辛巳条。
② 《巴里坤办事大臣钟音奏巴里坤不宜种植经济作物请增收麦子并报挖渠情形折》（乾隆二十八年二月十七日），中国第一历史档案馆编《清代新疆满文档案汇编》第61册，广西师范大学出版社，2012，第107~108页。

这一推测在气候学的研究中也得到了印证。王承义、李敏在《巴里坤近500年冷暖变化特征分析》① 一文中指出，巴里坤的气候并没有发生巨大的变化，现今100年的平均气温比1590~1689年的平均温度升高0.23摄氏度。从今天巴里坤属温带大陆性冷凉干旱气候区、冬季严寒的情况来看，康熙朝冬季也应较寒冷，气候暖和、落雪即化的情况似乎不太可能。

韩淑媞在《北疆巴里坤湖500年来环境变迁》② 一文中认为，新疆内陆干旱区500年的气候变化以冷湿与暖干交替变化为主，1661~1700年是第二暖期，1700~1805年是第二冷期，1806~1866年是第三暖期，1867~1962年是第三冷期，1890~1930年是过度暖期（干湿过度）。根据这个划分，康雍两朝屯田的时间（1715~1735年）、乾隆朝、嘉庆朝、同治朝主要处于冷期；道光朝、咸丰朝处于暖期；光绪朝（1875~1909）处于第三冷期以及过度暖期，不可能出现康熙朝"天气较暖"与光绪朝"著名寒瘠"这两种极端的情况。

因此巴里坤在清时气候并无巨大的变化，为冷凉干旱气候区。那么巴里坤处屯田收成到底如何？

从满文档案的记载来看，康雍时期收成较好的年份可达"十分"至"十一分"，但不多见。"巴里坤地方天合雨顺，官兵各图效力，满洲官兵所种粮谷收成十一分，察哈尔绿旗官兵所种粮谷收成十分有余。多年来如此收成实不多见。"③ 按当时清廷的规定，"巴里坤屯田官兵，若有收获七成以上者，即交九卿照例议叙。若有收获五六成

---

① 王承义、李敏：《巴里坤近500年冷暖变化特征分析》，《新疆气象》1990年第12期。
② 韩淑媞：《北疆巴里坤湖500年来环境变迁》，《新疆大学学报》（自然科学版）1991年第2期。
③ 《靖逆将军富宁安奏请赏赐巴里坤耕田兵丁折》（雍正元年十月初四日），中国第一历史档案馆译编《雍正朝满文朱批奏折全译》，黄山书社，1998，第408~409页。

者，即免查议。若有收获四成以下者，则令查议"。① 可以看出，收成七分以上已属优秀，五六分是正常收成。

至乾隆朝，青稞收成基本上也维持在"七分"左右。乾隆二十四年九月《巴里坤帮办大臣同德等奏报巴里坤等处本年粮食收成数目折》载："去年所种二万亩田共收一万一千五百七十三斛四斗五升四勺青稞，今年所耕二万亩田中，所收之数与去年所耕二万亩田相比，今年多可得二千四百四十斛余。"② 一亩农田可收青稞七斗七勺。在该处屯垦两年后，即乾隆二十六年（1761），每亩地收获青稞"七斗五合"，与乾隆二十四年（1759）收成大体相当，在雨水及时的情况下"多收三十八斛余"；下霜之前均出豆荚的情况下，豌豆每亩只多收"一斗四升"。③ 而乾隆二十六年伊犁屯田的青稞收成在"四十分"以上。《清高宗实录》载："伊犁屯田回人八百户，收获大小麦约二十分以上，黍、粟、青稞约四十分以上，合算每人收谷四十石。"④ 同年，伊犁屯田不仅收成是巴里坤的好几倍，庄稼的种类也较丰富。伊犁处屯田定例是："每人收谷四十石，应令其各交米二十石……给籽种一石五斗，以交粮十六石为率。"⑤ 也就是说，伊犁收成"二十分"并不是特例而是常态。

按当时户部颁发的新疆屯田定功过则例："收获论分数，以亩收

---

① 《和硕怡亲王允祥等奏报于阿尔泰路驻兵及屯田事折》（雍正二年十一月初五日），中国第一历史档案馆译编《雍正朝满文朱批奏折全译》，黄山书社，1998，第964页。
② 《巴里坤帮办大臣同德等奏报巴里坤等处本年粮食收成数目折》（乾隆二十四年九月十九日），中国第一历史档案馆编《清代新疆满文档案汇编》第41册，广西师范大学出版社，2012，第249~250页。
③ 《巴里坤办事大臣永宁等奏报巴里坤等地屯田粮石收成分数折》（乾隆二十六年八月二十九日），中国第一历史档案馆编《清代新疆满文档案汇编》第52册，广西师范大学出版社，2012，第346页。
④ 《清高宗实录》卷六五〇，乾隆二十六年十二戊寅条。
⑤ 《清高宗实录》卷六五〇，乾隆二十六年十二戊寅条。

一石为十分,少不下七分,多或二十八九分不等"①,巴里坤平均"七分"的收成并不突出,只能勉强达到"及格线"。

嘉庆朝以后记载巴里坤屯田亩数、产量的折子逐渐减少,取而代之的是地方粮价清单。巴里坤处粮价始终处于高位,特别是在相邻的产粮大区奇台、绥来、乌鲁木齐小麦价格每京石分别只有"五钱六分""六钱四分""七钱五分",巴里坤则达"一两一钱六分"②,青稞、豌豆的价格也常年居高。这与巴里坤的粮食供需有一定的关系。

综上巴里坤屯田收成在各个时期较为平稳,收成与伊犁等地相比并不突出。种植青稞等作物主要是因为气候较为适宜,青稞等平均收成能达到"七分",虽称不上盛产,但也不算"瘠苦"。清时巴里坤气候较寒、收成一般是实,但何以有康雍朝记载其气候暖和、庄稼丰收,清末却记载"地气苦寒""瘠苦之区"的反差?

三 文本书写的背后:政治局势的演变与社会心态的变迁

影响巴里坤屯田的气候条件并没有较大的变化,文献记载存在较大反差的主要原因是政治局势的演变与社会心态的变迁。

1. 诉诸客观:兵多粮少矛盾的催化

自乾隆朝平定西域到光绪朝新疆建省,巴里坤常设八旗满营、绿营驻防,而且驻防官兵携眷驻扎。巴里坤的人口主要是由驻防官兵及其携带的家眷构成。因此,巴里坤兵多粮少的矛盾不仅是兵丁补给的问题,也是社会民生问题。

兵多粮少的矛盾在巴里坤一直存在。一方面,巴里坤是清廷重兵

---

① 王树枬等纂修,朱玉麒等整理《新疆图志》,上海古籍出版社,2015,第586页。
② 《署乌鲁木齐都统书麟奏报乌鲁木齐三月份米粮时价清单》(嘉庆三年五月十四日),中国第一历史档案馆编《清代新疆满文档案汇编》第208册,广西师范大学出版社,2012,第166页。

第二章 农牧业的发展

驻扎之地,历朝皇帝都重视巴里坤驻防。乾隆帝强调要将巴里坤等处满洲兵练成精锐之师,道光帝称:"嘉峪关外设立两镇,一为巴里坤,一为伊犁,而巴里坤尤为扼要。"① 另一方面,虽大兴兵屯、遣屯、民屯,但巴里坤粮食产量常常不能足数供给官兵,乾隆朝就曾将巴里坤满营分驻古城,"巴里坤原驻满兵二千名,因粮料不敷,经臣奏准分拨一千名移驻古城"②。尽管减少巴里坤的驻防人数,保持在驻防设置必要的最低线,但兵多粮少的矛盾依旧存在。至道光朝亦有"宜禾县岁需供支满洲营官兵,并过往官兵遣犯等项口粮,及户民春借籽种,共计京石小麦三万二千九百八十石零,除旧存新收小麦全数备抵外,尚不敷小麦一万四千九百三十石零,请按时价采买,以备支发"③ 的记载。

国力强盛时,特别是乾隆朝,兵丁多自发请愿前往巴里坤处建功立业;口粮方面,即使屯田收获不多,唯青稞丰收,国家也可以拨发粮饷、补充细粮,满足供给。但国势衰微后,粮饷常常不济,兵丁驻扎意愿薄弱。巴里坤处驻防兵丁要求移驻的呼声渐高,将主要原因归于屯田环境恶劣,诉诸客观原因。

特别是到同治、光绪朝,在兵多粮少矛盾的催化下,巴里坤屯田自然条件的弊端在史料中的记载逐渐频繁。自然条件恶劣导致收成不好,粮饷不敷,至同治、光绪朝,巴里坤满营兵多粮少的矛盾更加突出,"巴里坤兵丁有因困饿冻毙,并短见轻生者"④,"巴里坤兵多粮少,请酌量迁移"⑤。因此,在同治、光绪朝史料记载中,有关巴里坤自然环境的描述逐渐由乾隆朝、嘉庆朝常用的"较寒"演变为

---

① 《清宣宗实录》卷三八四,道光二十二年十一月庚戌条。
② 《清高宗实录》卷九六四,乾隆三十九年八月戊子条。
③ 《清宣宗实录》卷三〇三,道光十七年十一月戊戌条。
④ 《清穆宗实录》卷五五,同治二年正月辛酉条。
⑤ 《清穆宗实录》卷五九,同治二年二月壬寅条。

89

"苦寒""瘠苦"。

2. 清朝国势的衰微与西北局势的变化

康熙、雍正、乾隆三朝，清朝进入政治、经济、文化高度发展的全盛阶段，被后人称为"康乾盛世"，为清廷经略西北，实现统一创造了条件。康熙末年，清军在西北的前哨阵地推进到巴里坤、吐鲁番一线；雍正时期与准噶尔几度交战，时战时和，进入相持阶段；至乾隆二十四年（1759）底定边陲。

康雍乾时期统治者励精图治，高度重视西北边陲的战略地位，举全国之力，调兵遣将维护边疆稳定；勘察土地，招徕民户屯垦实边，发展农业；牵头贸易，促进内地与边地的往来；设伊犁将军坐镇西域，并满洲、绿营兵丁携眷移驻，拱卫全疆。边疆掀起了开发热潮，"各处民人相率而来，日益辐辏"①，人口聚集，市镇兴起，不断增设州县。这一时期文献中对巴里坤屯田的记载非常多，呈现出兵民垦荒奋进、收成有望、欣欣向荣的安定生活的图景。

但自道光朝起西域形势多变，张格尔屡犯南疆，清廷虽平定了叛乱，但西域的稳定又一次遭受破坏。咸丰、同治年间，"妥明以三年乱乌鲁木齐，安集延以四年并南路，俄罗斯以十年据伊犁"②，西北边疆危机加重。清朝面临内忧外患，朝内发生"海防"与"塞防"之争，有弃西域而不治的论调。西域局势的动荡、统治阶级的博弈，直接引发了社会心态动摇，普通兵民主观奋进的积极性减弱，客观环境因素被不断放大，与前朝克服艰难、极大地发挥人的主观能动性有了较大的反差。文献中清人对巴里坤屯田环境的描述由优渥跌至瘠苦的转变，也是政治环境、社会环境变化的呈现。

---

① 文绥：《陈嘉峪关外情形疏》（乾隆三十七年），贺长龄编《皇朝经世文编》卷八一《兵政十二·塞防下》。
② 曾毓瑜：《征西纪略》卷四《新疆靖寇纪》，载中国史学会主编《回民起义》第3册，上海人民出版社，2000，第43页。

第二章　农牧业的发展

3. 地方重要性的下降：缺陷被放大

史料中对巴里坤地方环境风调雨顺、不甚寒冷、雨水调和、庄稼结实的描述多出现在康熙朝及雍正朝前期，这与康熙皇帝决意部署大兵驻扎巴里坤密不可分。

康熙皇帝决意部署重兵驻扎巴里坤，用兵准噶尔，是清朝历史上的重要事件，对整个王朝的发展产生了重大影响。当时朝中有大臣对此持反对意见，代表有贵州巡抚刘荫枢等人。刘荫枢曾上书指出：

> 臣遵旨亲赴巴尔库尔军前，阅视满汉官兵，共立二十三营，周围二百余里，军势雄壮，首尾相应，但巴尔库尔地方居雪山之后，闻入冬大雪动深数尺，倘道路壅阻，粮何以运，草皆覆压，马驼何以牧放，臣不胜忧惧，谨密奏闻。①

刘荫枢的此番奏言引得康熙皇帝大为光火，康熙帝向军机大臣等做了如下回复：

> 军机事务，关系重大，一言可以鼓励士气，一言可以退缩人心，本朝自太祖高皇帝、太宗文皇帝、世祖章皇帝迄今百有余年，所向成功，事事上应天心，以正讨逆，巡抚刘荫枢乃读书之人，年已八十，非属无知，初以朕为不能忍怒，至军前，无可奏对，又称嗣后雪至三四尺，粮何以运，驼马何食，于此愈知其无能矣……朕三统大兵，曾当严寒盛暑，久行沙漠不毛乏水之地，于军机事务，以至调养驼马，无不熟悉，然后知古人论兵不得其道，多无成功，每至败事，深为太息……设刘荫枢见黑龙江、东海、北海等处冰结八尺之处，必至奏请毁城郭，弃地方，

---

① 《清圣祖实录》卷二六九，康熙五十五年九月戊寅条。

尽行移徙矣。古人云，雪盈尺表瑞，过尺成灾，刘荫枢今奏称巴尔库尔地方雪深三四尺，或系伊亲见，或系何人告伊之处，并未声明，仍着刘荫枢前去，雪深三四尺，果属亲见，着据实奏闻，倘听信他人妄诞恐吓之语，亦着据实奏闻。①

从康熙皇帝的谕令中可以看出其派兵驻扎巴里坤的决心，即使自然环境再恶劣，也有克服险阻的雄心和经验。康熙对刘荫枢的严厉斥责是基于"军机事务，关系重大，一言可以鼓励士气，一言可以退缩人心"，有意引导舆论局势，增强信心。由此观之，康熙朝对于巴里坤"雪厚不过二三寸""气候较暖，雪落即融"等宜人气候的描述有迎合康熙皇帝，鼓励士气、稳定军心的意味。

"新疆地虽边荒，然古书称牧畜蕃盛，水草丰茂，则其地质肥腴，宜禾宜黍，亦概可想见。"②《新疆图志》中的这句描述反映了清人一定的惯性思维，即认为巴里坤牧畜蕃盛、水草丰茂，就一定地质肥腴，宜禾宜黍。

在西域未平定之前，文报不通，商贸鲜有往来，清人对西域的认识有一定的局限性。但随着战事平定，内地与边疆往来频繁，很多内地民人往赴西域，认识不断增加，在伊犁、乌鲁木齐、奇台等新开辟垦区更优渥的自然环境对比下，巴里坤"宜禾"的条件便不再显得优渥。

巴里坤因清军长年驻扎，筑城兴业，广为人知，逐渐发展为西北重镇。但随着西域平定，军事重心移至伊犁，清廷也不再重点扶持巴里坤处军需贸易，经商民人不断向其他新开辟的地区流散，原本交易火爆的两千处官铺，惨淡时只剩六间，经济发展疲乏；交通线路的变更也使巴里坤不再是通往西域的必经之路，地方吸引力逐渐下降。

---

① 《清圣祖实录》卷二六九，康熙五十五年九月戊寅条。
② 王树枏等纂修，朱玉麒等整理《新疆图志》，上海古籍出版社，2015，第585页。

第二章　农牧业的发展

　　康雍两朝主要经营官屯、兵屯，带有一定的强制性；乾隆朝招徕民人、商户认垦，具有一定的选择性，使巴里坤土地产量不高、不适宜发展多种农业的缺点不断显现。《新疆图志》中记载新疆屯田的规模极盛时达到"一千万余亩"，但巴里坤只有六万余亩①，占新疆屯田总规模的比重极低。本不优越的屯田环境加上地方吸引力下降，相比之下"较寒"的气候特点便凸显出来，成为乾隆朝及之后文献中记载巴里坤气候的主要描述。

　　对边疆地区的经营与开发是维护和巩固统一多民族国家的重要手段。自康熙朝在巴里坤驻兵屯田后，雍正、乾隆两朝也沿用此战略，置巴里坤为西北重镇，西域平定后，多有移驻巴里坤处屯田兵丁前往别处的提议，但一直持续到光绪年间，巴里坤的屯田经营始终都未停止。

　　巴里坤地区的农业发展有一定局限性，经过清朝的大力开发，巴里坤良田的数量在极盛时达到六万余亩，促进了边疆社会的发展。但清后期由于局势动荡、战乱破坏，社会凋敝，又极大地损害了康熙朝以来巴里坤的建设成就。相对于自然环境的缓慢变迁，政治环境的改变常常是迅速的，影响也最为深刻。

　　巴里坤的屯田受到军事需要、政治考量、环境可行性、经济发展、社会心态等多种因素的动态影响，在对自然环境文本书写缺乏严谨的规范时，书写往往带有一定的主观色彩，造成"宜禾"气候条件在文献记载中的反差。清人对巴里坤屯田环境书写的变化在一定程度上反映了地方政治环境与社会环境的变迁。

第五节　畜牧业的经营

　　学界对清代巴里坤的马政多有关注，但对清前期特别是康熙朝、

---

① 《新疆图志》记载："镇西厅李同知晋年，勘得原有地六万余亩，现垦者三万七千六百四十亩。"

雍正朝巴里坤还未建立专门马厂之前的"马政"缺乏深入的探讨。

清前期"马政"在西北地区之所以举足轻重，是因为马不仅是用兵作战的重要工具，也是运送物资的重要载体。康熙皇帝曾训谕："用兵之际，运粮果系要紧。马毙则粮误，粮误则人必至于死。"① 康熙朝用兵准噶尔时由内地解送至西域的马匹倒毙严重，以致贻误军机。如文献所载："近解巴尔库勒处一千二百匹马，死者八百有余，以致误事。所遣噶思路兵，亦因粮不到撤回。"② 可见马在当时战争中的重要作用。至乾隆朝依然如此，"两路进兵追捕，若贼已就擒则接济军需，可以奏明停缓；若贼尚未就擒则添备马匹最关紧要。汝传谕黄廷桂即于陕甘等省营马内调拨四万匹，今秋间，陆续解至巴里坤……"③ 因此选取能在西北妥善养马之地显得尤为关键，而巴里坤独特的自然条件非常适合养马。

《清圣祖实录》记载：

> 巴尔库尔之草厂胜于各处，所有安台运米驼马，及调遣兵丁驼马，若早至巴尔库尔牧放三月，则驼马肥壮，有益军务。④

此处文献清楚记录了巴里坤"草厂胜于各处"，而且指出如果提早在巴里坤放牧马匹、骆驼等，有利于牲畜成长，继而有益于军务。

富宁安在奏折中多次提到巴里坤水草丰盛：

---

① 《康熙起居注》第 8 册，康熙五十四年十一月二十二日甲寅条，东方出版社，2014，第 240 页。
② 《康熙起居注》第 8 册，康熙五十四年十一月二十二日甲寅条，东方出版社，2014，第 240 页。
③ 《巴里坤办事大臣雅尔哈善奏报接任日期谕黄廷桂调拨马匹备明年春进剿折》（乾隆二十一年六月初一日），中国第一历史档案馆编《清代新疆满文档案汇编》第 18 册，广西师范大学出版社，2012，第 424 页。
④ 《清圣祖实录》卷二八九，康熙五十九年十月丁巳条。

第二章　农牧业的发展

今年（康熙五十六年）巴里坤地方相隔五六日落雨一次。仰赖皇上之福，上天应运，雨水甚调，巴里坤等处水草生长普遍畅茂，气候不甚热，甚为凉爽，马畜俱肥。①

各处木草甚好，官兵马畜肥壮，气候较暖并不冷……巴里坤地方，如同内地，四季适宜。今年（康熙五十八年）春季，已降二三次小雪，天气较暖，即刻融化。二月末，各地青草均吐出，羊俱得以食饱，今已上膘。三月又二次降雨，十日左右，青草连长三四寸不等，马畜俱得以食足，现官兵之马畜皆上膘……雨水四时调匀，冬季无严寒，夏季无炎热，地方水佳宜人。②

额驸阿宝在奏折中还提到巴里坤有一种适合喂养牲畜的植物：

巴里坤地方甚好，肥养牲畜，又有一种根茎红绿之草，牧放二十日，即可长膘。③

巴里坤草场优良，不仅利于放牧战马，也适合牧羊。羊是清前期用兵准噶尔时期重要的食用物资，清军在屯扎作战时不仅要考虑有没有合适的草场牧马，还要充分考虑喂养羊的场所，原因主要有两

---

① 《吏部尚书富宁安奏闻哈密巴里坤官兵士气折》（康熙五十六年六月初二日），中国第一历史档案馆编译《康熙朝满文朱批奏折全译》，中国社会科学出版社，1996，第1200页。
② 《吏部尚书富宁安奏报气候及兵民生计情形折》（康熙五十八年四月初四日），中国第一历史档案馆编译《康熙朝满文朱批奏折全译》，中国社会科学出版社，1996，第1381页。
③ 《议政大臣苏努等奏报席柱等贻误军务案情折》（康熙五十五年七月三十日），中国第一历史档案馆编译《康熙朝满文朱批奏折全译》，中国社会科学出版社，1996，第1131页。

方面。

其一，羊是清朝军队作战时重要的口粮。清廷为士兵配给羊，这不仅与蒙古、满洲的饮食习惯有一定的关系，在粮食供应不足时，羊肉也起到一定的替代作用。例如，康熙五十五年（1716），将军席柱带领的前往巴里坤的满洲、绿旗兵丁断粮二十余日，致使兵丁挨饿。清廷令在喀尔喀购羊，送至巴里坤代替口粮，"将骆驼三千只，羊十万只，陆续出阿济汛界，送至巴尔库尔，交付席柱，以羊给兵丁作为口粮"。① 在军需配给中，羊的供应占据了重要的一部分。康熙皇帝还曾就军队过度食用羊肉而训斥带兵大臣：

> 策妄喇布坦入侵哈密以来，阿尔泰、巴里坤两翼汛地，商都、达布逊诺尔、达理刚阿地方牧场羊十万只，商贾购买羊十万只，汛地购买羊三四十万只，连同众喀尔喀殷实人等捐羊，足至百万。此等情形讯〔汛〕地大臣并未远谋，惟在军士中要好名声而令携带。如今于两翼汛地，耕种田禾，粮米堆积，满洲军有行粮，绿营兵有盐菜银，况蒙古塔拉地方有兽，河中有鱼，将此捕猎，无不可食者，每日惟以食肉为生乎？此般食掉万万只羊，羊食完后，大军行乎？止乎？②

从康熙皇帝的朱批内容来看，西路、北路两路兵丁在出兵西域时，携带了至少百万只羊，在"行粮""盐菜银""地方有兽，河中有鱼"等各方面物资充裕的情况下，兵丁还是喜欢食用羊肉。领军大臣为了在"军士中要好名声"，作战时会多带羊，满足兵丁需求，

---

① 《清圣祖实录》卷二六七，康熙五十五年正月辛酉条。
② 《议政大臣海靳等奏为羊只尚未解送汛地折》（康熙五十八年五月十九日），中国第一历史档案馆编译《康熙朝满文朱批奏折全译》，中国社会科学出版社，1996，第1397页。

可见羊在清朝军队作战时的重要作用。

其二，运羊费用远低于运粮费用。清军重兵驻扎边外，粮食来不及就地种植以供食用，主要靠内地补给。而粮食需要马匹、骆驼驮运，沿途需要搭设台站，并雇用车夫，耗费甚高。《清圣祖实录》中有清廷在内地采买物资，运送至巴里坤的详细记载："用山西、陕西小车三千辆，每辆用车夫三名，自嘉峪关至哈密，安设十二台，每台各分车二百五十辆，令其陆续转运。"① 成本之高、工程量之大可见一斑。巴里坤有足够大且草质优良的牧场，可牧养供官兵食用的口粮"羊"，不仅可以省去运粮的费用和工程，还能在关键时候起到替代口粮的作用。

富宁安就曾上奏建议多拨解羊替代口粮，清廷积极采纳了这项建议。《清圣祖实录》中载：

> 靖逆将军富宁安疏言，康熙五十七年内，蒙皇上恩赏巴尔库尔官兵羊七万只，除进兵袭击，及派兵吐鲁番等处，将所赏之羊拨用外，尚存羊二万余只，现在吐鲁番屯扎官兵，应续运口粮，每粮一石，需运费银几及三十两，若给羊一只，充米一斗，价银止一两五钱，而解送尤易，恳再拨官羊数万只，交送巴尔库尔军前，不但吐鲁番等处军饷羊米兼给，节省甚多，即于来年进剿军需，亦有裨益。应如所请。从之。②

正是因为马、羊、骆驼等牲畜对于清朝军队在外作战极其重要，所以清廷在选择驻地时也要考虑所选之地能否承载多年大量羊、马、骆驼等牲畜放牧。饲养数以万计、百万计的军需马匹、食用羊、驮运

---

① 《清圣祖实录》卷二六七，康熙五十五年正月辛酉条。
② 《清圣祖实录》卷二九四，康熙六十年九月戊申条。

清前期巴里坤社会经济研究

骆驼等，不仅需要广阔的草场，还需要优良的牧地，巴里坤满足这样的条件。

自乾隆朝始，清廷就在巴里坤建立了孳生马厂、羊厂，满足地方军民耕地、生活、军务所需。

巴里坤有专设的官办马厂，并配有专门的牧马兵，牧马兵享受清廷的俸禄。学界对清代巴里坤的马政已有较为深入的研究，例如魏丽英的《明清西北官苑屯牧考略》[①]、王东平的《清代巴里坤马厂述略》《清代新疆马政述评》[②] 从马厂的设置、清廷对马厂的管理以及经营官牧的原因和官牧作用几个方面展开了讨论。但学界对于巴里坤羊牧厂等其他畜牧的着墨还较少。羊、骆驼等牲畜不仅是巴里坤重要的物产，清廷还在此设立官办孳生羊牧场，令在此驻扎的兵丁学习经牧、剪羊毛等技艺，以裕生计。

《新疆图志》载巴里坤盛产羊毛：

> 镇西土产以羊毛为一大宗，岁出至十余万斤，均为俄商购去，致令利源外溢，皆因工艺不良之故。李倅晋年创设工艺学堂，以绒毡、花毯为先务，绒毛、绒衣次之。先是，土人恐细绒一刮，山羊冻毙，该倅多方开导，至今售者日众。又土著绝少良工，转倩洛浦杨令代觅技师，复为精选染料，巧出花样，而诸货乃灿然一新。[③]

巴里坤羊毛是地方贸易中的大宗货物，"岁出至十余万斤"，但因为均是初级产品，"均为俄商购去"，致使利润外流。经过创设工

---

① 魏丽英：《明清西北官苑屯牧考略》，《社会科学》1987 年第 6 期。
② 王东平：《清代巴里坤马厂述略》，《新疆地方志》1996 年第 3 期；王东平：《清代新疆马政述评》，《中国边疆史地研究》1995 年第 2 期。
③ 王树枏等纂修，朱玉麒等整理《新疆图志》，上海古籍出版社，2015，第 2175 页。

艺学堂、开导地方民众、寻觅技师、改良工艺，巴里坤可以将羊毛加工成绒毡、花毯等。《新疆图志》中的这则记载虽描述的是光绪朝巴里坤的羊毛产业，但实际上早在乾隆朝，清廷就已经关注巴里坤"羊业"的发展。

乾隆三十七年（1772），清廷将安西满洲兵丁移驻巴里坤时，就筹议让驻防八旗学习经牧、取乳、剪羊毛等事，以裕生计。《清高宗实录》载：

> 调任陕甘总督文绶奏，西安满兵移驻巴里坤，向例于扣存制装银内，量买什物，以裕生计。查巴里坤距安西、哈密甚近，商贩流通，货物云集，纱缎等物实难销售，此处山湾甚多，水草丰美，可以牧放羊只，且天寒非皮衣无以御冬，请于巴里坤山湾设立孳生牧厂，将满兵制装扣存一半银，少买什物，多买羊只，雇人牧放，并令旗兵内闲散子弟学习经牧、取乳、剪羊毛等事，数年后领队大臣酌立规条，各按佐领分群牧养，即使各兵自为经牧，渐次购买牛马孳生，生计益裕。得旨，好，如所议行，并商之德云，速即办理。①

按清例，驻防八旗移驻时，官方会拨给"制装银"，但这部分经费并不是一次性全部发放，会扣存部分银两用来生息，生息的方式有开设官铺买卖货物，如开布铺、当铺等。陕甘处的满营向例是用制装银"量买什物，以裕生计"。但从陕甘总督文绶的上奏内容来看，其调查发现"巴里坤距安西、哈密甚近，商贩流通，货物云集，纱缎等物实难销售"的情况，因此并不打算将扣存的制装银采买如纱缎等什物，取而代之的是充分利用巴里坤"山湾甚多，水草丰美"的自然条件，

---

① 《清高宗实录》卷九一一，乾隆三十七年六月癸巳条。

设立孳生牧厂。具体做法是,将所有驻防满兵的制装银扣存一半,多购羊,雇人放牧,并且让驻防八旗内闲散子弟学习经牧、取乳、剪羊毛等事,按照计划,数年后由领队大臣确立条例,各佐领分群牧养,达到"各兵自为经牧,渐次购买牛马孳生,生计益裕"的目的。

陕甘总督文绶提出的在巴里坤发展"羊业"来满足驻防官兵生计的计划受到乾隆皇帝的重视,令其与德云商议,"速即办理",清廷也给予很大的支持。《伊犁将军伊勒图等议奏在乌鲁木齐巴里坤两地建孳生羊牧场①折》中记载,清廷将在巴里坤设置"孳生羊牧场"一事交于伊犁将军伊勒图、乌鲁木齐都统索诺木策凌共商。

(伊犁将军伊勒图奏)巴里坤处原本有马场,为安置满洲驻防,依总督文绶奏,建立了孳生羊牧场。现孳生情况如何,数量多少,是否足够,均清楚查看知道后,才能定论。将此交代索诺木策凌清楚查验来报,另,羊一事,与马不能相比,走远路较累赘,易大批倒毙,停止从达里冈盖(dari ganggai)②向伊犁、乌鲁木齐、巴里坤等处送羊。若乌鲁木齐、巴里坤两处,需要增加母羊,哈萨克贸易地和伊犁厄鲁特、察哈尔游牧地处,有羊甚多,一次可集中解送一万……③

① 在第一历史档案馆编《新疆满文档案汇编》第 122 册汉文题录中,作"牧场";《清高宗实录》卷九一一,乾隆三十七年六月癸巳条中则作"牧厂",笔者在引用时遵从原文,未做统一。在满文翻译时按照汉文题录,将"fusen honin i adun ilibuha"译为"建立了孳生羊牧场"。
② 《清高宗实录》中有时写作"达里刚爱"(如卷五七八,乾隆二十四年正月丙申条);《平定准噶尔方略》多作"达里冈爱"(如续编卷七,乾隆二十五年十一月癸卯条)。
③ 《伊犁将军伊勒图等议奏在乌鲁木齐巴里坤两地建孳生羊牧场折》(乾隆三十九年十一月初八日),中国第一历史档案馆编《清代新疆满文档案汇编》第 122 册,广西师范大学出版社,2012,第 15 页。

第二章 农牧业的发展

从伊犁将军伊勒图的奏报来看，乾隆三十九年（1774）十一月巴里坤已经建成"孳生羊牧场"。对于巴里坤"孳生羊牧场"应投放多少羊的问题，经过详细的调查，最后决定停止从达里冈爱处采买，由"哈萨克贸易地和伊犁厄鲁特、察哈尔游牧地处"每次向巴里坤解送一万只母羊。

"孳生羊牧场"对驻防八旗的生计十分有益，也占据了相当的比例。伊犁处驻防八旗的人数是整个新疆地区最多的①，但仅凭"孳生羊牧场"的收益，就足够支付官兵每年的盘缠消耗，"伊犁所放养的孳生羊群，足够每年孳生为官兵集凑盘缠使用，即使万一不够，粮食尚足，用以补贴不至耽搁"。②

八旗驻防移驻巴里坤，清廷在此设立了"孳生羊牧场"，发展羊业，用以宽裕生计。同时也因为安西、宁夏两处驻防八旗的移驻使用于耕地、驿站等事项的马匹不足，"从巴里坤总兵巴格处报，巴里坤所属军民耕地、各营牧群外，剩余地方仅有两三千马匹，那里绿营现在放养孳生的马匹七千余，所得孳生马匹足够耕地以及补足驿站所缺，但不够补足每年满洲军倒毙之马匹之缺"。③

巴里坤牧场广阔，"从乌鲁木齐所属玛纳斯（manas）、乌兰乌苏（ulan usu）、霍尔果斯（horgos）、沙拉达拉（šara dala）到阿尔塔起

---

① 清代新疆各地八旗驻防人数：伊犁有八旗驻防兵丁12021人，乌鲁木齐有3352人，塔尔巴哈台有1150人，巴里坤有1060人，古城有1060人，吐鲁番有560人。参见马协弟《驻防八旗浅探》，《满族研究》1985年第2期，第20页。
② 《伊犁将军伊勒图等议奏在乌鲁木齐巴里坤两地建孳生羊牧场折》（乾隆三十九年十一月初八日），中国第一历史档案馆编《清代新疆满文档案汇编》第122册，广西师范大学出版社，2012，第14页。
③ 《伊犁将军伊勒图等议奏在乌鲁木齐巴里坤两地建孳生羊牧场折》（乾隆三十九年十一月初八日），中国第一历史档案馆编《清代新疆满文档案汇编》第122册，广西师范大学出版社，2012，第17页。

河（altaci bira），有的牧场只放养容纳一万左右牲畜。将特讷格尔（teneger）、济木萨（jimsa）等处也加上送去，现在将其放养之马匹牲畜算入，仅放养容纳两万牲畜"①，但巴里坤处仅绿营放养孳生马匹的数量就有七千余匹。因此早在乾隆二十六年（1761）就曾调集安西、肃州、辟展等处的马匹，在巴里坤设立了孳生马厂，由巴里坤绿营管理。乾隆三十七年（1772），八旗驻防移驻后，马匹不够使用，清廷在巴里坤筹建羊牧场时，也扩大了该处孳生马厂的规模。档案记载：

> 据查乌鲁木齐每年耕地牲畜、补充驿站之牲畜、满洲军队倒毙马匹之缺的大概需要三千余马匹。巴里坤处补满洲军队每年倒毙马匹之缺的也需要近千匹马。一共需要近四千匹马，如果从当地孳生牲畜中取其孳生，欲满足当地使用，必须给予四五万孳生的马、牛，每年所得孳生才够当地使用。②

巴里坤处仅补充满洲军队中每年倒毙的马就需要近千匹，而当时"据总兵巴格所查，彼处除绿旗兵民、官私牧群外，也只有二三千牧马"③，加上耕地等需要，每年必须"给予四五万孳生的马、牛"，因此清廷又增加了巴里坤畜养孳生马、孳生牛的数量。巴里坤与乌鲁木

---

① 《伊犁将军伊勒图等议奏在乌鲁木齐巴里坤两地建孳生羊牧场折》（乾隆三十九年十一月初八日），中国第一历史档案馆编《清代新疆满文档案汇编》第122册，广西师范大学出版社，2012，第16~17页。

② 《伊犁将军伊勒图等议奏在乌鲁木齐巴里坤两地建孳生羊牧场折》（乾隆三十九年十一月初八日），中国第一历史档案馆编《清代新疆满文档案汇编》第122册，广西师范大学出版社，2012，第17页。

③ 《伊犁将军伊勒图等议奏在乌鲁木齐巴里坤两地建孳生羊牧场折》（乾隆三十九年十一月初八日），中国第一历史档案馆编《清代新疆满文档案汇编》第122册，广西师范大学出版社，2012，第18页。

齐两地逐渐成为清代东疆地区最大的两处官方牧场。

虽然乾隆朝设立孳生羊牧场、扩大孳生马厂等举措的初衷是解决驻防官兵的生计问题，但在客观上促进了巴里坤整体畜牧经济的发展。巴里坤有多处马王庙（镇标五厂孳生马及本郡四乡养马之家所敬）、牛王宫（养牛之户所建）、羊会（养羊之户所建）、驼会（养驼之家聚议公所）①，亦是该处畜牧业兴盛的明证。自乾隆朝便建立的孳生羊牧场、孳生马厂，为后世巴里坤盛产良马、羊毛，形成羊毛加工等产业奠定了基础。

---

① 阎绪昌、高耀南、孙光祖：《镇西厅乡土志》，载马大正、黄国政、苏凤兰整理《新疆乡土志稿》，新疆人民出版社，2010，第 115~116 页。

第三章　商贸的经营和发展

清廷在西域除大兴屯田发展社会经济外，还采用官私贸易的方式，极力增加和促进西域与内地的交流。

《新疆图志》载："乾嘉之际，西师初罢，然犹屯营列戍，烽堠相望，置重镇于巴里坤，伊犁犄其北，乌鲁木齐控其南，镇西当驰道之衢。关中商人所聚会，粟麦山积，牛马用谷量"[1]，描述了巴里坤商业繁盛的景象。《镇西厅乡土志》亦载："镇西地尚孔道，为新疆南北路冲衢，自设官分治，商货云集，当商钱商以及百货商无不争先恐后，道光间颇称繁盛。"[2] 巴里坤贸易因军而兴，在乾隆朝平定准噶尔初期又一度成为西路贸易的中心，清廷在巴里坤修建城池，筹建商栈，设置官铺，招徕商户，多项商贸政策都首次出现和应用于巴里坤地区，继而成为定例在整个新疆地区推广。

巴里坤因兵而兴，从农业的开发到商贸的发展无不与驻防有关。特别是商业发展极受驻防兵丁的影响，巴里坤是西域平定前西路军营的贸易中心，买卖繁盛，吸引了内地及蒙古地区的商民前往。但随着

---

[1] 王树枏等纂修，朱玉麒等整理《新疆图志》卷二九，上海古籍出版社，2015，第 577~578 页。

[2] 阎绪昌、高耀南、孙光祖：《镇西厅乡土志》，载马大正、黄国政、苏凤兰整理《新疆乡土志稿》，新疆人民出版社，2010，第 118 页。

第三章　商贸的经营和发展

西域平定，清廷官兵撤还，商业发展逐渐放缓。本章从巴里坤商贸的兴起、官铺的筹建与管理模式、商铺的数量与租税、商民群体等几个方面论述了巴里坤不同于新疆其他城市的商贸发展特点。

第一节　商贸的兴起

相对巴里坤商贸在西域历史上的重要地位，学界对其关注还较少。[1] 清代巴里坤商贸的兴起最早可以追溯至康熙朝。清廷于康熙五十四年（1715）开始驻军巴里坤。西安将军席柱率兵抵达巴里坤时，曾上奏称巴里坤"无商贾"[2]，但至康熙五十五年（1716）十一月，内地已有数条商道通往巴里坤，并且"络绎不绝"。

《吏部尚书富宁安奏报贸易及雨水收成情形折》记载：

> 出口沿途直至哈密、巴里坤贸易者计一千伙余。今自嘉峪关至哈密、巴里坤已通数条道路，沿途运米工人、商人络绎不绝……[3]

---

[1] 徐伯夫指出，"天山北路的大小城镇，主要有伊犁九城、塔尔巴哈台、乌鲁木齐、古城、巴里坤等……巴里坤是天山北路的一大城镇，地当通往内地与蒙古的孔道，为新疆南北路的冲衢"，但限于篇幅，并未对巴里坤贸易的兴起、发展、特点等诸多问题展开详细的研究。参见徐伯夫《清代前期新疆地区的城镇经济》，《新疆社会科学》1988年第5期，第98~99页。在随后出版的一些关于清代新疆经济史的重要著作如《清代西北民族贸易史》（林永匡、王熹编著，中央民族学院出版社，1991）、《清代新疆社会经济史纲》（蔡家艺著，人民出版社，2006）中也未详细谈及巴里坤地区的商贸情况。

[2] 《议政大臣苏努等奏报席柱等贻误军务案情折》（康熙五十五年七月三十日），中国第一历史档案馆编译《康熙朝满文朱批奏折全译》，中国社会科学出版社，1996，第1130页。

[3] 《吏部尚书富宁安奏报贸易及雨水收成情形折》（康熙五十五年十一月二十九日），中国第一历史档案馆编译《康熙朝满文朱批奏折全译》，中国社会科学出版社，1996，第1160页。

清前期巴里坤社会经济研究

康熙五十六年（1717），《吏部尚书富宁安奏闻哈密巴里坤官兵士气折》中也有赴巴里坤处贸易商人络绎不绝的记载：

前来营中来贸易之蒙古、汉人络绎不绝，甚有益于官兵。①

巴里坤贸易从无到有，并且发展迅速，主要归因于大规模清军由内地向此处集聚，继而远距离行军以及在巴里坤驻扎所形成的"随营贸易"。对于这种大军前行，随营商人奔走在后开展商贸的现象，《新疆图志》中有记载：

当西征之始，北出蒙古，至科布多、乌里雅苏台者为北路，西出嘉峪关至哈密、巴里坤者为西路。当是时，馈粮千里，转谷百万，师行所至，则有随营商人奔走其后。军中牛酒之犒、筐篚之颁、声色百伎之娱乐，一切取供于商，无行赍居送之烦，国不耗而饷足，民不劳而军赡。②

巴里坤驻军带动了地方贸易的发展。同时由于大军行进，交通道路和台站逐渐完善，前往巴里坤贸易的商人逐渐增多。

富宁安的奏折中多有对当时贸易情况的描写，例如：

今自边内来贸易者，较前益加多，商街扩展，商人又增建房屋。从肃州至巴里坤商贾不绝，沿途如同内地，均设商摊。商贾将绸、

---

① 《吏部尚书富宁安奏闻哈密巴里坤官兵士气折》（康熙五十六年六月初二日），中国第一历史档案馆编译《康熙朝满文朱批奏折全译》，中国社会科学出版社，1996，第1200页。
② 王树枏等纂修，朱玉麒等整理《新疆图志》卷二九，上海古籍出版社，2015，第577页。

106

布、茶及衣服、靴、袜、针、线等各类小物，俱携至巴里坤出售。此俱蒙古人所需物品，喀尔喀地方之蒙古，驱赶牛羊，可互换出售，诸物均价廉，于军士甚益。前来贸易之人，蒙古人居多，为恐争价格之贵贱，启吵闹之事端，奴才令兵民俱严加禁止，且复派出满、蒙、绿营官兵，均于商街坐堆子，不时巡察，故丝毫无事……①

从这份奏折中不仅可以看到赴巴里坤买卖的商贾颇多，也可以知道当时贸易的物品主要是布匹、茶叶、衣服等生活必需品。这些商品也吸引了喀尔喀蒙古之人前来贸易，所换得的牛、羊对驻扎在此的"军士甚益"。为保证交易市场的秩序，派各旗官兵"坐堆子"并不时巡查，维持秩序。

从康熙五十八年（1719）《议政大臣海靳等奏为预发军士钱粮折》和《吏部尚书富宁安奏报气候及兵民生计情形折》中也能看到当时巴里坤贸易的情况：

> 巴里坤地方商贾齐集。喀尔喀携牛羊，亦屡来贸易。平素价廉，且一时商贾云集，价亦廉。②

> 自边内来贸易者所集甚多，各色货物俱携至巴里坤出售，一应物品皆价廉……嘉峪关至巴里坤，每站皆有住店、商铺，沿途往返商人，毫无劳苦之处，由边内来贸易者，较先益加增多，市

---

① 《吏部尚书富宁安奏报肃州等处训练并贸易情形折》（康熙五十七年十月十九日），中国第一历史档案馆编译《康熙朝满文朱批奏折全译》，中国社会科学出版社，1996，第1335页。
② 《议政大臣海靳等奏为预发军士钱粮折》（康熙五十八年二月十二日），中国第一历史档案馆编译《康熙朝满文朱批奏折全译》，中国社会科学出版社，1996，第1370页。

场房屋又拓展增建。商人所携诸项物品甚多。喀尔喀地方之蒙古人，陆续驱赶牛羊亦多，相互交换转售，诸项物品、牛羊价格，较先更贱，于军士大有裨益。商民、蒙古人、兵丁各自遵法，诸凡买卖，竟无加价越取、低价强购，滋事吵闹等项事端，甚为安静……①

自康熙五十四年（1715）开始驻军，巴里坤地方从"无商旅"到"商贾不绝"，从"商街扩展"到"增建房屋"，地方贸易发展迅速。

《镇西厅乡土志》中收录的山神庙碑文中亦有清廷在巴里坤安插驻军，地方贸易辐辏的记载，并勒石记载开通商道：

> 靖逆将军吏部尚书兼管总督仓场事务富公宁安。恭奉圣天子命，讨贼寇妄布坦侵犯哈密之罪。驻兵巴尔库尔，林〔秣〕马厉兵，蓄锐以待进取，维时天地之气，清和咸理，水草丰美，材木赡用，商贾辐辏，士马饱腾。荒塞沍寒之区，气候顿易，四时风景宛若春台化日，是皆圣天子仁德广被，百神为之效灵也。因于山麓葺庙崇祀，用答神庥，塞外诸夷瞻斯庙也，当必共懔然于天威之无远弗屈〔届〕矣。庙侧有天然石一片，谨勒以志之。领兵诸公开列于下：
>
> 钦命靖逆将军吏部尚书兼管总督仓场事务，富公宁安，议政大臣、散秩大臣、世袭头等精奇尼哈哈番阿尔纳，统领京兵副都统世袭三等阿达哈哈番兼佐领事英桂，统领左翼察哈尔官兵副都统世袭二等精奇尼哈哈番法脑，统领右翼察哈尔官兵副统世袭二等阿达哈哈番知永，西安左翼（原缺）。肃州总兵官右都督世袭

---

① 《吏部尚书富宁安奏报气候及兵民生计情形折》（康熙五十八年四月初四日），中国第一历史档案馆编译《康熙朝满文朱批奏折全译》，中国社会科学出版社，1996，第1381页。

二等阿达哈哈番杨长,奉康熙五十八年己丑仲秋吉旦通商道,副使王全臣记,督工潼关副将潘自善。①

从这块碑文中,可以得到几处关键信息:一是康熙五十八年(1719)巴里坤"通商道";二是巴里坤当时已经"商贾辐辏";三是巴里坤地方本为"荒塞沍寒之区",因康熙皇帝"仁德广被,百神为之效灵",所以此地"气候顿易,四时风景宛若春台化日"。因为个人的仁德而使气候转好,显然是不科学的,但从碑文的记载来看,康熙时期的驻兵确实给巴里坤地方带来了巨大的变化,如庙宇的修建、商道的开通等。

雍正朝,因为军队时驻时撤,巴里坤贸易并未达到一定规模。

至乾隆朝,清廷十分重视巴里坤的贸易发展,乾隆二十年(1755)筹议在巴里坤开辟贸易点。满文档案《定北将军班第等奏乌里雅苏台巴里坤开市招商并派官兵巡视折》②、《定北将军班第等议奏巴里坤等地驻防及派官员办理贸易等事折》③等都有记载。清廷将巴里坤定为西路贸易中心。《清高宗实录》乾隆二十年八月庚戌条载:"现经奉旨,西路贸易定于巴里坤地方。"④清廷派出大臣赴巴里坤处理贸易事宜,如《巴里坤帮办大臣锡特库奏报遵旨赴巴里坤办理设立商馆等情折》中就记载了锡特库前往巴里坤设立商馆的具体行程:

---

① 阎绪昌、高耀南、孙光祖:《镇西厅乡土志》,载马大正、黄国政、苏凤兰整理《新疆乡土志稿》,新疆人民出版社,2010,第112~113页。
② 《定北将军班第等奏乌里雅苏台巴里坤开市招商并派官兵巡视折》(乾隆二十年六月十八日),中国第一历史档案馆编《清代新疆满文档案汇编》第11册,广西师范大学出版社,2012,第354页。
③ 《定北将军班第等议奏巴里坤等地驻防及派官员办理贸易等事折》(乾隆二十年七月初四日),中国第一历史档案馆编《清代新疆满文档案汇编》第12册,广西师范大学出版社,2012,第11页。
④ 《清高宗实录》卷四九四,乾隆二十年八月庚戌条。

奴才锡特库谨奏，为奏闻事。奴才于正月十九日自京城出发，二月二十四日到达肃州。本欲修整后裹带盘费于二十七日启程前往巴里坤。本日，闻大学士黄廷桂自安西返回，三十日即到肃州之故，因此待其商议事务。其于三十日到后，将可驻满洲兵之安西、瓜州地方情形及先前准噶尔前来贸易事项，俱向奴才详告。奴才遵旨，将此二项事务共同详细商议，所思俱同。因此，将此二项事务，与黄廷桂所言其他事务汇总具奏外，因奴才于肃州地方并无应办之事，故于三月初四日出边。到达巴里坤后，视地方情形，将应立商馆之处与将军和起（按：宁夏将军）等共同商办。为此恭谨奏闻。

乾隆二十一年三月十二日，奉朱批：知道了。钦此。

三月初四日。①

从所载细节看，帮办大臣锡特库就巴里坤设立商馆、贸易等事项与大学士、陕甘总督黄廷桂，宁夏将军和起等共同商办。这与当时清朝驻扎于西北的西、北两路军营贸易情况有关。西路即巴里坤一线，贸易多倚靠北路商贩，货物只由肃州一带贩往，导致价高。这一背景情况，《清高宗实录》中有详细说明：

军机大臣等议覆，大学士管陕甘总督黄廷桂疏称，向来北路军营，与西路哈密、巴里坤一带，俱有大兵驻扎，商贩原许流通，往年西路军营，所需牛羊，多借资于北路商贩，今巴里坤既经军营驻扎，而货物只由肃州一带贩往，远难接济，因而价腾，且伊犁平定后，与从前应防范情形迥异，自宜照旧流通，应如该

---

① 《巴里坤帮办大臣锡特库奏报遵旨赴巴里坤办理设立商馆等情折》（乾隆二十一年三月初四日），中国第一历史档案馆编《清代新疆满文档案汇编》第16册，广西师范大学出版社，2012，第198页。

第三章　商贸的经营和发展

督所奏，行文军营大臣，速谕两路官民，凡有贩运牛羊货物，往来贸易者，许向该管大臣请给印票，照验放行，至守卡官兵，就近向巴里坤、哈密置买食物者，仍听自便。得旨，依议速行。①

清廷还未在巴里坤设置官铺之前，多是商人携带货物至军营售卖，或是由当地办事之大臣委托商贩按所需约定前来。《参赞大臣策楞奏补给官兵之口粮羊只未送达军营已令商人携货来营贸易片》② 中就记载了策楞委托商贩携带所需货物赴军营买卖的情况。

清廷驻军巴里坤进而带动了其地方贸易，可以说清代的巴里坤贸易因军而兴。

第二节　官铺的筹建与管理模式

官铺是乾隆朝在新疆一些驻防城中筹建的一种商铺。根据《钦定皇舆西域图志》的记载，官铺主要分布在镇西（巴里坤）、迪化（乌鲁木齐）、伊犁等处，并不是每个驻防城都设有官铺。

齐清顺在《清代新疆的官铺和对外贸易政策》中对"官铺"这一概念进行了界定。"清朝统治新疆前期，为了保障驻防新疆军队的物品供应，控制内外贸易，在一些主要城市先后开办了规模大小不等的贸易机构。这种从资金来源、货物买卖到经营管理、利润分配完全由官方一手控制的贸易机构，史称'官铺'。"③ 实际上还有一种由清

---

① 《清高宗实录》卷五一三，乾隆二十一年五月丙申条。
② 《参赞大臣策楞奏补给官兵之口粮羊只未送达军营已令商人携货来营贸易片》（乾隆二十年十一月初五日），中国第一历史档案馆编《清代新疆满文档案汇编》第13册，广西师范大学出版社，2012，第409页。
③ 齐清顺：《清代新疆的官铺和对外贸易政策》，《新疆社会科学》1990年第3期，第75页。

廷官方出资、出地修盖的商用铺房,由商人出钱租用,文献中常记为"官盖铺房"。"官铺"和"官盖铺房"是两种有本质区别的概念,但在文献中有时混用,一些学者也没有细分二者的区别。

巴里坤最早的商铺是以官盖铺房形式出现的,乾隆二十年(1755)前后,即清朝平定西域前,便已在巴里坤运行。乾隆二十一年(1756),巴里坤已初步建成"贸易馆",来此做生意的商人由巴里坤办事大臣颁发铸印。在满文档案《巴里坤办事大臣雅尔哈善等奏报巴里坤贸易情形折》中对此有具体的记载:

> 巴里坤处原系大土城,年久失修处甚多,抚臣(giyarime dasara amban)穆塔沙(mutaša)特奏,交代此处绿营兵修补建造,现已修复完整。城之四座门楼,装饰修缮一新,又整齐建造存粮之仓。巴里坤处蒙古民人(monggo irgen)为互相贸易建馆,办事大臣铸印给之。应该招徕商民视其意愿,使之相互贸易,奴才西特库(sitku)等人特此立书,到处招贴公告,广而告之。商民陆续到来,城内大街两边各样房铺建立经营,这条大街从东至西长三里,房铺密布,连续建造两千余间,交易火爆(dembei wenjehun),莽噶利克额尔齐木吉(manggalik orkimji)、扎那噶尔布(janag'arbu)等均派人交易茶叶、布匹、面粉等物。①

这份档案中记载了许多其他文献中未见的细节,巴里坤城于乾隆二十一年(1756)重新修葺时在城内建立了"商业街"。从"城内大街两边各样房铺建立经营,这条大街从东至西长三里,房铺密布,连续建造两千余间"的记载可以看出,当时巴里坤贸易兴盛,已经出

---

① 《巴里坤办事大臣雅尔哈善等奏报巴里坤贸易情形折》(乾隆二十一年九月二十七日),中国第一历史档案馆编《清代新疆满文档案汇编》第19册,广西师范大学出版社,2012,第400页。

现了由官方发给铸印,"手续齐全"的"贸易馆"。巴里坤处官员为发展贸易还招贴广告,招徕商户。

西域平定后,巴里坤出现了由官方出资、官派采买、官方经营的一体式"官铺"。齐清顺认为新疆官铺设立时间有明确记载的是在乾隆三十七年(1772),最早出现在伊犁,但根据文献记载的时间推断,认为伊犁设立官铺的时间是乾隆三十六年(1771)。①

官铺最初由满洲驻防官兵经营,一般只设在驻防满城内,其盈利主要补贴当地的驻防兵丁开支,因此官铺的开设时间与驻防城的修建时间、官兵移驻的时间有直接的关系。据《八旗通志》卷一一八《营建志七》记载,乾隆二十九年(1764)清廷批准在伊犁河北修建城垣,供满洲官兵居住;乾隆三十一年(1766)正月明瑞等奏称完工,此为惠远旧城;乾隆三十五年(1770)在惠远城东北修建惠宁城,乾隆三十六年(1771)完工。② 这是清廷在新疆修建的第一批驻防满城。乌鲁木齐的巩宁城、巴里坤的会宁城都是在乾隆三十七年(1772)开始修建的。由此可以推断,伊犁应该是新疆官铺出现最早的地区,文献中多记载"以伊犁为例",也是明证。巴里坤官铺出现的时间应是会宁满城修建完工、驻防兵丁移驻之后,即乾隆三十七年(1772)以后。

从文献记载来看,关于巴里坤官铺的记录也确是在乾隆三十七年(1772)以后。官铺设立后,一直都由八旗驻防官兵管理,多出售一些军需物品。铺内商品由驻防处领队大臣等委派军中贤能赴内地采买。《三州辑略》中记载:

> 巴里坤官铺货物派委官员赴西安、兰州、凉州等府采买布

---

① 齐清顺:《清代新疆的官铺和对外贸易政策》,《新疆社会科学》1990年第3期,第76页。
② 《八旗通志》卷一一八《营建志七》,清文渊阁四库全书本。

四、绒褐等物,又赴山西蒲州府采买茶叶二万斤,共需银一万二千两,在于陕甘两藩库支领,三年制办一次。①

《三州辑略》中记载的并不是个例,而是巴里坤官铺采买的基本定例,这些基本流程在档案中也多有体现。例如,《署乌鲁木齐都统永庆奏咨饬巴里坤领队大臣岱星阿等委派贤能官兵赴内地购买官铺所需物品片》记载了乾隆四十一年(1776)巴里坤官铺采买的过程:

(署乌鲁木齐都统永庆)拟用一万余两银子,致书至陕甘总督,暂且动用应送至巴里坤处的钱粮……(巴里坤领队大臣岱星阿)必须拣选贤能派往内地,与地方官员一起共同处理购买所需物品事宜……②

巴里坤官铺采买各项需要向上级即乌鲁木齐都统报批,由乌鲁木齐都统向陕甘总督致书,一般会调用拟送至巴里坤处的钱粮,从中扣取款项。巴里坤处再选派人手赴内地共同办理购买事宜。

巴里坤官铺历次的采买花费都为一万两左右,档案中多有记载。例如,《乌鲁木齐都统索诺木策凌奏补充巴里坤店铺货物以供官兵购买片》载:"现官铺内物件陆续为官兵所购买,所剩不多,应提前处理接续事,合计需耗费万余两银。"③

巴里坤官铺除经营布料、茶叶外,还经营当铺,《三州辑略》载:

---

① 和宁:《三州辑略》卷四,成文出版社,1968,第148页。
② 《署乌鲁木齐都统永庆奏咨饬巴里坤领队大臣岱星阿等委派贤能官兵赴内地购买官铺所需物品片》(乾隆四十一年九月初六日),中国第一历史档案馆编《清代新疆满文档案汇编》第130册,广西师范大学出版社,2012,第172页。
③ 《乌鲁木齐都统索诺木策凌奏补充巴里坤店铺货物以供官兵购买片》(乾隆三十九年三月初一日),中国第一历史档案馆编《清代新疆满文档案汇编》第118册,广西师范大学出版社,2012,第373页。

第三章　商贸的经营和发展

巴里坤官当铺架存当号及使用公费银两，每年造册咨报户部，截至嘉庆十一年年底止共存本利银三万一千九百八十五两一钱零（本银一万六千四十七两六钱零，利银一万五千五百三十七两四钱零）。架存衣物当出银三万三百一十九两八钱零。现存银一千六百六十五两二钱零。①

官铺由驻防八旗经营一段时间后，考虑到此举措会带来诸多弊端，乾隆帝决定"招募殷实商民贸易"以取代官铺：

> 伊犁、乌噜〔鲁〕木齐等处驻防满兵，现俱开设官铺，分派贸易，殊失防守边疆之意，且满洲兵丁自幼专习骑射，不谙生理，日久必至生弊，尤关风化，其如何办理尽善之处，着军机大臣，悉心妥议具奏。寻奏，伊犁等处开设铺户，虽兵丁滋生利息起见，久之恐效汉人好逸恶劳，技艺转致荒废，自应严行禁止，但该处开铺已久，一时未便尽彻〔撤〕，应饬令伊勒图、索诺木策凌，于乌噜〔鲁〕木齐、巴里坤、哈密等处，招募殷实商民贸易，每年所得利息，仍可分给兵丁，俾资养赡。从之。②

乾隆四十年（1775）清廷下达的这一改革措施并未彻底执行，至乾隆四十一年（1776）巴里坤官铺交于地方官员管理。满文档案《署乌鲁木齐都统永庆奏报巴里坤等处官铺暂交地方官员兼管以为试点折》中有比较详细的记录：

> 自去年（乾隆四十年）伊勒图将乌鲁木齐、伊犁等处官铺事

---

① 和宁：《三州辑略》卷四，成文出版社，1968，第148页。
② 《清高宗实录》卷九七九，乾隆四十年三月戊辰条。

上奏以来，臣等从军机处得闻，交付给伊勒图、索诺木策凌定制施行。后从伊勒图处得知，伊犁官铺只卖军需，酌情增价出售。若交给当地官兵办理，长此以往易滋生弊端。若从解罪立功之废员中酌情选拔一二名者协同处理，将披甲编排两班，一班使之处理铺内诸事，一班使之操练于营中，两班互换而行，为此事奏报。

臣等处又依此奏报后，上谕：将伊犁、乌鲁木齐等处官铺更换于彼处回子经营可否一事，伊勒图到来后与之询问商定，并咨大学士舒赫德。后索诺木策凌又将乌鲁木齐、巴里坤、古城等地官铺、当铺均仿伊犁，派出官员管理，士兵编班轮换施行，但是乌鲁木齐处奋勉之废员不多，决定乌鲁木齐处除按伊犁派出废员处理外，巴里坤、古城处官铺就由各城领队督查后汇报。

奴才等深思熟虑，回子所经营的都是牛羊之类，或者用物件换米布等事，所会之事诸如此类，并不晓得经营商铺，售卖内地之物，赚取利润。现若交付回子经营，他们连内地之物尚且认不全，所值价格亦不晓得，彼等决不可胜任……现交于官兵，编班轮换处理，因熟练并不至耽搁。另官铺内用人之处不多，依奴才等之见，仍交于官兵轮班处理为益。再者巴里坤、古城处商铺，只交付于领队大臣巡查，他们本身职位颇高，不能亲自去检查、处理，只是交付给属下地方官处理，于事无益。据查，既然巴里坤处有现任知府等官，古城处有知县、巡检等官，就把这些商铺交付给各地官员兼办。领队大臣仍然不时巡查，如有弊病，即严加处理，这样可否，请主明鉴，为此谨奏。

上谕：依议，钦此。奴才便与军机大臣再次商议所奏，将立功废员之中曾任同知之人范全孝（音，满文作 fan ciowan hiyoo）派出，与处理商铺事务之官员一起办理乌鲁木齐官铺事宜。奴才除仍旧不时巡检外，巴里坤、奇台县处官铺，由署理镇西府知府事之同知恩福（enfu）协同处理，新任知府知县到来以后，两处

第三章　商贸的经营和发展

之商铺即交付其合并处理，此事交由岱星阿、永安等不时详查，切勿徇私，为此奏闻。朱批：知道了。①

这份满文档案详细记录了巴里坤等处官铺改革的始末。对于官铺的管理，乌鲁木齐都统永庆认为交于本地"回子"经营不妥，乌鲁木齐、巴里坤等处的官铺可以照伊犁之例，"从解罪立功之废员中酌情选拔一二名者协同处理，将披甲编排两班，一班使之处理铺内诸事，一班使之操练于营中，两班互换而行"。但巴里坤又不同于伊犁、乌鲁木齐等处，后两处废员较多，可以派出若干人管理官铺。巴里坤废员少，若交于领队大臣兼管，又有领队大臣职位高，不能亲自管理的不足，最终将官铺交于巴里坤知府等地方官员管理。

巴里坤的官铺从性质来看依旧属于驻防八旗的财产，但其管理模式不同于伊犁、乌鲁木齐等处。在旗民二元社会中，伊犁、乌鲁木齐等处的官铺主要由驻防八旗管理，巴里坤处官铺则由地方行政体系参与管理。《古城领队大臣永安奏议古城官铺交由闲散披甲轮班管理折》载：

> 酌选品行高洁者，在官铺做事，调派年轻兵丁，于事有益……古城两商铺处，只用二十人，选派之人，每年更换，只更换一半，其余一半仍留官铺内，与新人一起办理，新人熟练之后，经年再换。另一处商铺由本营两位官员与地方官员一道处理，奴才仍然不时巡查……②

---

① 《署乌鲁木齐都统永庆奏报巴里坤等处官铺暂交地方官员兼管以为试点折》（乾隆四十一年九月初六日），中国第一历史档案馆编《清代新疆满文档案汇编》第130册，广西师范大学出版社，2012，第175~178页。

② 《古城领队大臣永安奏议古城官铺交由闲散披甲轮班管理折》（乾隆四十一年九月初八日），中国第一历史档案馆编《清代新疆满文档案汇编》第130册，广西师范大学出版社，2012，第191页。

虽然这份奏折主要记录的是古城处官铺的情形，但根据乌鲁木齐永庆的奏稿，巴里坤与古城处官铺的管理模式是一样的，从中可以管窥巴里坤官铺改制后的经营模式。

第三节　商铺的数量与租税

史料中多载巴里坤商贸繁盛。巴里坤有官铺、官盖铺房和民盖铺房三种主要类型的商铺。

乾隆二十一年（1756），《巴里坤办事大臣雅尔哈善等奏报巴里坤贸易情形折》中记载巴里坤处的商铺数量为"城内大街两边各样房铺建立经营，这条大街从东至西长三里，房铺密布，连续建造二千余间"。[①]

乾隆二十八年（1763），巴里坤办事大臣奏报，巴里坤有"商人所开商铺，共计一百四十六所，二百一十五间，都是商人自建"。[②] 此时官方还未开始统计后院自建房屋，所有商铺只计算门面铺房，按数量收取税费。

乾隆四十二年（1777），《乌鲁木齐都统索诺木策凌奏请减征巴里坤古城等处房租银额折》记载巴里坤有商人自建"门面铺房二百零四间……后院货房九百三十四间"。[③]

巴里坤民盖铺房的数量自乾隆朝西域平定后至乾隆四十二年

---

① 《巴里坤办事大臣雅尔哈善等奏报巴里坤贸易情形折》（乾隆二十一年九月二十七日），中国第一历史档案馆编《清代新疆满文档案汇编》第19册，广西师范大学出版社，2012，第400页。

② 《巴里坤办事大臣钟音等奏请收巴里坤店铺房租银充作办公费用折》（乾隆二十八年二月十七日），中国第一历史档案馆编《清代新疆满文档案汇编》第61册，广西师范大学出版社，2012，第113页。

③ 《乌鲁木齐都统索诺木策凌奏请减征巴里坤古城等处房租银额折（附清单1件）》（乾隆四十二年三月十二日），中国第一历史档案馆编《清代新疆满文档案汇编》第132册，广西师范大学出版社，2012，第75页。原文系汉文。

第三章　商贸的经营和发展

（1777）逐渐减少。

从官盖铺房的数量看，乾隆三十八年（1773）巴里坤处安置2000名满洲驻防官兵时，在新建满城中修建了300间商铺。随后因为1000名满洲驻防官兵移驻古城，商铺的数量裁减至150间。至乾隆四十一年（1776），商铺仅剩6间。巴里坤处官盖铺房的经营数量也在大幅度减少。

商铺数量大幅度减少，这与前引《新疆图志》中记载的巴里坤贸易繁盛景象相去甚远。巴里坤商铺为何持续减少？满文档案《署乌鲁木齐都统永庆奏请拟定巴里坤等处官铺房租税额以补驻防官兵滋生银两折》中有较为客观的解释：

　　巴里坤、古城两城的官铺①租银数，酌情议定处理，为求圣鉴。
　　据查乾隆三十八年巴里坤处置两千名满洲驻防官兵，索诺木策凌上奏：巴里坤的满城中修建了三百间商铺取租金。为兵丁红白之事行赏奏，上谕依照执行。后乾隆三十九年巴里坤处的两千兵丁，移至古城一千。索诺木策凌又奏，巴里坤满城中只建一百五十间商铺，古城的满城中一百五十间商铺，每月将收取的租银交付镇西府府库。将巴里坤的租银算入作为两处兵丁红白之事的赏银，为此上奏。军机大臣复议上奏。上谕，照此执行。
　　现署理道员之事的知府穆赫伦（音，满文作muheren）所呈，署理镇西府知府之事的奇台县通判恩福之呈，昔者修建官铺时，商人开设五十八间商铺，每月收取租银编为三等，一等一两二钱

---

① 此处满语写作 alban puseli，alban 是"官方、公家"之意，puseli 为"铺子"之意，因此将其译为"官铺"。在这份档案中也有 puseli 单独出现，未加任何定语的情况，笔者将其译为"商铺"。前文已讨论过"官铺"与"官盖铺面"的本质差异，这份档案中虽出现了 alban puseli 和 puseli 两种不同的书写，但整体来看没有本质区别。笔者根据满文的书写，如实翻译。

119

银,二等一两一钱银,三等一两租银,所成定制上报。后商人因房租重而得利少,又满洲兵丁迁往古城一千,买卖不多,陆续关闭,今只六个商铺开设。呈文请允将此类商铺租银略降,奴才曾怀疑地方商人有谎报之处,奴才遣人暗查详问,于所属官员呈文无异,奴才伏思,若为商人自建商铺,每月只一钱银子,官铺租银比自建商铺(税银)增加十倍多,现在无甚买卖,商人确实无利。

巴里坤虽为交通发达之处,但毕竟比不得乌鲁木齐,乌鲁木齐路通伊犁、塔尔巴哈台、辟展、巴里坤等处,往来行人不绝,买卖常至,与内地无异,开设商铺之人尚多。

现巴里坤之官员若不略降官铺之租银,仍照乌鲁木齐之例每月收取租银,商人担心买卖少,租银多。开设商铺之人又贪,每月租银数愈少,兵丁红白之事赏银无以为继。这些商铺无人开设,久之,全至破损,反倒于事无益。

依奴才愚见,将巴里坤的官铺租银酌情略减,每月定为一等八钱银,二等七钱银,三等六钱银,租银比之前略便宜后,开设商铺之商人自然增多,每月收取的租银亦可足得,兵丁红白之事的赏银可以为继,这些商铺亦不至损坏。

圣主若降恩,按奴才所求实行,现在古城开设的二十九间官铺的租银,若可亦照巴里坤之例制定实行,奴才我仍然详细交代道员、知府等不时详查。日后,此两处商人增多之时,奴才酌情办理增长租银。并报部院,现在奴才观巴里坤、古城两处之事,为确定租银数量谨奏。①

在这份奏折中,乌鲁木齐都统永庆分析了巴里坤官盖商铺只剩6

---

① 《署乌鲁木齐都统永庆奏请拟定巴里坤等处官铺房租税额以补驻防官兵滋生银两折》(乾隆四十一年十月初七日),中国第一历史档案馆编《清代新疆满文档案汇编》第130册,广西师范大学出版社,2012,第351~354页。

第三章　商贸的经营和发展

间营业的主要原因：一是"房租重而得利少"，商人自建商铺租费只一钱银子，官铺租银比自建的增加了10倍多，因而租用官盖铺面的商家减少；二是"满洲兵丁迁往古城，买卖不多"，致使许多铺面关闭；三是性价比低，巴里坤虽然交通发达，但"毕竟比不得乌鲁木齐"，却仍照乌鲁木齐之例每月收取租银，致使商人流失。

在《军机大臣舒赫德奏遵旨复议酌减巴里坤等处官铺房租银折》中，舒赫德也分析了巴里坤处商铺锐减的原因："巴里坤、古城虽然不可与乌鲁木齐之类大地方相比，但与内地近并有交通要道，商铺开设尚不足六间，此或许起初之时便定（按：商铺租银）的过高，或后来处理不善，以至于此。"①

清廷将巴里坤处商铺减少的主要原因归为"租税过高"，那么巴里坤处商铺的租税到底如何？笔者根据《钦定皇舆西域图志》的记载，梳理了乾隆朝新疆各地官铺的租税，具体见表3-1。

表3-1　乾隆朝新疆各地商铺的租税

地名	民盖铺房(每间每月)	官盖铺房(每间每月)
镇西府	银一钱	银一两二钱,次一两
迪化州	银三钱,次二钱,又次一钱	银一两六钱,次一两五钱,又次一两四钱
库尔喀喇乌苏	银一钱	—
塔尔巴噶台	银七钱	—
伊犁	银三钱,次二钱,又次一钱	银一两
哈喇沙尔	银三钱	—
库车	银二钱,次一钱	—
沙雅尔	银二钱,次一钱	—
乌什	银一钱,次银五分	—
阿克苏	银一钱	—

---

① 《军机大臣舒赫德奏遵旨复议酌减巴里坤等处官铺房租银折》（乾隆四十一年十一月），中国第一历史档案馆编《清代新疆满文档案汇编》第131册，广西师范大学出版社，2012，第200页。

续表

地名	民盖铺房（每间每月）	官盖铺房（每间每月）
赛喇木	银一钱	—
拜	银一钱	—
喀什噶尔	银三钱，次二钱，又次一钱	—
叶尔羌	银三钱，次二钱，又次一钱	—

资料来源：笔者根据《钦定皇舆西域图志》卷三四《贡赋》的相关记载制作。

从《钦定皇舆西域图志》的记载来看，巴里坤的租税与其他地区相比并不是很高。值得注意的是，《钦定皇舆西域图志》中只记载了巴里坤官盖铺房两个等级的租税，即"银一两二钱，次一两"，但按例官盖铺房租税通常分为三等，满文档案中也多有巴里坤官盖铺房按三个等级收取租税的记录。

据《钦定皇舆西域图志》卷首的凡例记载，该书于"乾隆二十一年丙子春，原任大学士刘统勋初奉旨纂辑"，乾隆二十六年（1761）交军机处方略馆；入《四库全书》时，于乾隆四十七年（1782）增纂告成。论文《乾隆朝官修〈西域图志〉考析》[①]、《〈西域图志〉纂修略论》[②]对此有考证。因此《钦定皇舆西域图志》中所载的内容应是乾隆四十七年（1782）前后西域具体、较为准确的信息。

巴里坤官盖铺房于乾隆二十年（1755）前后建成，发展至乾隆四十七年（1782），实际上经历了较多的调试。

在乾隆朝初次修建官盖铺房时，曾根据当时情况制定巴里坤租税细则：

> 昔者修建官铺时，商人开设五十八间商铺，每月收取租银编

---

① 乔治忠、侯德仁：《乾隆朝官修〈西域图志〉考析》，《清史研究》2005年第1期。
② 张瑛：《〈西域图志〉纂修略论》，《西夏研究》2017年第1期。

为三等，一等一两二钱银，二等一两一钱银，三等一两租银，所成定制上报。①

官盖铺面在修建之初分三个等级收取差额租银，具体记载与《钦定皇舆西域图志》中的"银一两二钱，次一两"有出入。

乾隆四十一年（1776）乌鲁木齐都统永庆上奏："依奴才愚见，将巴里坤的官铺租银酌情略减，每月定为一等八钱银，二等七钱银，三等六钱银，租银比之前略便宜后，开设商铺之商人自然增多，每月收取的租银亦可足得，兵丁红白之事的赏银可以为继，这些商铺亦不至损坏。"② 随后清廷调整了巴里坤官盖铺房的租税，收取租银编为三等，即"每月定为一等八钱银，二等七钱银，三等六钱银"，这个租银的定价也与《钦定皇舆西域图志》中的记载不同。

《乌鲁木齐政略》中亦有相关记载："巴里坤、古城、奇台：官铺原定头等租银一两二钱、二等租银一两一钱、三等租银一两。因租重，商民无力认开，经署都统伯永奏请减价，拟定头等房租银八钱、二等租银七钱、三等租银六钱。"③

最终巴里坤减少税收，将官盖铺房的租银每月定为"一等八钱银，二等七钱银，三等六钱银"，并成为定制。

经过租税的调整，巴里坤处的官铺经营有所改善，官盖铺房基本稳定在一百五十间，民盖铺房的数量则每年都有波动。

---

① 《署乌鲁木齐都统永庆奏请拟定巴里坤等处官铺房租税额以补驻防官兵滋生银两折》（乾隆四十一年十月初七日），中国第一历史档案馆编《清代新疆满文档案汇编》第130册，广西师范大学出版社，2012，第351~352页。

② 《署乌鲁木齐都统永庆奏请拟定巴里坤等处官铺房租税额以补驻防官兵滋生银两折》（乾隆四十一年十月初七日），中国第一历史档案馆编《清代新疆满文档案汇编》第130册，广西师范大学出版社，2012，第351~352页。

③ 佚名：《乌鲁木齐政略》，载王希隆《新疆文献四种辑注考述》，甘肃文化出版社，1995，第81页。

笔者选取了一份乾隆四十二年（1777）的巴里坤官私商铺清单试以说明。主要原因一是该档案保存完整、记录翔实，可以说明一定问题；二是这个时段内巴里坤处商铺发展已较为成熟，逐渐形成定制，具有一定的代表性。该奏折附件中详呈当时巴里坤官盖铺房及商民自盖房的清单，并附有清廷征收的税银数额：

巴里坤官盖铺面房一百五十间内

头等房三十三间，每间每月原定租价银一两二钱，今减银四钱，共减银十三两二钱；

二等房三十四间，每间每月原定租价银一两一钱，今减银四钱，共减银十三两六钱；

三等房八十三间，每间每月原定租价银一两，今减银四钱，共减银三十三两二钱，以上一岁合计共减银七百二十两。

又原报已经收取地基，商民自盖头等门面铺房二百四间，每月收地基银一钱，共收银二十两零四钱不计外，今又查出未经起征地基后院货房九百三十四间内，请将头等房八十间，每间每月收取地基银一钱，共收银八两；

二等房四百四十八间，每间每月收地基银八分，共收银三十五两八钱四分；

三等房四百零六间，每月收取地基银五分，共收银二十两零三钱，以上后院房间一岁合计共收银七百六十九两六钱八分，内除抵过官铺减价银七百二十两外，计长余银四十九两六钱八分。①

从清单内容来看，乾隆四十二年（1777）巴里坤有官盖铺房 150

---

① 《乌鲁木齐都统索诺木策凌奏请减征巴里坤古城等处房租银额折（附清单 1 件）》（乾隆四十二年三月十二日），中国第一历史档案馆编《清代新疆满文档案汇编》第 132 册，广西师范大学出版社，2012，第 77~78 页。原文系汉文。

间、商民自盖头等门面铺房 204 间、商民自盖铺面房后院货房 934 间。以下笔者将古城、奇台等地的铺面信息一并整理，以便对比分析巴里坤商铺经营情况。

  古城官盖铺面房一百五十间内：

  头等房四十间，每间每月原定租价银一两二钱，今减银四钱，共减银一十六两；

  二等房五十间，每间每月原定租价银一两一钱，今减银四钱，共减银二十两；

  三等房六十间，每间每月原定租价银一两，今减银四钱，共减银二十四两，以上一岁合计共减银七百二十两。

  今查出商民自盖门面连后院货房共一千五百七十二间内，

  请将头等门面房二百八十一间，每间每月收地基银一钱，共收银二十八两一钱；

  二等房七百五十九间，每间每月收地基银八分，共收银六十两零七钱二分；

  三等房五百三十二间，每间每月收地基银五分，共收银二十六两六钱，以上一岁合计共收银一千三百八十五两零四分，内除抵过官铺减价银七百二十两外，计长余银六百六十五两零四分。

  又查出奇台商民自盖门面连后院货房一千二百五十三间内，

  请将头等门面房三百四十间，每间每月收地基银一钱，共收银三十四两；

  二等房六百一十九间，每间每月收取地基银八分，共收银四十九两五钱二分；

  三等房二百九十四间，每间每月收取地基银五分，共收银一十四两七钱，以上一岁合计共收银一千一百七十八两六钱四分，以上通共官房三百间，减租银一千四百四十两，今共查出应收银三千三百三十三两三钱六分内,除抵过官铺减租银一千四百四十两外,是在长余银一千八百九十三两三钱六分。①

从材料来看,古城有民盖铺房(连同后院货房)1572间,奇台有1253间,而巴里坤有1138间,巴里坤处民盖铺房最少,财税收入也最少,余银只有"四十九两六钱八分",而古城、奇台两处分别有余银"六百六十五两零四分""一千八百九十三两三钱六分"。

清代新疆的官铺除由官方经营满足军需外,也将官方修建的铺面出租出去收取租金。同时随着民盖铺房渐多,也向私人修建的铺面房收取地基银。

巴里坤征收民盖铺房的地基银,用来弥补减征官盖铺房租银的缺额,以使地方税收足敷驻防官兵的红白喜事银和补给增加的驻防官兵。

> 大军功成撤军,现在绿营兵、农民不多,是故商人渐少。奴才等视其现状,决定每月每间收取一钱地基租银,一年大约可得二百两余银。交代所属之同知童禄(tunglu),今年三月开始,每月收取,月底查验,算入新开者,除去关闭者,所收租银贮藏于同知之库,备用于公用。如有动用之处,每年底清楚造册,送奴才等处详查,并送往总督处销算。②

《乌鲁木齐都统索诺木策凌奏请减征巴里坤古城等处房租银额

---

① 《乌鲁木齐都统索诺木策凌奏请减征巴里坤古城等处房租银额折(附清单1件)》(乾隆四十二年三月十二日),中国第一历史档案馆编《清代新疆满文档案汇编》第132册,广西师范大学出版社,2012,第75~77页。原文系汉文。
② 《巴里坤办事大臣钟音等奏请收巴里坤店铺房租银充作办公费用折》(乾隆二十八年二月十七日),中国第一历史档案馆编《清代新疆满文档案汇编》第61册,广西师范大学出版社,2012,第114~115页。

折》中记录了巴里坤开始收取商人自建房屋的地基银:

> 查巴里坤处商人自建房铺,虽收取地基之租银只按街上一带所建商铺占地计算,并未算入商铺后院所建房屋。又古城、奇台等地,之前买卖不甚多,并未定制收取商人自建商铺之租。现古城驻满洲兵,所来之商人渐多,私占公家土地建房铺,也应按照乌鲁木齐编制等级略收租银。奴才交代镇西府署理同知恩福查,巴里坤、古城、奇台等处商人自建房铺后屋共计三千七百五十九间,奴才又交代岱星阿、永安核实,与所属知府所报数字相符,奴才为于事有益,思商人能出租银,将这些私建房屋也编为三等,一等一钱,二等八分,三等五分地基租银,定数收取。粗略计算,一年共可收取三千三百三十三两余银,这类所收银内,可抵三百间官修商铺所降租银。一年还多出一千八百九十余两银,每年足够两地之满洲兵之红白事赏银开支。①

乌鲁木齐都统索诺木策凌将巴里坤商人所建房屋地基租银分为三等,"一等一钱,二等八分,三等五分",每年可获得3333两余银,这些收入不仅可以抵去因官盖铺房降租而减少的税收,还多出了1890余两银。清廷通过对巴里坤处商人自建铺面及商铺后院所建房屋收取地基银,补充该处驻防兵丁的"红白事赏银开支"。

第四节 商民群体

《镇西厅乡土志》载:"镇西地尚孔道,为新疆南北路冲衢,自

---

① 《乌鲁木齐都统索诺木策凌奏请减征巴里坤古城等处房租银额折(附清单1件)》(乾隆四十二年三月十二日),中国第一历史档案馆编《清代新疆满文档案汇编》第132册,广西师范大学出版社,2012,第73~75页。

设官分治,商货云集,当商钱商以及百货商无不争先恐后,道光间颇称繁盛。"① 巴里坤有当商、钱商、百货商,经营种类多样,遗憾的是在文献中没有其他细节的记录。巴里坤"商货云集",具体有哪些商人群体在巴里坤从事何种买卖,史料中也只有零星的记载。

从刑科档案中可以看到,巴里坤商民多由陕甘地区而来。这些商人多游走于西部的主要贸易城市,经营生理。例如,《哈喇沙尔办事大臣常钧奏报审理哈喇沙尔民人马海打人致死案折》载:

> 马海供,小的是陕西凤翔县人,年四十二,向来在口外卖羊生理,这死的马光玉他是甘肃固原州人。小的与他虽同姓,不是一家。因乾隆二十九年小的在肃州认识他,后来同在乌鲁木齐、巴里坤一带做生理。他从前穷苦,衣食俱是小的帮补,在哈密曾借给他二两银子,旧年他在巴里坤店铺内赊欠了十三两银子,也是小的替他还了。本年由辟展来到哈喇沙尔贸易,在王喜明店内居住,遇见马光玉先来,也在他店里居住……②

随着巴里坤移民社会不断发展,许多商人开始认籍落户或以较为稳定的形式长期在巴里坤做买卖或做佣工。如《乌鲁木齐都统明亮奏请将宜禾县欠债杀人案犯许国江拟绞监候折》所载:

> 宜禾县知县魏拓宝(音)汇报,商民许国江(音)踢死了回民马三奇(音)……罪犯许国江,甘肃省皋兰县人,在巴里坤做

---

① 阎绪昌、高耀南、孙光祖:《镇西厅乡土志》,载马大正、黄国政、苏凤兰整理《新疆乡土志稿》,新疆人民出版社,2010,第118页。
② 《哈喇沙尔办事大臣常钧奏报审理哈喇沙尔民人马海打人致死案折》(乾隆三十三年八月二十一日),中国第一历史档案馆编《清代新疆满文档案汇编》第89册,广西师范大学出版社,2012,158~159页。原文系汉文。

第三章 商贸的经营和发展

工生活；马三奇甘肃省固原州之回民，在巴里坤售卖羊肉。[①]

再如《署乌鲁木齐都统图思义奏审拟巴里坤商人张义敬鸡奸杀人案折》[②]中，张义敬是甘肃省抚夷厅人，李文斌是甘肃省武威县人，二人都在巴里坤所属奎素地方商人张秀汝所开旅馆做工。张秀汝是何处民人并未明说，但他与同乡王秀林都不是巴里坤人，是从外地到巴里坤开店做旅馆生意。

《乌鲁木齐都统索诺木策凌奏审理巴里坤民人赵庆刺死雇工马进元误伤其婶娘一案折》[③]中，赵庆时年38岁，甘州府张掖县人，于乾隆二十八年（1763）移居巴里坤花庄子认户种地，后往来于巴里坤、奇台做买卖。

《乌鲁木齐都统海禄奏审拟巴里坤车夫李必文打死马起章一案折》[④]中，李必文时年37岁，陕西蒲城县人，乾隆四十四年（1779）出口，在巴里坤赶车为生，揽运官粮。

从档案记载来看，这些人多以做工为生，如从事卖羊肉、赶车揽运等小买卖，多来自陕甘地区。但据西安巡抚文绶的报告，巴里坤处商民以山西人居多：

[①] 《乌鲁木齐都统明亮奏请将宜禾县欠债杀人案犯许国江拟绞监候折》（乾隆四十八年二月初四日），中国第一历史档案馆编《清代新疆满文档案汇编》第154册，广西师范大学出版社，2012，第318~320页。

[②] 《署乌鲁木齐都统图思义奏审拟巴里坤商人张义敬鸡奸杀人案折》（乾隆四十九年九月初一日），中国第一历史档案馆编《清代新疆满文档案汇编》第165册，广西师范大学出版社，2012，第58页。

[③] 《乌鲁木齐都统索诺木策凌奏审理巴里坤民人赵庆刺死雇工马进元误伤其婶娘一案折》（乾隆四十四年五月二十一），中国第一历史档案馆编《清代新疆满文档案汇编》第140册，广西师范大学出版社，2012，第147页。

[④] 《乌鲁木齐都统海禄奏审拟巴里坤车夫李必文打死马起章一案折》（乾隆四十九年二月初二日），中国第一历史档案馆编《清代新疆满文档案汇编》第159册，广西师范大学出版社，2012，第274页。

清前期巴里坤社会经济研究

（乾隆三十七年九月二十六日）抵巴里坤，时当秋成之后，城州禾稼盈畴，天时、地利、人和，大有等渠、屯田甚广，颇为丰美，城关内外，烟户铺面，比栉而居，商贾毕集，晋民尤多，臣留心咨访，其商贾中之有资本者，已多认地开垦。其艺业佣工穷民，因乏生理资本，未经呈垦。而该处地广粮贱，谋生甚易，故各处民人，相率而来，日益辏集。①

文绥指出，巴里坤商人中山西人甚多，商人中有资本者在巴里坤认垦种地，"穷民"多做买卖为生。此外，巴里坤有"山西会馆"，亦是这里山西商人居多的明证。巴里坤有"庙宇冠全疆"之说，这里有新疆罕见的庙宇群落。在这些庙宇中有许多商家、行会修的庙宇、会馆，如关圣帝君庙（大会馆附于内，系八大商总聚议公所）、山西会馆（嘉庆间修建）、城隍庙（通街商约大会，逢清明节、十月初一日两出府）、老君庙（铁匠行敬）、财神庙（北街生意铺户建）等②。山西商人于嘉庆年间修建"山西会馆"，可知晋商在巴里坤确实曾聚集经商，而且有一定的规模。

清时庙宇除了官方出资外，多由家境殷实之人捐资修建，巴里坤这些行会、商会、庙宇的存在从侧面也能反映出巴里坤在相当一段时间内存在繁盛的商业。

---

① 文绥：《陈嘉峪关外情形疏》（乾隆三十七年），贺长龄编《皇朝经世文编》卷八一《兵政十二·塞防下》。
② 阎绪昌、高耀南、孙光祖：《镇西厅乡土志》，载马大正、黄国政、苏凤兰整理《新疆乡土志稿》，新疆人民出版社，2010，第115~116页。

第四章 自然资源的开发与管理

《镇西厅乡土志》载:"镇西势据天山之椎,五金并产之区……城之北距三百里曰东窑、中窑、西窑,有烟煤,质松散,间有硫磺气,专供人民烧火之用。地虽平衍,附近戈壁,并无市镇,亦无居民,兼乏水草,挽运往返,非资雪雨不能运载,近冬多有贩运入城者。城之西北,距二百二十里曰东窑、西窑,产有烟炭,煅炼即曰岚炭,人民日需甚广,即炼生铁亦必需之,其烟炭民所需者无岚炭之广,销路亦不甚畅旺。城东距二百里名无度沟,有金厂,洞有泉水,多少高下不等,承平时人多挖采,自兵燹无人开挖,现在封闭。传言钻过山石,即有赤金,想系工大费巨,人多畏难而坐弃。城西北七百里名羊圈湾,有铅厂,界与科布多毗连。亦有金厂遗址,均皆封闭,是昔因人烟之辐辏而兴旺,今以户口之凋残而衰败。窥诸情形,殊多今昔之感,此镇西矿务之原尾也。"

学界对清代新疆矿业的研究主要集中于金矿、玉石、铜矿等领域,很少涉及新疆其他资源的专项研究。本章聚焦巴里坤自然资源的开发,如药用松膏、铅矿等。

第一节 药用松膏的开发

巴里坤盛产松树,特别是松树塘一带,松林景象壮观,松木质量上乘，文献中多有记载①。驻防在巴里坤的"军中医生"开发研制出药用松膏。目前学界对清代军医的研究还较少，在论述由"军中医生"研制的药用松膏前，先对这一群体做一简单讨论。

清朝设有太医院，是宫廷医疗机构。具体执掌多沿袭明代太医院，如负责皇家医疗、奉诏侍直医事、征召选任医生、因事派差诊治、选拔培养医生、管理其他医药机构、编修医书等。据记载，清代的太医院初设于顺治元年（1644）。至乾隆朝，特简管理太医院事王大臣一人，其他御医、吏目、医士、医生等设置十数人至数十人不等。往后各朝各有增减。太医院分科诊治，清初分为大方脉、小方脉、伤寒、妇科、疮疡、针灸、眼科、口齿、咽喉、正骨、痘疹十一科。

清朝的文献中关于医生救治军中病患的记载很少，但皇帝赏给官兵药物的记载较多。例如，乾隆十八年（1753）档案《[军机处]赏给西北两路军营官兵药物清单》中就记载了清廷用兵西北时发给各营的药物，具体如下：

> 遵照向例，赏西北两路驻防将军大臣官兵等药物单：
> 定边左副将军成衮扎布：各色锭子药一大匣，平安丸一百九，人马平安散一瓶四两。
> 参赞大臣阿巴齐、达青阿、德宁、乌尔登等四员：各色锭子药一大匣，平安丸一百六十九，人马平安散四瓶，每瓶二两。
> 喀尔喀贝勒贝子公台吉等十一员：各色锭子药一大匣，平安丸三百九，人马平安散十一瓶，每瓶一两。
> 鄂尔坤等处官兵：各色锭子药三大匣，平安丸二千九，人马

---

① 例如，永保《乌鲁木齐事宜》中载："（松树塘）在巴里坤东一百五十里，深崖峭壁，盘通纡回，松柏亭亭，遍满山谷。"王希隆：《新疆文献四种辑注考述》，甘肃文化出版社，1995，第94页。

第四章　自然资源的开发与管理

平安散二斤，紫金锭、盐水锭各六斤。

安西提督管哈密军务李绳武：各色锭子药一中匣，平安丸五十丸，人马平安散一瓶二两。

驻防哈密总兵官吕瀚：各色锭子药一小匣，平安丸三十丸，人马平安散一瓶一两。

哈密等处官兵：各色锭子药二大匣，平安丸一千九，人马平安散一斤，紫金锭、盐水锭各三斤。①

文献中还有许多类似的记载，可以看出清廷会根据官兵的等级、出战或驻扎地方，分发不同的药品及药材。除了由清廷分发药品外，若军营中需要药品，军中大员向清廷请旨也可得到药品。《军需则例》规定："凡军营需用药料，军营大臣查明应用药物名色，一面开单行文内地办解，一面咨部，该督抚等即行饬属采办解往。将采办药料名目、价值，据实造报户部，由户部札行太医院，查明价值是否相符，报部以备报销时核对办理。"② 那么清朝军队中医生又是如何配置的？

档案记载虽不多，但梳理后发现，清廷西北军营中配有医生。例如，雍正三年（1725）《靖逆将军富宁安奏报赏赐官兵及家属银两详情折》中就记载有一名"蒙古大夫执事人"和一名"太医院吏目"随西路军驻扎在巴里坤。③ 乾隆元年的一份档案中有更为详细的记载：

---

① 《[军机处]赏给西北两路军营官兵药物清单》（乾隆十八年），具体日期不详，中国第一历史档案馆编《清代新疆满文档案汇编》第8册，广西师范大学出版社，第432页。药单系汉文。
② 《军需则例》卷七，清乾隆刻本。
③ 《靖逆将军富宁安奏报赏赐官兵及家属银两详情折》（雍正三年五月十六日），中国第一历史档案馆译编《雍正朝满文朱批奏折全译》，黄山书社，1998，第1131~1133页。

窃查巴尔库尔（即巴里坤）官兵今已奉旨全撤，其军营效力之文武官弁等自应俱行带回。臣等将伊等在营行走，俟进口时咨呈署大将军臣查郎阿，酌量给咨赴部外。至于雍正十三年九月内换班到营之太医院吏目崔生伟、甘仁、姚韶，雍正九年六月内到营效力之刘裕铎等，随营行走，调理官兵，俱属勤慎。查雍正七年出征遣派医员，原因大兵远出，蒙世宗宪皇帝轸念官兵至意，故令派遣随营，以资调理。今大兵既经全撤，自当一同带回。但案查雍正十三年五月初二日准办理军机处咨，据太医院呈称，雍正十三年二月二十二日院使钱斗保面奉谕旨：现在军营大夫着换班，尔等议派大夫或有情愿去的，或二年三年一换，照旧例请旨。其换回大夫该议叙着议叙。再，贺孟、刘裕铎，尔等另奏请旨。钦此。钦遵。臣等查得西北二路随营医员共有十五人，谨遵恩旨，应派十五员前往换班。①

从档案记载可以看到，雍正七年、雍正九年、雍正十三年太医院均派出医员随营。至乾隆元年（1736），"随营医员共有十五人"。

再如，乾隆元年（1736）的档案《奏为随营太医院吏目崔生伟俟哈密贝子额敏病好后再行料理起身回京事》② 中记载军营中有随营的"太医院吏目崔生伟"。又如，乾隆二十年（1755）九月《驻巴里坤办事都统策楞等奏杜尔伯特郡王车凌孟克在军营患重病折》中记载：

---

① 《镇安将军常赉等为兵马全撤随营医员是否撤留事奏折》（乾隆元年四月二十二日），载哈恩忠《乾隆朝太医院事务档案（上）》，《历史档案》2021年第4期。
② 镇安将军常赉：《奏为随营太医院吏目崔生伟俟哈密贝子额敏病好后再行料理起身回京事》（乾隆元年六月二十七日），中国第一历史档案馆藏，档案号：04-01-12-0003-035。

第四章 自然资源的开发与管理

奴才（策楞、僧额）等前来巴里坤以后，于巡查地方之时，杜尔伯特郡王车凌孟克自军营返回，因身体不好、马力疲惫之故，即言暂且稍加歇息后继续启程，便于巴里坤北面住下。顷据车凌孟克遣其侍卫前来告称：我王之病情，现已逐渐加重，请烦给派能治病之人可也。等语。奴才等即亲自前去探望，又通报将军永昌告称：请烦派出医师侯玉（heo ioi）前来，此人患得伤寒病，乃系年高体虚之人，病情甚重。①

杜尔伯特郡王车凌孟克生病后派人求医，策楞通报将军永昌"请烦派出医师侯玉前来"，可见军中是有医生的，但人数应不多。

那么军中的医生是如何配给的？从文献记载来看，一般是由驻扎在军营中的办事大员根据需要向清廷请旨。例如，乾隆二十年（1755）十一月上奏的《定西将军策楞奏饬令诺尔布林沁率兵赴西路时一并带来正骨医生片》中记载：

奴才（定西将军策楞）奉旨征调正骨大夫②，后因进兵之故，噶勒藏多尔济（g'aldzang dorji）现今尚未到来。又听闻诺尔布林沁（norburincin）游牧之内现有正骨医生，奴才等即行咨行诺尔布林沁，请烦伊于领来兵丁之时，（将医生）一同领来可也。③

---

① 《驻巴里坤办事都统策楞等奏杜尔伯特郡王车凌孟克在军营患重病折》（乾隆二十年九月初十日），中国第一历史档案馆编《清代新疆满文档案汇编》第13册，广西师范大学出版社，2012，第5页。
② 原文为 jada jafame bahanara niyalma，直译为"会推拿疾病的人"，jada 一词似为标准满语中 jadagan/jadaha 一词的方言或口语用法。
③ 《定西将军策楞奏饬令诺尔布林沁率兵赴西路时一并带来正骨医生片》（乾隆二十年十一月二十七日），中国第一历史档案馆编《清代新疆满文档案汇编》第14册，广西师范大学出版社，2012，第174页。

定西将军策楞经过清廷的允许征调了"正骨大夫",但因为进兵,先前议定的人选"噶勒藏多尔济"没有按约抵达,又从诺尔布林沁处征调,前赴军营。

清朝有向军营派遣医生的规定,每处军营只有1~2名医生,经过挑选赴军营的医生,清廷会发放报酬以及安家费、路费。例如,档案《奏为乌鲁木齐地方官兵就医请甘肃派医并需用药材随带发往事》载:

> 乾隆二十五年三月初三日奉上谕,据安泰等奏称现今乌鲁木齐地方共有官兵四五千人不能保无疾病,请颁赏药丸、锭子药外,由甘肃选派良医并各色药材一并送往等语,着照安泰所请自内库颁赏丸药、锭子药一份外,仍交吴达善在甘省挑选良医二人,将彼处应用药材一并带往前赴乌鲁木齐……兰州为省会之区,学习医理者视肃地尚多……遴选明练医生二人援照从前挑取军营医生分例,将岁需劳金及安家路费等项一并给发……①

乌鲁木齐处有官兵四五千人,安泰等人奏请颁赏药品、药材和两位医生,2000~2500名官兵配给一位医生。

巴里坤常年有清军重兵驻扎,军中有医生,且松树塘一带盛产松树,因此发明了药用"松膏",又叫"松龄膏"。清人沈青崖②的

---

① 办理陕甘总督事管甘肃巡抚吴达善:《奏为乌鲁木齐地方官兵就医请甘肃派医并需用药材随带发往事》(乾隆二十五年三月二十二日),中国第一历史档案馆藏,档案号:04-01-01-0241-008。
② 沈德潜编《清诗别裁集》载:"沈青崖,字艮思,浙江秀水人。雍正癸卯举人,官至开归道。家艮思以监司任军储,有掎撼之者,系狱几数年,上知其冤,释之,仍官监司,以议论正直为大吏弹劾,复去官,始终以不善诣曲被祸者也。在狱时,著有五经明辨录、纲目尚论编,多前人未发及正前人缺略者。"参见沈德潜编《清诗别裁集》,上海古籍出版社,2013,第1099页。

《南山松歌》中对这一发现有如下记载:

军中医院,推察药性,采皮熬汁成膏,号曰"松龄",以贻同志,因歌以纪之。
南山松百里阴翳车师东,参天拔地如虬龙。
合抱岂止数十围,拜爵已受千年封。
其间最古之老树,或曾阅历汉唐平西戎。
山椒据险筑营垒,牧夫樵采孙枝空。
金戈铁马恣蹂躏,燎原不尽仍青葱。
茯苓蟠其根,苍鼠游其丛。
鳞甲裹层冰,柯条撼朔风。
王师十万征西域,伊吾直走阳关通。
中材相度构广厦,大材臃肿莫可攻。
剥取霜皮厚三尺,花纹绣蚀胭脂红。
宋斤鲁削成异彩,军城制作几筵供。
下余木屑香且艳,清泉乱拂霞光浓。
更调乳酥入穹帐,臭味竟与团茶同。
养荣益胃滋藏府,服食常觉精神融。
玉华金液任君饵,愿蹑鹿皮仇季之仙踪。①

在这首诗歌中,作者交代了"松膏"的研制过程,指明是军中医务者考察药性,用松树皮熬制成"松龄"。松膏与乳酥调制,香气类似于茶,具有滋养内脏以及提神作用。

《新疆图志》中也有巴里坤松树塘松林及此处医者制成"松膏"的记载:

---

① 和宁:《三州辑略》卷八,成文出版社,1968,第304页。

南北高山深谷，乔条杂出，灌莽丛生，实兼有炎寒三带之产。其间沙卤薮泽，牧厂居十之五六，天然林木居十之九，人力经营者十之一。镇西、哈密间，南山之麓，东起松树塘，西抵黑沟山，松阴蔚亘二百里，红肌细理，中棺椁才。医者采皮熬汁成膏，号曰松龄。①

《西陲纪略》中有不一样的记载：

巴里坤南山老松，高数十寻，大可百围。盖数千载未见斧斤物也，其皮之厚者尺许。向有携以入内地者，特以罕觐示奇，然未知主治，置之茶肆中。肆者杂入茶内，饰色而售。邻媪弱病久不愈，日买茶而饮焉，未几病如失。询之肆者，具以实告，于是知松皮之为功懋矣。帅府令人就山斫而炼为膏，凡皮一车，可得膏一盏。费工力一昼夜，需薪无算。医院刘裕铎、邵正文参定主治十二症，刊而布之。大要皆治血症，而于妇人为尤宜。然性最热，用可数分耳。②

此文献中虽记载松膏产自巴里坤，但对其产生的方式有不同的记载，指出松树皮被人从巴里坤带入内地，混入茶叶中售卖，意外发现有药用功效。"帅府令人就山斫而炼为膏"，"医院刘裕铎、邵正文参定主治十二症，刊而布之"，主要治血症。《新疆图志》还记载食用

---

① 王树枏等纂修，朱玉麒等整理《新疆图志》卷二八，上海古籍出版社，2015，第547页。
② 王树枏等纂修，朱玉麒等整理《新疆图志》卷六一，上海古籍出版社，2015，第1093页。《三州辑略·艺文志》中有相同记载。

第四章　自然资源的开发与管理

松膏可长寿,"其树多古松,煎膏食之,令人长寿"。①

虽然两处记载略有不同,但都指出松膏产自巴里坤,并由巴里坤传入内地,在松膏的制取过程中都有军队的加持。

药品及药方在清朝一直是皇家持有的机要。在新疆满文档案中,虽有很多皇帝赏赐给官兵药品的折子,但多为"锭子药""平安丸""平安散"等药品,或语焉不详,只以"药品"代替,没有细节的描写。

但满文档案中有很多外藩向清廷求药方、药材的记载。对此,清廷视关系远近、往来需要会给予一部分,这些档案一般会附有清单,可以查阅当时流行于民间的一些常用药品。例如,乾隆二十八年(1763)浩罕使臣请旨赏给内地的药材和药方,其中有详细的药品名称:

> 适才我们派出的使者托木齐图(tomcitu)、奈库纳(naikūna)等人返回,回复称你感到我们内地的药很神奇,外藩不易得到。请求几种药材并书写了名单交于使者带回。我方上奏,大皇帝施恩赏药,于我处办理之回子药,一并放于匣内,均交于使者巴巴西克(babasik)带回。药名、数量一并列单送去。着好生收着。
>
> 大皇帝所赏内地之药:
> 各种锭子药一匣;
> 平安丸一百颗;
> 人马平安散一瓶四两;
> 眼药三瓶,每瓶二两;
> 各种膏药三百贴,共计五种;

---

① 王树枬等纂修,朱玉麒等整理《新疆图志》卷六一,上海古籍出版社,2015,第1092页。

药方一十二张，绑紧放置于一箱中。

回子处所产黑帕勒琵（sahaliyan parpii）五两，白帕勒琵（šanyan parpii）五两，尼禄颇尔（niluper）五两，熟额里列（eliliye）五两，楚布齐尼（cub cini）五两，马米兰齐尼（mamiran cini）五两，共计六种，这些捆紧，放于一箱。①

上引清单除了一些常见的药品外，还有"眼药"、"各种膏药"以及一些回药。

清朝文献中对药材、药方的记载相对较少，特别是"军中医疗"方面，巴里坤松膏是清朝驻防军队对地方特色物产的开发与应用，对地方医药的发展做出贡献。

第二节　铅矿的发现与禁采

矿业深刻地影响着清王朝的货币与军器制造，以及西部民族地区的开发，成为康乾盛世的表征之一。当时矿业的成就主要表现在铜与铅的开采和冶炼上。② 在清代经济史的研究中，矿业是一个非常薄弱的环节，这与当时矿业的兴旺及其对国家的重要影响不相称。

清朝初年，出于"惩前代矿税之害与矿徒之忧"，对矿业施行严格的封禁政策。到康熙朝，这一政策逐渐松动，允许开采铜矿、铅矿，同时还对民人开放。有学者研究，康熙年间矿政虽然严格，但实

---

① 《喀什噶尔参赞大臣永贵等奏报浩罕使臣巴巴西克等带回赏赐药品折（附札付药单2件）》（乾隆二十八年八月初八日），中国第一历史档案馆编《清代新疆满文档案汇编》第64册，广西师范大学出版社，2012，第141~142页。
② 温春来：《清前期贵州大定府铅的产量与运销》，《清史研究》2007年第2期。

际开采的数量已增加六七倍之多，可以说清代矿厂中的20%是在康熙朝开采的。至乾隆朝，矿业有了很大的发展，清朝矿厂的50%是在乾隆朝建立的。①

乾隆朝平定西域后，在库车附近开采硝磺，补充军需火药。"库车附近既产硝磺，较之内地运送，更属近便，看来阿克苏等处或有出产，亦未可定，可传谕舒赫德、杨应琚留心查勘采取，以备军需。"②此外，和阗有金矿，叶尔羌有铜矿、铅矿，阿克苏有铜矿，哈密有煤矿，伊犁有铅矿等。

关于巴里坤地区矿产，《新疆图志》中记载："镇西李同知晋年，疏陈矿工利速，宜先兴；垦牧利迟，宜继起。皆能持之有故，言之成理。而独于矿业又详，其治板房沟、楼房沟、西黑沟、冰沟，矿石皆含金星，双峰山之矿产铜甚佳。惟都兰哈喇一处，矿苗极旺，莫识谁何。凡此矿质，均经呈验。惜矿学未治，化分维艰，虽以土法试办，究属费多功少。现正延访矿师，亟图采办云。"③ 指出"矿工利速，宜先兴；垦牧利迟，宜继起"的发展路径，以及矿产的分布，但巴里坤矿业的具体发展情况未详细记载。笔者从满文档案中收集了一些巴里坤矿产开发的细节资料。

巴里坤除产铜、产金外，还有铅矿。满文档案《乌鲁木齐都统永铎奏报巴里坤缉拿私自挖铅之人折》中记载商民张岳在巴里坤东北方向山里产铅处私自招募商人开挖，被政府缉拿，其中介绍了一些巴里坤的铅矿情况：

巴里坤东北方向产铅之黑山（hei šan sere alin），距巴里坤

---

① 参见高王凌《关于清代矿政的几个问题》，《清史研究》1993年第1期。
② 《清高宗实录》卷六六〇，乾隆二十四年十一月庚戌条。
③ 王树枏等纂修，朱玉麒等整理《新疆图志》卷一一七，上海古籍出版社，2015，第2175页。

七百余里，现在大约聚集六七百人，设立熔炉，挖铅冶炼。遇到彼处所居一名叫巴雅尔（bayar）的蒙古人，问之，曰产铅之地名为多伦哈伦（dolon halun），距东北部大雪山三百余里，是札萨克图汗（jasaktu han'）之属地；距西北白达克山（wargi amargi baidak alin）二百余里，为土尔扈特王舍楞（turgūt wang šereng）之属地；又东南二百余里处有名为呗条湖（bei tiyao hū）之地，彼处住着一户宜禾县属民种地，或为宜禾县所属，或为蒙古之地，不得而知。

将商民张岳交付宜禾县看守，审问其真实口供。现详查，当地聚集了几百人，是否可以下令捉拿，为此来报。

奴才细思，商民张岳在黑山恣意招徕商民挖铅，派人与张岳一起去查看，已经聚集数百人立炉挖铅熔炼，完全没有法度，十分可恨。不仅如此，在蒙古人所居近处彼此生事断不能避免，将张岳严加看守审讯外，应将这些人立即缉拿，从重办理。奴才立即交付巴里坤总兵霍伦（horon）酌情带兵，务必全部捉拿。①

《清前期贵州大定府铅的产量与运销》一文中指出："明代的矿禁政策，在清初虽仍有所延续，但弛禁的观点越来越占据了主导地位，矿业在论争中获得了较大发展。至乾隆继位后不久，禁止开矿的观点几乎不再有市场。"②但巴里坤处的铅矿在乾隆朝一直未得到正式开采，直至嘉庆朝亦是。

此案中，乌鲁木齐都统永铎之所以主张捉拿张岳等人并从重处

---

① 《乌鲁木齐都统永铎奏报巴里坤缉拿私自挖铅之人折》（乾隆五十一年十一月初七日），中国第一历史档案馆编《清代新疆满文档案汇编》第175册，广西师范大学出版社，2012，第381~382页。
② 温春来：《清前期贵州大定府铅的产量与运销》，《清史研究》2007年第2期。

置，是因为私挖以及怕与蒙古人生事。在乾隆皇帝写给乌鲁木齐都统永铎的信件中再次阐述了巴里坤铅矿应禁止开采的原因。"此等产铅、金之处，贫困之人妄加图利，盗挖而行者，乃亦有之事，虽应缉拿，却应派贤能之员，查明后于不被发觉之时缉拿也。"因产铅之地黑山在巴里坤与蒙古接壤处，"断不可亦照此声张作势，以致众蒙古人闻后疑惧"。① 乾隆下令每年在此巡查，捉拿私挖铅矿之人，"永铎、保泰二方各派官兵，相互约定，即如会哨，前往两边交界地带，详加搜查、妥善清除外，嗣后，作为定例，每年三月一次，派官兵会哨搜查"。② 从中可以看出，清廷禁止巴里坤民人开采铅矿的主要原因还是出于地方稳定的考虑。

此外，商民张岳能聚集几百人在巴里坤开采铅矿也从侧面反映出巴里坤社会经济发展的情况，即移民社会渐次发展，吸引了商人前来做生意和开发。

第三节　地方生态问题

巴里坤草场条件优越，但随着驻军及屯牧的开展，草场问题逐渐显现。康熙五十六年（1717），富宁安率兵"抵达巴里坤看得，原营地周围牧场虽破坏，而在四五十里外放牧满洲、绿营官兵之马匹"。③

---

① 《寄谕乌鲁木齐都统永铎等着切勿声张缉拿偷盗铅矿之贼》（乾隆五十一年十一月二十八日），中国第一历史档案馆编《乾隆朝满文寄信档译编》第 19 册，岳麓书社，2011，第 555 页。
② 《寄谕科布多参赞大臣海宁等着嗣后每年三月派兵会哨铅矿》（乾隆五十一年十二月二十一日），中国第一历史档案馆编《乾隆朝满文寄信档译编》第 19 册，岳麓书社，2011，第 562 页。
③ 《吏部尚书富宁安奏报巴里坤等处军营情形折》（康熙五十六年正月二十六日），中国第一历史档案馆编译《康熙朝满文朱批奏折全译》，中国社会科学出版社，1996，第 1168 页。

清廷历次解送至巴里坤的羊、骆驼、马等牲畜数以万计，超过草场的承载力，引发过牧等问题。康熙五十八年（1719），富宁安因巴里坤草场牧养牲畜过多，拒绝接受自喀尔喀地方解送的五万只羊：

> 接靖逆将军富宁安咨行奴才（按：扬威将军傅尔丹）等书称：我等具奏，从将军傅尔丹等处尚未解送之五万只羊，理应依议政处所议解送巴里坤备用。惟马畜俱赖牧场。巴里坤地方虽有广阔丰茂牧场，而今巴里坤满、蒙、绿营官兵之马畜甚多，且副都统英柱率来之二千兵，不久抵至巴里坤。现接收羊二万余只亦于巴里坤地方牧放。今倘若将阿尔泰路尚未解来之羊五万只复解至，则畜甚多，而羊踏过牧草马又不食，牧场稍紧迫……富宁安我会同满、蒙、绿营大臣等亦共议，倘有机会，即有应行之处，现解至之二万余只羊，及所积米，酌情拴带，行走亦不至耽搁。故臣等请将阿尔泰路尚未解送五万只羊，既然尚未自喀尔喀启程，现停解送，仍照常留于喀尔喀地方牧放，接来年大举进伐谕旨，视咨文解送可也。①

富宁安陈述了巴里坤"人多""马畜甚多""羊踏过牧草马又不食，牧场稍紧迫"等情况，不仅体现出巴里坤作为清军屯扎之地的"繁盛"，又反映出人、畜、地之间的矛盾。而随着大军的挺进，地方得到发展的同时，原生态环境也遭到了一定程度的破坏。例如，清廷问罪西安将军席柱，他的罪行中就有破坏水草导致马畜倒毙之罪："身为将军，统兵出征，运送米粮，饲养马畜等事甚为紧要。征噶尔

---

① 《议政大臣海靳等奏为羊只尚未解送汛地折》（康熙五十八年五月十九日），中国第一历史档案馆编译《康熙朝满文朱批奏折全译》，中国社会科学出版社，1996，第1396页。

第四章　自然资源的开发与管理

丹时，皇上亲统大军由中路进发，一面牧放马畜于水草，一面节省水草，留给后队人马，故兵丁未受劳苦，马畜未伤损，于输运事宜，亦大有裨益。尔为统兵出征将军，而不考虑此等事宜，沿途水草被践踏，如同放火，寸草无存，故马畜倒毙甚多。"① 虽然清廷注意到生态平衡问题，但牧放还是造成了一些不良影响。

除了草场的过牧外，还有过度砍伐木材的问题。巴里坤处先是驻扎了大量兵丁，后来又迁移兵丁家眷、招徕民户等，人口日渐繁盛，而本地不产煤，因此兵民多砍伐树木用作燃料，破坏植被。例如，嘉庆十一年（1806）五月，乌鲁木齐都统上奏：

> 巴里坤地方尚不出产煤炭，兵民俱伐柴薪以资炊烟。城东北一带，地势低洼，湖边树木，砍伐殆尽。近年兵民砍伐木根，渐出坑坎，加以积雪滋侵，碱潮透甚，所有墙根俱已颓坏。②

由于很多树木连带树根被砍伐，植被大面积破坏，地面渐出坑坎，加上盐碱的侵蚀，继而影响了巴里坤城墙的墙体。

清朝统治稳定之后，特别是康乾盛世时期施行了宽松的人口政策，人口数量猛增。据统计，至嘉庆二十五年（1820），全国人口已达3.5亿人，道光十四年（1834）更是达4亿人。③ 人口的激增势必带来一系列问题，如人均耕地减少、生态环境破坏等。对于伐林垦山

---

① 《议政大臣苏努等奏报席柱等贻误军务案情折》（康熙五十五年七月三十日），中国第一历史档案馆编译《康熙朝满文朱批奏折全译》，中国社会科学出版社，1996，第1132页。
② 乌鲁木齐都统奇臣：《奏请动项修葺巴里坤等城垣事》（嘉庆十一年五月二十一日），中国第一历史档案馆藏，档案号：03-2148-025。
③ 何炳棣：《明初以降人口及其相关问题（1368~1953）》，葛剑雄译，生活·读书·新知三联书店，2000，第329~330页。

145

等造成的生态破坏等严重后果，时人已有所认识，官方也曾出台各项禁令。前文笔者对巴里坤的屯田环境进行了讨论，分析了史料中环境书写前后反差较大的原因。对清朝巴里坤生态环境的研究是有意义的，但因目前史料的局限，未能深入展开。

第五章　日常与文化

构成巴里坤移民社会的群体主要有八旗驻防官兵及其家眷、绿营官兵及其家眷、普通民人、商人等，若按清朝的户籍划分，有军户、民户、商户等群体。

费孝通在《乡土中国》一书中提出了"差序格局"这一概念来阐述中国传统社会中社会关系的特点，并指出这种社会关系的基础是血缘关系和地缘关系。费孝通的理论在清代巴里坤社会中也有生动的体现。

巴里坤是清代较为典型的移民社会，清廷如何管理和引导巴里坤不同的移民群体在新的地域中互相认同、融合、共同生活也是值得关注的地方。本章聚焦清前中期巴里坤民众的日常生活，梳理档案所载移民社会生活的细节，特别是刑科案件反映的家庭关系、亲戚关系、乡里关系、移民关系等主要社会关系。

第一节　营生方式及分布

通过招徕商民屯田营生、移驻绿营八旗等方式，巴里坤的人口逐渐充实。清廷自乾隆二十六年（1761）开始招募大量移民前赴新疆，主要目的是不使"垦熟地亩坐致荒废"，同时"无业流民量为迁移",则"垦辟愈广,内地既可稍减食指之繁"。① 因此,经清廷批准前往巴里坤落籍生活的移民群体的主要营生方式是屯垦。巴里坤首次批准认垦是在乾隆二十六年(1761)十二月,商民王玉美等67人认垦土地3700余亩,"愿照水田六年升科之例,届期交纳额粮"。②

乾隆二十七年(1762),绿营官兵携眷移驻,居巴里坤汉城,其中右营负责屯牧,有屯兵500名。

乾隆三十八年(1773),八旗驻防官兵携眷驻扎,居巴里坤满城,主要以差操、训练为主。

笔者梳理了文献中记载的各处民人、遣犯迁移至巴里坤的时间、形式、地点等信息(见表5-1),进而分析巴里坤移民群体的分布。

《清实录》等官方史料中有多处记载乾隆朝平定西域后巴里坤民户日繁的图景。例如,乾隆三十年十一月陕甘总督杨应琚奏称:

> 巴里坤附近田地渐辟,迤西四十余里之花庄,抵尖山卡座,沃衍二十余里,黑沟之水,足资灌溉,旧渠漏沙处俱经修整,并开新渠一道,由旧渠上流抵尖山栅口,长三十里,傍山地尽可耕,认垦者闻风趋赴,自二十六年至今,共垦地三万八千余亩。③

---

① 《着陕甘总督杨应琚妥议招募甘肃贫民赴新疆屯垦事上谕》(乾隆二十六年八月初五日),载中国第一历史档案馆《乾隆年间徙民屯垦新疆史料》,《历史档案》2002年第3期,第9页。
② 《陕甘总督杨应琚为报巴里坤商民初次认垦地亩数目事奏折》(乾隆二十六年十二月二十六日),载中国第一历史档案馆《乾隆年间徙民屯垦新疆史料》,《历史档案》2002年第3期,第12页。
③ 《清高宗实录》卷七四八,乾隆三十年十一月丙子条。

第五章 日常与文化

表 5-1 巴里坤移民群体人数与分布情况

姓名/数量	户籍	形式	时间	认垦数量	平均认垦	地点	备注	数据来源
王王美等67人	商户	主动认垦	乾隆二十六年	3700余亩	人均56.9亩	近水易于引灌之地	六年升科	陕甘总督杨应琚为报巴里坤商民初次认垦地亩数目事奏折
90余户	敦煌等县民户	官方招募	乾隆二十九年	—	—	巴里坤北山	—	陕甘总督杨应琚为招募敦煌民人赴巴里坤屯垦事奏折
182户,657口	安西府属民户	招募	乾隆二十九年	10000余亩	人均15.2亩,户均54.9亩	三道河迤南,商民认垦地亩之西	按限升科	陕甘总督杨应琚为报商民认垦地亩及废员队文板等协助巴里坤户民开渠事奏折
—	商民*	认垦	乾隆二十九至三十年	15890余亩	—	三道河上游	—	陕甘总督杨应琚为报商民认垦地亩及废员队文板等协助巴里坤户民开渠事奏折
吴加隆等7户,33口	湖北武昌府属马迹岭地方	官方强制迁移**	乾隆二十九年	210亩	户均30亩	荒地	六年起科	陕甘总督吴达善为遵旨将湖北马迹岭吴姓族人分徙新疆巴里坤等处屯垦事奏折
户民100余名	民户	—	乾隆三十年	开垦12000余亩,其中花庄一带6300亩	户均120亩	巴里坤迤西花庄一带(按:南山附近)及本城附近并三道河等处	本城附近三道河等处开垦地亩,连岁均获丰收;花庄一带连年收成歉薄,免除升科	陕甘总督明山为报巴里坤大墩地亩试种有收及开渠灌溉事奏折

149

续表

姓名/数量	户籍	形式	时间	认垦数量	平均认垦	地点	备注	数据来源
民人30户	民户	—	乾隆三十四年	开垦3000亩	户均100亩	巴里坤城西附近之大墩地方	限年升科	陕甘总督明山为报巴里坤大墩地亩试种有收及开渠灌溉事奏折
民人30户	民户	—	乾隆四十年	开垦3000亩	户均100亩	新设宜禾县西大墩地方	—	《清高宗实录》卷九八四
回民马世友等	民户	认垦	乾隆四十年	420亩	—	—	—	《清高宗实录》卷九七九
哈密屯田为民遣犯	遣犯	安插	乾隆四十三年	90亩	—	—	—	《三州辑略》卷三
1户	民户	投靠亲属	乾隆四十四年	—	—	—	—	乌鲁木齐都统奏诺穆策凌为报安插内地办送户民各事奏折
哈密为民遣犯	遣犯	安插	乾隆四十四年	90亩	—	—	—	《三州辑略》卷三
安南移民33口	厂徒	安插	乾隆四十五年	2顷40亩	人均30亩	—	—	署乌鲁木齐都统奏庆永奏在乌鲁木齐所属宜禾奇台二县安插厂徒并拨给地亩农具籽种等情折
武威永昌户民	民户	安插	乾隆四十六年	9顷42亩	—	—	—	《三州辑略》卷三
—	商民	认垦	乾隆五十四年	6顷	—	—	—	《三州辑略》卷三

第五章 日常与文化

续表

姓名/数量	户籍	形式	时间	认垦数量	平均认垦	地点	备注	数据来源
—	商民	认垦	乾隆五十五年	1顷90亩	—	—	—	《三州辑略》卷三

注：* 此处商民未载姓名。

** 《陕甘总督吴达善为遵旨将湖北马迹岭吴姓族人分徙新疆等处屯垦事奏折》载："从前湖北武昌府属马迹岭地方，有吴姓一族，盘踞为匪，曾经降旨，令将该族分徙安西、瓜州、巴里坤，乌鲁木齐。"

*** 这33口移驻时并未携带家眷，每人30亩，相当每户30亩。

资料来源：中国第一历史档案馆：《乾隆年间徙民屯垦新疆史料》，《历史档案》2002年第3期，第12~30页；《清高宗实录》卷九八四，乾隆四十年六月己卯条；《清高宗实录》卷九七九，乾隆四十年三月癸酉条；和宁：《三州辑略》卷三，成文出版社，1968，第111页；中国第一历史档案馆编《清代新疆满文档案汇编》第129册，广西师范大学出版社，2012，第197页。

151

再如，乾隆三十一年八月署陕甘总督刑部尚书舒赫德奏称：

> 巴里坤地方，土田日辟，民户日繁，仅设同知办理粮饷，照料难周，请裁事简之平番县镇羌巡检，改为巴里坤巡检。①

在"土田日辟，民户日繁"的情况下，清廷进行了有序的划分。"户民认垦地亩，应均匀丈拨，请用巴里坤同知衙门部颁步弓，丈准地亩，引绳画界，每三十亩为一户，书花名于木筹，随手取筹拨给，其附近庄堡空阙余地亦匀拨俾作场圃"②，每一户分给土地30亩。例如，乾隆二十九年"安插"的吴加隆等7户，每户给地30亩；③乾隆四十年（1775），"巴里坤属奇台地方，招来民人三百户，认垦地九千亩"④，每户30亩。乾隆四十一年（1776）六月"安插"安南民人时也是每户给地30亩。

商户、民户认垦和生活的地方主要集中在巴里坤北山，三道河以南，巴里坤以西花庄一带，巴里坤城附近并三道河、西大墩等处。乾隆二十四年《巴里坤办事大臣清馥等奏查看巴里坤屯田兵丁新垦地亩情形折》中记载，巴里坤绿营屯兵种植地亩主要集中在奎素、破城子一带，有2万余亩。⑤ 这一区域也是康雍年间兵屯分布的主要区域，《清高宗实录》载："陕甘总督黄廷桂奏，查雍正年间，巴里坤驻扎大臣时，奎素、石人子、巴里坤至尖山一带地亩，俱经开垦。"⑥

---

① 《清高宗实录》卷七六六，乾隆三十一年八月己酉条。
② 《清高宗实录》卷七七五，乾隆三十一年十二月乙丑条。
③ 《清高宗实录》卷八五二，乾隆三十五年二月己酉条。
④ 《清高宗实录》卷九八二，乾隆四十年五月戊午条。
⑤ 《巴里坤办事大臣清馥等奏查看巴里坤屯田兵丁新垦地亩情形折》（乾隆二十四年五月二十三日），中国第一历史档案馆编《清代新疆满文档案汇编》第38册，广西师范大学出版社，2012，第258~259页。
⑥ 《清高宗实录》卷五四八，乾隆二十二年十月庚午条。

第五章　日常与文化

此外，根据文献记载，绿营屯田兵携带家眷，在屯田处居住，可以推断出绿营屯兵主要分布在巴里坤奎素、石人子一带。

综上，可以看出巴里坤各社会群体的大致分布：八旗驻防官兵携带家眷居住于巴里坤会宁满城；绿营驻防官兵携带家眷等住在巴里坤汉城，其中屯田兵携带家眷居住于奎素、石人子一带屯田区；商户、民户认垦的地亩主要分布在巴里坤北山，三道河以南，巴里坤以西花庄一带，巴里坤城附近并三道河、西大墩等处。发展至光绪朝，巴里坤已经形成了以身份、宗族、地缘等为区别的居住格局。《新疆四道志》记载，巴里坤"所辖村庄，分东、南、西、北四乡，另有满、汉营屯及民垦村庄。"东乡有：大泉西沟庄、大泉东沟庄、大黑沟庄、小黑沟庄、石人子庄、拱拜尔庄、三县户庄、奎素庄、李家沟庄、二十里水庄、松树塘庄、沙山子庄、柳沟庄、庙尔沟庄、板房沟庄、楼房沟庄。北乡有：大河沿庄、三渠庄、四渠庄、大有庄、武威户庄即三十四户庄、商户庄、东敦煌庄、西敦煌庄、玉门庄、延安堡庄、红旗沟庄、二道柳沟庄、察罕昌吉庄、三塘湖庄。西乡有：西园子庄、西大墩庄、玉塘湖庄、挑户庄、西泉庄、大红柳峡庄、花儿刺庄、西柳庄、小红柳峡庄、菜子地庄。南乡有：苏吉庄、西四墩庄。①

第二节　微观视野下的社会和民众

清朝统一新疆后，大量内地军民前往巴里坤，社会发展迅速。《清高宗实录》记载："近来生息增繁，兵民子弟，敦书讲射，渐已蔚然可观……自平定西陲已来，关外耕屯日辟，商旅往来，生聚滋繁，久已共安作息，其秀民并知蒸蒸向化，弦诵相闻，渐成乐土。"②

---

① 李德龙校注《〈新疆四道志〉校注》，中央民族大学出版社，2014，第73~74页。
② 《清高宗实录》卷九二六，乾隆三十八年二月癸亥条。

清代满文档案中保存了较多有关巴里坤的内容，尤其是刑科档案，但内容相对独立而又零碎，多为不尽完整而又微观的历史片段，但我们仍能通过一份份档案记载管窥这片"乐土"上民众的生活日常。

驻扎在巴里坤的有镇西府知府、宜禾县知县、巴里坤领队大臣、巴里坤总兵等，分别是府县体系、八旗和绿营驻防体系中的地方长官，治理一方。前文已经论述过驻防体系并不能插手地方民事，所以巴里坤日常事务主要是由知府、知县以及基层社会的乡约等处理。设立宜禾县之前，巴里坤主管地方事务的主要是巴里坤县丞，多由汉员出任；镇西厅设立后新设的宜禾县知县多由满员出任，有时会由镇西府知府（满员）兼摄，有时也由汉人署理。

清廷多次强调边疆官吏"非内地可比"，强调这一群体的特殊性。清廷重视对官民矛盾的处理，发现官员不当行为，多严加处理。乾隆二十五年（1760）巴里坤县丞鲍利英[①]袒护衙役鞭笞民人致死案[②]，清廷的处理就极具代表性。清廷主张"从重处理"，成为日后处理官民矛盾的参照。档案载：

  前年六月（巴里坤办事大臣）同德上奏，回子民人孙启云与其衙门之人马九相互争斗，县丞鲍利英袒护其衙门之人，将年过七旬之人用刑致死，鲍利英被交于所属部院，从严议罪。谕

[①] 《清代新疆满文档案汇编》第45册汉文题录写作"鲍利英"，第55册汉文题录写作"包利英"。笔者在翻译时按照汉文题录中的写法，也分别译作"鲍利英"和"包利英"。

[②] 《巴里坤办事大臣同德奏巴里坤县丞鲍利英袒护衙役鞭笞民人致死交部治罪折》（乾隆二十五年四月二十八日），中国第一历史档案馆编《清代新疆满文档案汇编》第45册，广西师范大学出版社，2012，第217~219页；《巴里坤办事大臣五吉等奏将失职之巴里坤县丞鲍利英罢官枷号折》（乾隆二十五年五月二十三日），中国第一历史档案馆编《清代新疆满文档案汇编》第45册，广西师范大学出版社，2012，第359~361页。

曰：鲍利英乃办理地方事务之县丞，其衙门之人与民争斗，向其控告后，理应清楚审问，秉公办理。事情未明之前，将年过七旬之孙启云掌嘴四十，又杖四十，以致死亡。由此观之，其明显偏袒衙门之人。若不从重治罪，不能为诫。着将鲍利英罢官带枷示众。期满之后，依照当地发配之名，永带枷号，留于彼处。同德奉旨，使鲍利英带枷示众，此外期满后按发配之名，永带枷号。

民人孙启云与县丞鲍利英衙门之人马九争斗，鲍利英偏袒自己衙门之人，未秉公处理，将年过七旬的孙启云掌嘴四十，又杖四十，致其死亡。乾隆皇帝下谕旨指出鲍利英明显偏袒衙门之人，"若不从重治罪，不能为诫"，将鲍利英"罢官带枷示众"，并且发配后"永带枷号，留于彼处"。乾隆皇帝的做法也成为地方查办官民矛盾的参考案例。乾隆二十七年（1762），巴里坤驿站笔帖式依三泰捆吊阿尔玛特致其死亡一案就参照了鲍利英案治罪：

> 现在永宁等奏，驿站之委署笔帖式依三泰将本驿站之回子阿尔玛特捆绑悬挂于马厩之柱，特因回子醉酒骂其之故。与县丞包利英包庇部下将年过七旬之人胡乱用刑致死案虽不能比，但毕竟依三泰先于回子阿尔玛特醉酒生事，其罪不可宽恕，将依三泰按包利英之例治罪。①

在这起冲突中，考虑到笔帖式依三泰先醉酒生事，从重处罚，按照鲍利英之例治罪。

在两起官民矛盾的处理上清廷并未偏袒属官，而是从重治罪，试

---

① 《军机处奏巴里坤驿站笔帖式依三泰捆吊回子致死应照县丞包利英案治罪片》（乾隆二十七年二月），中国第一历史档案馆编《清代新疆满文档案汇编》第55册，广西师范大学出版社，2012，第181页。

图营造良好风气，为移民社会的有序发展奠定基础。

随着治理体系不断完善，巴里坤移民社会逐渐形成且不断融合。从档案来看，家庭关系、乡里关系、移民关系、男女关系等是影响当时普通民众生活的主要社会关系。清朝的地方官员在处理各种社会关系时注重多方引导、树立典型，彰显教化，不断促进移民社会的融合。

笔者选取了几份翔实的档案，分别涉及乡里关系、亲戚关系、家庭关系，于微观处看民众的日常生活以及清廷对地方社会的治理。

在清代新疆农田水利发展中，始终存在争水矛盾。乡里关系中，民众常因争夺灌溉水源发生矛盾。清廷将巴里坤移民安置在不同的区域居住，而且耕地按移民来源、移民时间划分。例如，巴里坤"商民认垦之地皆在上游，安西户民承垦之地系在下游"，随着上游开垦地亩渐多，需水自多，"诚恐下游一时未能遍及，或致灌溉误时有妨耕作，且易启彼此纷争之渐"。为防止因争水引发冲突，地方官员便勘察地形，培高闸坝，"俟流至商民认垦地界，即由渠北分凿大渠一道，亦引流西下。俟流近安西户民承垦地界，仍与旧渠合而为一"。① 清廷平均用水，意在减少户民之间的矛盾，造福百姓。

迁往巴里坤的各处移民在抵达后，有亲属关系的移民多会聚居一处，共用院子、共同劳作等，关系密切的同时，内部也会发生矛盾。虽然按清律规定，旗人有免发配的特权，但在巴里坤移民社会中，为了调节地方民众关系、树立典型，旗人杀人后，也进行了发配。例如巴里坤镶黄旗蒙古披甲海常打死妻弟媳赫舍里氏案：

> 今年（乾隆五十九年）七月二十八日，乌鲁木齐满营署理协领玲德来报，镶黄旗蒙古披甲海常拿擀面杖将其守寡的妻弟媳

---

① 《陕甘总督杨应琚为报商民认垦地亩及废员陈文枢等协助巴里坤户民开渠事奏折》（乾隆三十年六月初四日），载中国第一历史档案馆《乾隆年间徙民屯垦新疆史料》，《历史档案》2002 年第 3 期，第 14 页。

第五章　日常与文化

头打破一事，奴才（署乌鲁木齐都统明兴）交代知州傅善、通判卡勒斌阿等人验伤来报，赫舍里氏头颅右侧木头击伤一处，长一寸四分，宽四分，皮裂血出，便立即审问。

赫舍里氏为海常之亲戚，住在同一院内，平时相处很好，并无争斗拌嘴之处。七月二十八日赫舍里氏所养之鸡，进入海常之屋内刨地。海常斥责咒骂，赫舍里氏一听，怀疑是骂她，便回骂。海常争论，赫舍里氏一怒之下，持擀面杖打海常，海常顺手夺过擀面杖，朝其头部一击，出血。海常之子苏拉福宁阿听到后，跑来劝阻，拿去擀面杖。继而赫舍里氏之小叔子披甲玉良追来查看，见其嫂之头被打破，便告于当地属官审判。

众人口供，从海常拿到约定保释书上交后，赫舍里氏照常走路，并无大碍。八月初九日，她伤处结痂处痒，自己挠破之故，风进，头、脸均肿胀，十一日死亡。奴才交付给道员荣德详审，赫舍里氏伤过了十三天，伤口处痒，自己挠破结痂处，进风而死，情况属实，并无他因。奴才明兴又带来海常及与案件相关人员一一详细审问，均如道员荣德审问一致。

据查定例，原打伤，伤轻不至死，数日后进风而死，打人者免于偿命，杖一百，发配三千里。现在海常所打赫舍里氏伤虽轻，十三日后自己挠破伤痂进风而死。虽然属实，海常作为寡妇之亲戚，为此微小不打紧之事，斗嘴打人，使人受伤毙命，毕竟犯法，若拘泥于规定，免除发配旗人，则不能树立典范，将海常重杖一百，照例发配伊犁。[①]

这起案件中有两处值得关注，一是虽因家庭琐事，赫舍里氏被姐

[①]《署乌鲁木齐都统明兴奏巴里坤镶黄蒙古旗步甲海常打人致死请发配伊犁折》（乾隆五十九年十月初四日），中国第一历史档案馆编《清代新疆满文档案汇编》第202册，广西师范大学出版社，2012，第24~25页。

夫海常打伤，但该案并没有因为亲戚关系便私了；二是打破了旗人不发配的规定，"若拘泥于规定，免除发配旗人，则不能树立典范，将海常重杖一百，照例发配伊犁"。该案的处置也反映出清廷在引导地方风气时的价值取向，营造地方有序、和谐局面的努力。

这种价值导向也体现在对普通的民人关系的处理上。例如民人赵庆刺死雇工马进元案：

> 据赵庆供，现年三十八岁，是甘州府张掖县人，于二十八年移居巴里坤宜禾县花庄子认户种地，小的与叔父赵均友同居。小的叔父去年六月病故，闰六月里小的到奇台去做买卖。到十一月内回家，二十以后常见雇工马进元往婶娘房中走动，心里有些疑心。腊月初七日那日家里没人，小的从外边进来，又撞见马进元在婶娘房内出来，见了小的他脸上一红，小的就向马进元说我婶娘是个寡居，你常往房中走动，成什么道理。小的从此疑心有奸，不如打发他走就是了。十二月十七八日，小的向婶娘说要将马进元起发了，婶娘应允。二十日合马进元算账，马进元要满年工银，婶娘将马进元骂了几句，就往厨房里去了，马进元随跟进去说，那有你骂的人，小的随后进去，见婶娘与他递眼，小的愈加疑心有奸。二十二日晚上三更时候听见婶娘房门响动，小的在窗缝内偷见马进元推门进去，小的气急就顺手将墙上挂的小刀悄悄拔出，走到婶娘房里，那时马进元已在炕上将上衣服脱了，见小的进去，他就往下扑走，小的随手在他肚子上迎戳一下，马进元跌倒在炕上，小的气愤赶去乱扎，不料婶娘扑去拦护，将婶娘误扎伤了，并不是有心要扎伤婶娘的，只求详情。①

---

① 《乌鲁木齐都统索诺木策凌奏审理巴里坤民人赵庆刺死雇工马进元误伤其婶娘一案》（乾隆四十四年五月二十一日），中国第一历史档案馆编《清代新疆满文档案汇编》第140册，广西师范大学出版社，2012，第151~152页。此供单为汉文。

第五章　日常与文化

来自甘州府张掖县的赵庆于乾隆二十八年（1763）来到巴里坤认垦屯田，落户为民，同与自己有亲戚关系的叔父赵均友同住一处。叔父过世后，发现婶娘与雇工马进元有奸情，遂杀死马进元，又伤及了婶娘。

在这起案件的审理中，清廷更关注赵庆所为是否符合伦理纲常，赵庆误伤了婶娘是量刑的关键。乌鲁木齐都统索诺木策凌判定赵庆"杖毙"，但是案件上奏后，受到乾隆皇帝的申饬，原文如下：

> 前索诺木策凌所奏，审理乌鲁木齐居民赵庆，捉住其婶与雇工通奸时误伤其婶一案，判赵庆杖毙，奏折中并未录关氏口供，且关氏背夫通奸，大义已断，赵庆将其误伤，乃如常人，罪不至死，将其重新审判后上奏！索诺木策凌接此旨意后，理应一面取得关氏实供，一面纠正重审赵庆之罪，但只取了关氏认罪口供并上奏，并未纠正赵庆之罪。索诺木策凌何以糊涂至此！着严加申饬外，令其按日前谕旨重新奏定赵庆一案。①

根据乾隆皇帝的谕旨，"关氏背夫通奸，大义已断"，赵庆误伤"罪不至死"，随后索诺木策凌又重新审理了该案：

> 按惯例晚辈不可伤长辈，但关氏忘本通奸断义，故赵庆降级、杖百，发往伊犁屯田。②

---

① 《乌鲁木齐都统索诺木策凌奏为审办赵庆误伤其婶案奉旨申饬谢恩折》（乾隆四十四年八月二十六日），中国第一历史档案馆编《清代新疆满文档案汇编》第140册，广西师范大学出版社，2012，第317~318页。
② 《乌鲁木齐都统索诺木策凌奏巴里坤民人赵庆误伤其婶发遣伊犁屯田折》（乾隆四十四年八月二十六日），中国第一历史档案馆编《清代新疆满文档案汇编》第140册，广西师范大学出版社，2012，第314~316页。

最终赵庆按律从轻发落，也是乾隆皇帝彰显教化的体现。

当时投靠同乡谋生的情况较为多见，因此很多纠纷、刑事案件多发生在熟人之间，如张义敬一案：

> 今年（乾隆四十九年）四月十八日宜禾县知县特通额报，商民张义敬将李文斌打伤致死，着尸检官查看李文斌的尸体，右鬓、脖颈等处各有木击致死伤一处。尸检官检查后禀告，此事海禄立即交代道员严加审问，现署理道员永庆审讯后上报。
>
> 罪人张义敬，甘肃省抚夷厅人，在巴里坤所属奎素地方商人张秀汝所开旅馆做工。死者李文斌，甘肃省武威县人，也在张秀汝处旅馆做工，平时并无仇怨。张秀汝、张义敬、李文斌三人一起在厨房处一铺炕上睡觉。三月初四傍晚时分，张秀汝去正房与其一位同乡聊天，张义敬先睡了，李文斌进屋要睡，见张义敬正在熟睡中，就把张义敬的被子掀开，抱着其强奸。张义敬惊醒后便骂着将其推开，李文斌又抱住不放，张义敬被激怒顺手拿起木头做的灯座，两次击打李文斌的头部，李文斌才放手，正在破口大骂间，张秀汝听到进来问。张义敬告诉情由，张秀汝便将李文斌一顿责骂，并不留情面训斥。李文斌睡下后，迷糊之中认了错。张秀汝便劝慰张义敬，并将其带至同伴王秀林之住处，告知情由后，各自睡下。李文斌因伤重，第二天毙命。
>
> 奴才带来所有与张义敬案件相关人员，一一严加审问……按律：任何强奸男子时反抗杀人案，事后所指控强奸并无实证者，仍按照设计杀害、故意杀害、斗殴杀害原办法审讯治罪。另外如果当堂对质清楚确实，另有死者当时未死之凭证，按斗殴杀害之法规降一级、杖一百，发配三千里治罪。

《大清律例》规定严惩犯有"鸡奸罪"之人，乾隆五年（1740）

第五章　日常与文化

已经将"鸡奸罪"的定刑和惩罚条例写入律例。雇主张秀汝得知李文斌意欲强奸张义敬,"便将李文斌一顿责骂,并不留情面训斥",并未及时报官,次日李文斌因伤重毙命。清廷对此案的裁决是:

> 现在李文斌生淫念,竟敢强奸他人,张义敬一时生气将李文斌伤害致死,经清楚审讯,张义敬打李文斌时,有证人在,李文斌未死时也承认强奸行为。故欲将张义敬按斗殴杀人之法,降一级、杖一百,发配伊犁。①

从这一案件可看出商民团体在意外事件发生后,首先选择调节双方关系,并没有报官,不想事态扩大。按律犯鸡奸罪是要严惩的,但张秀汝只是调节平息局面,令二人暂时分居两处,缓解情绪。再者李文斌次日即毙命,可见当时被"灯座"等重物击打时,已明显受重伤。雇主张秀汝有包庇、保护雇工的行为和不想事态扩大的心理,与前文提及的海常一案有明显的区别。

刑科档案中多见巴里坤民众日常生活的细节。刑科案件多涉及情感、财务等事项。从涉案相关人员的叙述中可以获得丰富的信息,如具体姓名、身份、来源、简单生活经历,与之相关的人、事,以及所处的社会环境。通过这些信息,他们不再是过去历史中的芸芸大众,而是鲜活而又立体的个人。例如,巴里坤骑兵披甲苏赫图杀妻案:

> 乾隆五十五年九月二十八日,宜禾县知县丰彦泰呈报,骑兵披甲苏赫图将其妻子尹氏打死,尸检人员详细检查后,尹氏右侧耳根处有一处伤,肋、腰等处有四处打伤。交署理道员文惠

---

① 《署乌鲁木齐都统图思义奏审拟巴里坤商人张义敬鸡奸杀人案折》(乾隆四十九年九月初一日),中国第一历史档案馆编《清代新疆满文档案汇编》第165册,广西师范大学出版社,2012,第58~60页。

审讯。

　　苏赫图自娶尹氏以来，已生子德苏。尹氏平时性情泼辣，公婆之前不顺从，为此苏赫图多次责备教训，却完全不改。五十五年九月十八日，苏赫图让其缝补旧衣服，尹氏竟将其扔在一边，出门而去。苏赫图抓起鞋底追上去照脸一顿打。二十日，苏赫图回家后看到，尹氏正与其母争吵拌嘴，苏赫图劝慰其母，使其母亲消气，又责骂其妻，尹氏不听，去往厨房也开始破口大骂。苏赫图追至厨房打尹氏，尹氏越发咒骂不停，苏赫图一怒之下顺手抓起木柴，朝尹氏腰、肋等处接连击打数次。苏赫图之母听到后喝止，苏赫图便停止，随后当班去了。随后其父亲回家，看见儿媳尚能说话，到了二更时分，听到尹氏呻吟之声有异样，将苏赫图从当班之中叫回，告知亲家一方后，看病救治，并未好转。第二日午时便气绝身亡。

　　按律丈夫打死妻子应处绞监候。现苏赫图打死其妻子，虽然尹氏咒骂其婆婆，但凭其母子一面之词，并无对证，故将苏赫图仍按丈夫打妻致死的法规判为绞刑，监禁狱中，秋后问斩。①

　　从案宗记载来看，首先描述了死者尹氏尸检情况，其次交代苏赫图娶妻以来的情况，"苏赫图自娶尹氏以来，已生子德苏。尹氏平时性情泼辣，公婆之前不顺从，为此苏赫图多次责备教训，却完全不改"，然后起笔记录"五十五年九月十八日"案发当日的情况，这与以往案宗直接记录案发经过不同。依清律以及当时的公序良俗，夫妻婚姻的终结遵循"七出三不去"的原则。妻子一方如有"七出"情

---

① 《乌鲁木齐都统尚安奏巴里坤满洲营披甲苏赫图打死其妻拟绞监候折》（乾隆五十六年正月二十日），中国第一历史档案馆编《清代新疆满文档案汇编》第191册，广西师范大学出版社，2012，第80~82页。

第五章　日常与文化

形，即无子、淫佚、不事舅姑、多言、盗窃、忌妒、恶疾，则夫家可以终结婚姻关系。其中"不事舅姑"主要指孝道，妻子要以长辈为尊，侍奉公婆。[①] 因此案宗记录中强调了妻子尹氏已生子德苏这一维系婚姻关系的重要因素。丈夫苏赫图描述其妻"性格泼辣""公婆之前不顺从"，意在说明妻子身份的不合格，为自己打死尹氏开脱，但清廷认为"凭其母子一面之词，并无对证"，判苏赫图为"绞刑"，秋后问斩。

阅读此类档案，可以发现清廷在处理巴里坤地方社会的矛盾冲突时，会打破一些惯例，以树立典型，在治理地方的同时也彰显教化，以促进移民社会的融合和良性发展。

第三节　驻防满营的婚姻圈

驻防八旗携眷移驻巴里坤后，居住于会宁满城，与巴里坤汉城分离。驻防八旗的子女因此相互配娶，形成了一定的族际婚姻圈，以更为稳定的社会组织形式生活在巴里坤。

档案《乌鲁木齐都统明亮奏审拟巴里坤满洲披甲白永殴毙其妻案请将署都统图思义察议折》中有三份供单，详细记录了驻防八旗内部的婚姻关系，笔者以白永为中心，试以分析。

> 白永供，我今年三十三岁，系巴里坤正蓝旗满洲叶不肯俄[②] 佐领下马甲。乾隆三十八年娶协领关英之女瓜尔佳氏为妻，平素和好。去年八月二十日我母亲因自己侄女病重，亲往探望，没有回家。我出外当差到二更以后回家，见女人啼哭说妹夫海明阿来

[①] 参见臧艳明《清代女性在婚姻家庭中的法律地位研究》，山东大学，硕士学位论文，2020。

[②] 此音在人名中也常写作"阿"，原文系"俄"。

163

看父亲，父亲身子困乏，两耳又聋，先睡下了，我要去照应，走进房去，看见海明阿搂着妹子耍笑，我骂他无礼，海明阿还说，你家二姑娘原该许给我的，央求不要声扬，我拦门叫骂，海明阿把我踢了一脚，跑了出去了，于今肋下疼。我听见这话就说海明阿素来人好我不信，原骂女人胡说，又因女人与妹子平日不和，疑心是女人造言污蔑。女人又说妹子养汉子不知羞耻，我被人脚踢反不做主，我要回娘家诉去。我急了，要打他〔她〕，侍女莲儿在旁解劝，我故把莲儿骂着到厨房去睡，将厨房门扣上，回到房里，见女人还是辱骂我，就在他〔她〕左脸打了两掌，又打了一拳，拾起一根劈柴在他〔她〕左右脊背、左大腿上打了几下。他〔她〕还叫骂不住，又顺手拾起账房杆子在他〔她〕左右肋胁上打了两下，账房杆子原是铁包头的，那时女人跌倒在地。我女人原有五个月身孕，因被打之后一时昏晕，我抱到炕上救治不醒，过一时死了。我心中害怕，第二日清早恐怕莲儿看见张扬，我就打发他〔她〕往亲戚家去要借的簪子。我叫了平素相好的什蒙俄①央他相帮，将尸身用绳系下井去，装作投井的样子，报官相验。因关协领在尸场争论得罪了宜禾县瑚知县，瑚知县②同奇台知县窝知县③先后复验都说是磕碰伤痕，我所以不认打死，要想免罪。今蒙审讯，我只得据实供了，实是疑女人污蔑

---

① 原文即如此，但其他文献中常作"西蒙额"。西蒙额，满语名，满文写作 simengge，有热闹的、荣耀的、光华的等多个意思。
② 瑚知县，应为瑚图里。《乌鲁木齐政略》载："宜禾县知县瑚图里，汉军镶蓝旗人，四十二年二月到任。俸银四十五两，养廉六百两，公费五百两，各役七十七名。"参见王希隆《新疆文献四种辑注考述》，甘肃文化出版社，1995，第13页。
③ 窝知县，应为窝什浑。《乌鲁木齐政略》载："奇台县知县窝什浑，满洲镶蓝旗人，四十一年十月到任。俸银四十五两，养廉四百两，攒典三名，各役十七名，入学四名。"参见王希隆《新疆文献四种辑注考述》，甘肃文化出版社，1995，第13页。

第五章　日常与文化

妹子又辱骂难堪，一时气愤，把他〔她〕打死，击下井去的。我打女人，妹子并不知情，至海明阿与妹子有奸实在不知道，求开恩。

海明阿供，我今年三十三岁，系巴里坤正黄旗满洲吴兰泰佐领下闲散。四十二年娶佛尔根大女儿为妻，四十五年三月内女人因病身故，我原要聘小姨子续亲，因丈人不允，没有下聘。我常到岳家走动，与小姨子纳拉氏见面说话原不回避。四十五年五月端午，我往岳家拜节，适值丈人、丈母都病在房里，舅子、舅嫂并侍女莲儿俱没在家，我就与小姨子调戏成奸。后来乘便又行奸几次，并没有人知道。去年八月二十日，走到丈人家，丈母与白永俱不在家，丈人因年老乏困两耳又聋，已经睡下。我到小姨子房中，小姨子叫莲儿往厨房烹茶，我见没人就搂着小姨子耍笑，不料被舅嫂瓜尔佳氏走进房门看见，说我胡闹无礼。我说你家二姑娘原该许给我的，央求他〔她〕不要声扬。瓜尔佳氏言骂不止，我一时着急把他〔她〕踢了一脚，我就跑回家了，后来白永怎样把他女人打死撩在井中我实不知道，求详情。

白永之妹纳拉氏供，我今年二十四岁。海明阿原娶我姐姐为妻，四十五年三月内我姐姐因病身死。海明阿因系至亲常到我家，原不回避。四十五年五月初五日，海明阿来我家拜节，那日我父母患病都睡在房里。嫂子带着侍女回娘家过节，哥哥出去当差。海明阿向我调戏成奸，后来乘空又行奸几次，记不得日子了。去年八月二十日海明阿走来看望我，母亲与哥哥俱没在家，父亲因身子乏困先已睡。海明阿到我房中，我叫莲儿到厨房烹茶，见没有人就搂着我耍笑，不想被嫂子撞见，说海明阿无礼，海明阿说你家二姑娘原该给我续亲的，嫂子嚷骂起来，海明阿把嫂子踢了一脚就走了，莲儿将嫂子送回房去。后来我哥哥回家怎

165

样与嫂子口角，将嫂子打死撩下井去，我实不知情。①

白永案的三份供单中包含了很多信息。白永时年33岁，巴里坤正蓝旗满洲叶不肯俄佐领下马甲，居住于巴里坤。乾隆三十八年（1773）娶协领关英之女瓜尔佳氏为妻，家有父亲佛尔根（两耳聋）、母亲（姓名不明）、大妹（姓名不明）、小妹纳拉氏以及侍女莲儿，乾隆四十六年（1781）八月，"疑女人（瓜尔佳氏）污蔑妹子（纳拉氏）又辱骂难堪，一时气愤，把他〔她〕打死"，并伪装成投井自杀。起初白永拒不认罪，乾隆四十七年（1782）十一月被查明定罪。

关英，巴里坤协领，有女瓜尔佳氏，后嫁于白永，居住于巴里坤。因女儿被杀曾在验尸场争论，得罪了办案的宜禾县瑚知县、奇台县窝知县，因此二人在初次验尸和复验时都说瓜尔佳氏身上的伤是落井时磕碰造成的。

海明阿，案发时33岁，巴里坤正黄旗满洲吴兰泰佐领下闲散，居住于巴里坤。乾隆四十二年（1777）年娶佛尔根大女儿为妻，为白永的妹夫。乾隆四十五年（1780）年三月其妻子病故，本要聘小姨子纳拉氏续亲，因丈人不允，没有下聘。乾隆四十五年五月端午与白永之妹纳拉氏"调戏成奸"。乾隆四十六年（1781）八月，二人关系被白永之妻瓜尔佳氏撞破并发生口角。

纳拉氏，白永之妹，案发时24岁，与哥哥白永、嫂子瓜尔佳氏、父亲（佛尔根）、母亲、侍女莲儿一起居住在巴里坤，与姐夫海明阿有"奸情"。

供单中还提及的人物有白永母亲的侄女，根据"我母亲因自己

---

① 《乌鲁木齐都统明亮奏审拟巴里坤满洲披甲白永殴毙其妻案请将署都统图思义察议折》（乾隆四十七年十一月二十四），中国第一历史档案馆编《清代新疆满文档案汇编》第153册，广西师范大学出版社，2012，第399~401页。此三份供单均为汉文。

侄女病重，亲往探望，没有回家"推测也应住在相近的地方；侍女莲儿，根据"我就打发他〔她〕往亲戚家去要借的簪子"，莲儿或白永一家在巴里坤还有亲戚。梳理供单中所有人物关系，基本可以判断出该案涉及的人都是八旗驻防官兵及其家眷，互相有交集，形成了一定的族际婚姻圈。

此外，白永供述自己"乾隆三十八年娶协领关英之女瓜尔佳氏为妻"，乾隆三十八年（1773）正是西安满营移驻巴里坤的时间。史料载西安"携眷满洲兵一千人，编成十队"[①] 于乾隆三十八年（1773）四五月抵达巴里坤，至该案发生时即乾隆四十七年（1782），已经有近十年的时间。根据供单中的内容，"侍女莲儿在旁解劝，我（白永）故把莲儿骂着到厨房去睡，将厨房门扣上，回到房里""父亲身子困乏，两耳又聋，先睡下了，我（瓜尔佳氏）要去照应，走进房去""海明阿到我（纳拉氏）房中"等记载来看，白永家至少有4间单独的屋子，分别是父母一间、白永及妻瓜尔佳氏一间、妹纳拉氏一间、厨房一间，院内还有井。可以看出驻防八旗在巴里坤的居住环境已较好，从侧面反映出驻防八旗在巴里坤的生活图景。

努尔哈赤创建八旗制度，"以旗统人，即以旗统兵"成为这一制度最基本的职能和特征。八旗属人不仅指能够出征的男丁，也包括旗下的妇女，尤其是未婚妇女。八旗制度中对婚嫁也有明确规定。天聪九年（1635）诏令：

> 凡章京及章京兄弟、诸贝勒下人、专达、巴雅喇、芬得拨硕库等之女子、寡妇，须赴部报明，部中人转问各该管诸贝勒，方可准嫁，若不报而私嫁者罪之。至于小民女子、寡妇，须问各该

[①] 《哈密办事大臣佛德等奏西安移驻巴里坤至携眷满洲官兵经过哈密折》（乾隆三十八年四月初十日），中国第一历史档案馆编《清代新疆满文档案汇编》第73册，广西师范大学出版社，2012，第416页。

管牛录章京，方可准嫁……其专管牛录与在内牛录皆同此例。①

  清朝通过八旗制度对旗人婚嫁进行严格控制。一方面，为宗室贵族指婚以进行政治联姻；另一方面，保障旗人生活和人口繁衍。有学者指出，清代的旗民通婚政策在法律规范上经历了"无规范—鼓励—部分禁止—单向全面禁止—部分禁止—开放"这样一个复杂的动态过程，"即入关前的放任到入关后顺治朝的大力推动，再到康雍乾的部分禁止，道光朝的全面禁止旗女外嫁，最后又经历同治朝的松动和光绪朝的全面放开这样一个曲折而复杂政策变化过程"。②

  "旗民不婚"虽没有在前引案件发生的乾隆朝全面禁止，但巴里坤处满洲八旗携眷驻防并居住于满城，同时出于俸禄、田地、人口等一系列因素的影响，巴里坤处驻扎的旗人形成了相对固定的婚姻圈。

第四节　独特的移民文化：庙宇冠全疆

  通过几种"移民"方式，巴里坤移民社会逐渐形成，也产生了独特的移民文化——"庙宇冠全疆"。巴里坤存在各类会馆、庙宇、行会，而且数量不少。学界从宗教学、社会学等角度对镇西厅"庙宇冠全疆"的现象有一定的研究。笔者以历史学视角，从巴里坤庙宇的修建、修建群体、社会融合等方面展开讨论。

  根据《镇西厅乡土志》的记载，笔者整理了巴里坤的庙宇、行会、会馆等基本情况，具体见表5-2。

---

① 中国第一历史档案馆编《清初内国史院满文档案译编》，光明日报出版社，1989，第155页。
② 邱唐：《旗民不婚？——清代族群通婚的法律规范、实践与意识》，《清华法学》2016年第1期。

表 5-2　镇西厅庙宇、会馆、行会统计

位置	庙宇名称
东街	关圣帝君庙（大会馆附于内，系八大商总聚议公所） 山西会馆（嘉庆间修建） 文昌宫（兴文社附内，道光间建修） 凉州庙（乾隆间修，凉永镇古平客民建） 马王庙（镇标五厂孳生马及本郡四乡养马之家所敬） 秦州庙（系秦巩之客民所建） 鲁班庙 三皇庙
东关	东关大庙（破） 昭忠祠（春秋二祀）
西街	文庙（春秋两祀） 城隍庙（通街商约大会，逢清明节、十月初一日两出府） 牛王宫（养牛之户所建） 羊会（养羊之户所建） 雷祖庙 龙君、娘娘庙（镇标右营弁兵所建，树木林立，炎天人多游赏） 关圣帝君庙（城守营弁兵所建） 土神祠 廐神庙 赞化帝君阁 萧曹庙（以上四庙镇西厅署房班人役所建）
南街	五凉庙（镇标左营弁兵所建） 三官庙（镇标中营弁兵所建）
南关	甘州庙（嘉庆间修） 地藏寺（镇番客民公会）
北街	老君庙（铁匠行敬） 财神庙（北街生意铺户建）
北关	关圣帝君庙（春秋二祀，系富宁安公所建，西阶下置敦煌碑，后渐修阔光一邑之壮观） 海神祠（称为古海神祠，敦煌碑云立海祠，以表万世疑，即此祠也） 驼会（养驼之家聚议公所） 城隍行宫（每年清明节、十月初一隍爷住，三日演戏讽经，人多焚香礼敬）

169

续表

位置	庙宇名称
四乡	南山庙(岳公台山麓下) 南园子庙(户民建) 花庄子庙(户民建) 石人子庙 奎素庙 大黑沟庙 沙山子庙 李家沟庙 武威户庙 二道河庙 东西敦煌庙 玉门县庙 石佛爷庙 三塘湖庙 柳沟庙 头渠庙 二渠庙 三渠庙 渊泉庙 海城庙

资料来源：阎绪昌、高耀南、孙光祖：《镇西厅乡土志》，载马大正、黄国政、苏凤兰整理《新疆乡土志稿》，新疆人民出版社，2010，第115~117页。

《镇西厅乡土志》于光绪年间撰成，书中所载的众多庙宇、会馆，有些标注了修成的年代，如北关关圣帝君庙是康熙、雍正年间曾在巴里坤驻扎的将军富宁安所建；凉州庙为乾隆年间凉永镇古平客民修建；山西会馆、甘州庙均于嘉庆年间修建。其他庙宇、会馆等修建的时间在该书中没有明确标注，如文庙，只记录其位于"西街""春秋两祀"，但笔者发现了一份档案，其中记载了乾隆年间巴里坤修建了文庙。乾隆三十九年（1774）三月的《乌鲁木齐都统索诺木策凌奏乌鲁木齐巴里坤等地增修官学房屋折》中记载：

第五章 日常与文化

乌鲁木齐、巴里坤处需确定生员考试之处，欲在各地修建先师孔庙、学院，以昭文教，为此上奏。谕曰：依议钦此……修建先师孔庙，应尊文教，建得宏伟以供观瞻。①

孔庙即文庙，《镇西厅乡土志》中记载的位于西街的文庙在乾隆年间就经清廷批准修建。对于文庙的修建，清廷强调"应尊文教"，要建造得宏伟便于民众观瞻。这一做法也体现了清廷边疆社会治理中增修官学"以昭文教"、修筑孔庙"应尊文教"的理念。

虽不能逐一考订《镇西厅乡土志》中所载庙宇的修建年代，但不可否认的是乾隆朝新疆移民社会的形成，促进了当地庙宇、会馆的修建。乾隆四十二年（1777）七月，乌鲁木齐都统索诺木策凌审理何起仁杀害王法才一案，此命案就是因轮流捐工修建社庙而引发。原文记载如下：

何大汉即何起仁供，小的是甘肃镇番县人，今年三十五岁，原籍有母亲李氏，年七十五岁，并无弟兄妻子，小的与王法才平日认识，并无仇隙。乾隆四十一年正月里，小的到三台种地，今年（乾隆四十二年）四月间众户公议建盖社庙一座，各户轮流捐工，这月二十六日该小的与王法才、赵国本、范名鼎四人做工……②

---

① 《乌鲁木齐都统索诺木策凌奏乌鲁木齐巴里坤等地增修官学房屋折》（乾隆三十九年三月初十日），中国第一历史档案馆编《清代新疆满文档案汇编》第118册，广西师范大学出版社，2012，第406页。
② 《乌鲁木齐都统索诺木策凌奏将三台地方凶犯何起仁拟绞监候折》（乾隆四十二年七月初六日），中国第一历史档案馆编《清代新疆满文档案汇编》第133册，广西师范大学出版社，2012，第103~104页。

何起仁是甘肃镇番县①人,"原籍有母亲李氏,年七十五岁",从"原籍"一词的使用可以看出何起仁似已经加入了新疆户籍。这份档案中明确记载了乾隆年间三台地方的"众户"协商修建社庙,"各户轮流捐工"。可见在乾隆朝新疆地方,外来移民会在新的居住地集资捐建庙宇。

《镇西厅乡土志》中记载位于"四乡"的"花庄子庙"由当地户民修建。花庄子在乾隆朝是巴里坤重要的安置外来移民之处,前引档案《乌鲁木齐都统索诺木策凌奏审理巴里坤民人赵庆刺死雇工马进元误伤其婶娘一案》中的赵庆就是花庄子人。乾隆四十四年(1779)案发时,他38岁,已经在巴里坤花庄子生活了16年。他本是甘州府张掖县人,于乾隆二十八年(1763)移居巴里坤花庄子认户种地。

乾隆朝巴里坤移民社会的形成对后世的发展也产生了深刻的影响。巴里坤这些庙宇中的大部分以地名命名,这在其他地方并不多见。

南山庙、南园子庙、花庄子庙、石人子庙、奎素庙、大黑沟庙、沙山子庙、二道河庙、三塘湖庙、柳沟庙、头渠庙、二渠庙、三渠庙以巴里坤所属地方名称命名。而凉州庙、秦州庙、甘州庙、武威户庙、东西敦煌庙、玉门县庙、渊泉庙、海城庙等由外地地名命名。凉州、秦州、武威、甘州、敦煌、玉门、渊泉都属甘肃省。海城则有两个:一是顺治年间设置的县,在今辽宁省境内;二是同治年间设置的县,在今宁夏回族自治区内。根据这些庙宇的命名及分布,在一定程度上能推断出该处居民从何处迁移而来。

这些以地名命名的庙宇表达了修建者鲜明的身份识别意识。通常庙宇有专属的神祇和名称,如关圣帝君庙、娘娘庙等。以地名命名庙宇是一种增强归属感、身份认同的表达。《镇西厅乡土志》记

---

① 镇番,今甘肃民勤县一带。

第五章　日常与文化

载："山陕甘肃之商人辐辏已极，除会馆而外，各县之人又重集捐资，分立各县之会，以亲桑梓。"①"山陕甘肃之商人""各县之人"为了表示与家乡的亲近，捐资修建了各类庙宇。不过，前引以地名命名的庙宇、会馆中，除了山西会馆外，多是以甘肃境内的地方命名，没有直接体现文献中所载的"山陕甘肃"中的陕西地区来人。

还有以同乡为团体出资修建的庙宇，如地藏寺，由镇番客民公会修建。这里的"客民"可以有两种理解，一种是没有巴里坤户籍，只是短暂居住的客民；另一种则是相对于世居居民而言，认为自身是从外地迁移而来的。但无论是哪一种含义，都能说明来自甘肃镇番县的群体曾在巴里坤生活，并修建了地藏寺。

巴里坤还有以职业群体为单位修建庙宇的情况，如五凉庙为镇标左营弁兵所建，三官庙为镇标中营弁兵所建，西街关圣帝君庙为城守营弁兵所建，龙君、娘娘庙由镇标右营弁兵所建。这些庙宇虽没有以修建者的旧籍命名，但也是一种身份的识别，是修建者对自己来源与信仰的保持。笔者查阅文献资料，"五凉庙"仅在清代新疆地区有记载，除巴里坤外，长乐堡也建有五凉庙。长乐堡街内有"武圣宫祠、回族礼拜寺、河州会馆、五凉庙等"。②清代"三官庙"③相较五凉

---

① 阎绪昌、高耀南、孙光祖：《镇西厅乡土志》，载马大正、黄国政、苏凤兰整理《新疆乡土志稿》，新疆人民出版社，2010，第115页。
② 中国人民政治协商会议玛纳斯县委员会文史资料委员会编《玛纳斯文史资料》第1辑，1985，第133页。
③ 三官庙主要供奉道教中的"三官大帝"，参见赖全《论道教三官信仰及其宗教象征意义》，《宗教学研究》2010年第2期，第169页。雷伟平指出："三官文化，亦称三元文化，是中国传统信仰文化之一，有四种形态：自然神天地水三官，人格神尧舜禹三官、唐宏葛雍周武三官、陈子椿与龙女所生的三个儿子三官；针对这四种形态形成了以信仰仪式、神圣叙事、物象（包括画像、雕塑以及建筑等）为核心的内容。"参见雷伟平《上海三官神话与信仰研究》，中国言实出版社，2016，第2页。

庙数量更多，早在皇太极时期就赐予三官庙土地，道士给衣粮，将三官庙变成完全的御用官办道观。① 王丽指出："三官庙（景佑宫）是一座道教庙宇，却因为位于盛京皇宫内，而在清朝的历史上占据特殊地位……在统治者心目中有着'景佑大清'的功绩。"② 这样特殊的庙宇在巴里坤也存在。《新疆乡土志稿》中收录的地方乡土志中，清代新疆仅有巴里坤、古城③二处有三官庙的记载。但三官庙是明清时期河西走廊分布数量较多、分布地域较广的庙宇④。

巴里坤还有以行业划分的庙宇、会馆，如财神庙（北街生意铺户建）、老君庙（铁匠行敬）、牛王宫（养牛之户所建）、羊会（养羊之户所建）、马王庙（镇标五厂孳生马及本郡四乡养马之家所敬）等，表现出商户不同的行业从属。

巴里坤因移民社会的特质形成了能代表各个团体身份认同与归属的特色庙宇、行会、会馆。特别是以地域为标志大量存在的庙宇不仅能够直接展现各群体的来源构成，亦发挥了维护地区社会内在秩序的作用，同时反映了巴里坤移民社会融合共生的社会面貌，体现了巴里坤移民社会较好的融合度。

---

① 王丽：《论清初盛京"皇家道院"三官庙》，《中国紫禁城学会论文集》第 8 辑下，2012 年 8 月；汪桂平：《清入关前的宗教政策探析》，《世界宗教研究》2019 年第 4 期。

② 王丽：《论清初盛京"皇家道院"三官庙》，《中国紫禁城学会论文集》第 8 辑下，2012 年 8 月，第 612 页。

③ 古城内有"三官庙一座，系光绪三十一年捐修"。参见杨方炽编《奇台县乡土志》，载马大正、黄国政、苏凤兰整理《新疆乡土志稿》，新疆人民出版社，2010，第 40 页。

④ 张梦娇：《明清时期河西走廊民间信仰祠庙研究》，西北师范大学，硕士学位论文，2015，第 57 页。

结　语

　　本书在开篇提出一个问题，即巴里坤何以在清代西域如此重要？比起周围的乌鲁木齐、哈密等地，为何只有巴里坤发挥了特别而又重要的作用？这里对这一问题试以回答。

　　《后汉书》卷八八《西域传》记载："十六年，明帝乃命将帅，北征匈奴，取伊吾卢地，置宜禾都尉以屯田，遂通西域，于寘诸国皆遣子入侍。西域自绝六十五载，乃复通焉。"汉时在伊吾卢地（今哈密一带，巴里坤为哈密下辖地区）"置宜禾都尉以屯田，遂通西域"。清朝平定西域后，于乾隆三十八年（1773）在巴里坤设县，以"宜禾"名县，与镇西府同治。巴里坤有较为深厚的历史积淀。

　　清代巴里坤因兵而兴。自康熙五十四年（1715）清廷重兵屯扎成为西路大本营后，巴里坤处开始屯田，发展农业，成为清朝最先在西域屯田的地区之一。雍正朝两驻大兵于此，修建巴里坤城，这里亦成为清朝在西域地区最早营建城池的地方之一。乾隆朝移驻安西提督（绿营）、八旗驻防（满营），在巴里坤修建了整个新疆范围内为数不多的驻防满城——会宁城，同时招徕民户、商旅，构建了驻防体制与府县体制并存的二元移民社会。笔者认为巴里坤移民社会的形成过程具有清代边疆社会形成的一般规律，即在有清军驻防或驻扎处添建旧城或修建城池；再由官方以招徕内地民户或安插遣犯等形式填充人口；最后完善地方行政建制，实行中央政权的管辖。清朝通过这一举措，在新疆建立了不少新的城池，极大地开发了边疆地区。巴里坤的兴起与发展轨迹虽与新疆其他城市如伊犁、乌鲁木齐有共通之处，但又有这些地区所没有的特性。

首先，巴里坤在清朝治理新疆的历史上发挥了重要的作用。它是康熙、雍正、乾隆三朝历次用兵新疆的前沿阵地、军事堡垒、台站中心、中转枢纽。巴里坤在乾隆朝成为整个西域地区的清军总汇之处，是清军的大本营，发挥了不可替代的重要作用。同治、光绪朝，国力衰微、内忧外患，新疆局势动乱，清朝统治势力被迫退缩到东疆的巴里坤、哈密一带，产生了"玉门关外仅留区区镇西"的局面。巴里坤兵民抵御外敌，守城近十年，成为清政府在新疆的最后军事堡垒之一，对抵御阿古柏、沙俄入侵，进而收复新疆意义重大。

其次，清朝对巴里坤移民社会的建构及治理有一定的特殊性。乾隆朝平定西域后，设置伊犁将军，实行军府制，但东部地区实际上已有郡县制的行政建制。在设置伊犁将军统辖全疆后，并没有削减巴里坤的府县体制，而是驻防体制与府县体制交互建构，最终形成了"二元体制"，同时辅以里甲制，对基层社会进行有效的治理。虽然学界已有共识，清廷曾在伊犁将军之下将新疆划分为伊犁和塔尔巴哈台等地构成的北路、乌鲁木齐及其周边区域构成的东路、天山以南的南路三个辖区，施行不同的行政体制。即便同属东路地区，巴里坤的行政建制也有别于乌鲁木齐、哈密等地。一方面，因为巴里坤拥有特殊的军事地位，在整个清代新疆军事布防体系中，巴里坤是后路之处、扼要之地，为拱卫伊犁而设。终清一朝，特别是清后期，地方大臣以各种理由奏请迁巴里坤处兵丁于他处，但清廷始终未允准，原因就在于巴里坤具有重要的军事防守作用。另一方面，巴里坤是清代新疆较早形成府县建制的地区。乾隆二十一年（1756），巴里坤兵民混杂，民人渐多，设置巴里坤理事同知；乾隆三十八年（1773），设置镇西府，管辖东路地区民事，随后又演变为镇迪道。

再次，巴里坤因兵而兴，其诸多方面的发展受到"军政"的影响。康熙朝开始屯田主要是为了满足驻扎兵丁的口粮；建立贸易馆，招徕商贩赴巴里坤贸易主要是为了满足军需。随着驻扎巴里坤大兵的迁移，巴里坤的商业有所衰退，失去了乾隆朝前中期贸易繁盛的局面。乾隆朝平定西域后，巴里坤地区的商业发展逐渐衰落，不及乌鲁木齐、伊犁等处，甚至不及周边的古城、奇台等处。

清代巴里坤因兵而兴，亦因驻防的迁移而逐渐衰败。光绪朝新疆建省后，随着满营的迁出、绿营的调整，巴里坤发生了巨大的变化，《镇西厅乡土志》载："自绿营改章，裁兵减饷，满兵迁移城市邱墟，汉城兵房大半倾圮，人民自此离散，街市萧条，生意歇业者不下数十家，昔为北道咽喉之地，今更成荒凉瘠苦之区矣。天时人事之变，良可慨矣。"① 可见巴里坤驻兵对地区发展影响之大。清朝构建的新疆驻防体系不仅发挥了维稳固边的军事作用，亦成为地方发展的助推器。驻防官兵承担了戍边防守的职责，其携带的家眷也成为促进边疆发展的移民。同时地方的兴衰与中央王朝的治理有极大的关系，康熙、雍正、乾隆三朝，统治者励精图治，国力强盛、社会稳定，边疆社会得到了极大的发展。反之，国力衰微时，边疆社会各方面发展的成果又被损废。

巴里坤还有许多值得探讨的地方。本书仅从驻防、移民以及边疆社会的发展等维度，对清代康雍乾时期巴里坤社会的形成和发展进行了研究，希冀为理解清代新疆边疆城镇形成与发展的一般规律、认识清王朝边疆治理的举措、厘清国家治理的历史线索做出一些推进。

---

① 阎绪昌、高耀南、孙光祖：《镇西厅乡土志》，载马大正、黄国政、苏凤兰整理《新疆乡土志稿》，新疆人民出版社，2010，第104页。

附录一　巴里坤历任职官表

按：

　　本部分表格是笔者根据和宁《三州辑略》所载内容整理制作。其中，原文未标明籍贯者或未重复标注籍贯处，即遵从原文未做补充，用"—"代替；"永庆"前后籍贯不一致，亦遵照原文。"巴格""佛喜"等姓名出现多次，原文明确写"回任"，确实为同一人，但原文处未在姓名下方标明籍贯时，笔者亦遵从原文，未做改动。

1. 乾隆朝巴里坤历任领队大臣

姓名	籍贯	任职时间
德云	满洲镶黄旗	乾隆三十八年四月任事，四十一年三月卸事
岱星阿	满洲镶红旗	乾隆四十一年三月任事，四十五年四月卸事
永安	蒙古正白旗	乾隆四十五年四月任事，五十四年十二月卸事
和兴额	满洲镶白旗	乾隆五十四年十二月任事，六十年四月卸事
奇臣	宗室正蓝旗	乾隆六十年四月任事，嘉庆五年二月卸事，调库车办事大臣

资料来源：和宁：《三州辑略》，成文出版社，1968，第39页。

2. 乾隆朝驻扎乌鲁木齐历任巴里坤道道员

姓名	籍贯	任职时间
永庆	满洲镶黄旗	乾隆三十七年八月任事,三十九年十月卸事,进京引见
巴彦岱	蒙古正蓝旗	乾隆三十九年十月以镇西府知府护理,四十年二月卸事
观禄	满洲镶红旗	乾隆四十年二月以安肃道署事,本年九月卸事
永庆	—	乾隆四十年九月回任,本年十月卸事,升授湖南按察司
穆和伦	满洲镶红旗	乾隆四十年十月以迪化州知州护理,四十二年二月卸事
巴彦岱	—	乾隆四十二年二月以镇西府知府升任,四十二年改为镇迪道,四十六年被参卸事

资料来源：和宁：《三州辑略》,成文出版社,1968,第49页。

3. 乾隆朝历任镇迪道道员

姓名	籍贯	任职时间
德平	满洲正白旗	乾隆四十六年十一月以迪化州知州护理,四十七年三月被参卸事
官成	觉罗满洲镶黄旗	乾隆四十七年三月以委用知州护理,本年八月卸事
保年	满洲正黄旗	乾隆四十七年八月任事,四十九年四月卸事
德尔炳阿	满洲正白旗	乾隆四十九年四月任事,本年六月丁忧卸事
永庆	满洲正黄旗	乾隆四十九年六月以镇西府知府护理,本年十月卸事
翰图	满洲镶黄旗	乾隆四十九年十月任事,五十三年四月卸事
凤翔	满洲正黄旗	乾隆五十三年四月任事,五十五年八月卸事
文会	蒙古镶红旗	乾隆五十五年八月以镇西府知府护理,五十六年六月卸事
荣德	蒙古镶红旗	乾隆五十六年六月任事,六十年六月卸事
福庆	满洲镶黄旗	乾隆六十年六月任事,嘉庆三年十月卸事

资料来源：和宁：《三州辑略》,成文出版社,1968,第49~50页。

4. 乾隆朝历任镇西府知府

姓名	籍贯	任职时间
巴彦岱	蒙古正蓝旗	乾隆三十九年三月任事,四十一年二月升署巴里坤道卸事,进京引见
纳福	满洲正黄旗	乾隆四十一年二月以奇台通判护理,四十三年正月卸事
松柱	满洲镶黄旗	乾隆四十三年正月任事,四十四年五月被参卸事
傅明阿	满洲镶白旗	乾隆四十四年五月以昌吉县知县护理,四十六年十一月被参卸事
博通	满洲镶黄旗	乾隆四十六年十一月以理事通判护理,四十七年四月卸事
祥泰	满洲正红旗	乾隆四十七年四月任事,四十九年正月被参卸事
富昇	满洲镶黄旗	乾隆四十九年正月以吐鲁番通〔同〕知护理,本年九月降调卸事
永庆	满洲正黄旗	乾隆四十九年九月任事,本年十二月被参卸事
亮保	满洲镶白旗	乾隆四十九年十二月以库屯粮员护理,五十年七月卸事
舒永阿	满洲正黄旗	乾隆五十年七月任事,五十四年升任湖北督粮道卸事
德光	满洲镶黄旗	乾隆五十四年十月以吐鲁番通〔同〕知护理,五十五年四月卸事
文会	蒙古镶红旗	乾隆五十五年四月任事,本年八月卸事
庆延	满洲镶黄旗	乾隆五十五年八月以迪化州护理,五十六年五月丁忧卸事
□保	满洲镶红旗	乾隆五十六年五月以理事通判护理,五十七年二月卸事
富兴阿	满洲正红旗	乾隆五十七年二月任事,本年四月病故
福善	满洲镶蓝旗	乾隆五十七年五月以迪化州知州护理,五十八年二月卸事
穆尔萨理	满洲正黄旗	乾隆五十八年二月任事,嘉庆三年五月降调卸事

资料来源:和宁:《三州辑略》,成文出版社,1968,第50~51页。

5. 乾隆朝历任巴里坤总兵

姓名	籍贯	任职时间
德昌	满洲镶黄旗	乾隆二十九年十二月任事,三十三年三月卸事
绍涵	—	乾隆三十三年三月任事,本年六月卸事
存泰	满洲镶黄旗	乾隆三十三年六月以永固协副将署事,本年十二月革职卸事
色伦泰	—	乾隆三十三年十二月以河州协副将署事,三十四年六月卸事
巴彦弼	觉罗镶白旗	乾隆三十四年六月任事,本年十月卸事
色伦泰	—	乾隆三十四年十月署事,本年十一月卸事
存泰	—	乾隆三十四年十一月署事,三十五年四月卸事
四十六	—	乾隆三十五年四月由固原镇总兵调署,本年十二月卸事
存泰	—	乾隆三十五年十二月任事,三十六年十二月卸事
巴格	满洲镶红旗	乾隆三十六年十二月由凉州镇总兵调署,三十八年七月卸事
俞金鳌	—	乾隆三十八年七月任事,本年十一月卸事
巴格	—	乾隆三十八年十一月任事,四十一年九月进京卸事
周鼎	—	乾隆四十一年九月以靖远协副将署事,四十二年三月卸事
巴格	—	乾隆四十二年三月回任,四十三年正月解任卸事
策卜坦	—	乾隆四十三年正月以哈密协副将署事,本年三月卸事
乔照	—	乾隆四十三年三月任事,本年四月卸事
策卜坦	—	乾隆四十三年四月署事,本年六月卸事
西德布	满洲正黄旗	乾隆四十三年六月任事,四十五年三月卸事
佛喜	满洲镶蓝旗	乾隆四十五年三月任事,本年八月进京卸事
全富宁	—	乾隆四十五年八月以哈密协副将署事,四十六年二月卸事
佛喜	—	乾隆四十六年二月回任,五十年二月卸事
和伦	满洲正蓝旗	乾隆五十年二月以大通协副将署事,五十一年五月卸事

续表

姓名	籍贯	任职时间
札勒杭阿	—	乾隆五十一年五月以安西协副将署事,本年十月卸事
和伦	—	乾隆五十一年十月任事,五十六年十一月卸事
德成额	—	乾隆五十六年十一月以安西协副将署事,五十七年闰四月卸事
和伦	—	乾隆五十七年闰四月回任,六十年十月卸事革职
德成额	—	乾隆六十年十月署事,嘉庆七年三月卸事

资料来源：和宁:《三州辑略》,成文出版社,1968,第66~68页。

附录二 满文档案*

《定北将军班第等议奏巴里坤等地驻防及派官员办理贸易等事折》（乾隆二十年七月初四日）（节选）

  amban bandi, amursana, saral, erincindorji, oyonggo gingguleme wesimburengge, dergi hese be gingguleme dahara jalin, ninggun biyai gūsin de isinjiha aliha bithei da, tondo baturu gung fuheng sei abkai wehiyehe i orici aniya ninggun biyai juwan emu de, hese wasimbuhangge, neneme bi jun gar be icihiyame toktobuha manggi, uliyasutai, bar kul i jergi bade kuren ilibufi, ice dahaha taijisa de, bi kesi isibume hergen fungnehe manggi, šangname bahabure fulun suje be, uthai tubade asarabufi sindame bure, ceni fejergi ursei jafara alban be inu tubade bargiyabure oci, geren taijisa fejergi urse de gemu umesi ildungga sain.

  wargi jugūn oci, bar kul i ba, jun gar de hafunara amba jugūn i šošohon i ba, uthai bar kul de kuren ilibukini, damu uttu kuren ilibufi calu namun bihe manggi, tuwašatara hafan cooha baibure be dahame, ne juwe jugūn de unggihe gemun hecen i juwe minggan manju coohai dorgi, emu minggan be, bar kul i ilibure kuren de taka tuwašatame tebukini, adarame

---

* 本书满文转写、翻译得到张春阳、王策等人的帮助和指正，在此表示感谢。

hafan cooha be tucibufi tuwašatame tebure babe toktobuha manggi, esebe amasi halame gajici inu ombi, bandi se, ere hese be alime gaiha manggi, manggana wargi jugūn i emu minggan manju cooha be gaifi uthai bar kul de tekini, tsengreng, sange isinaha manggi manggana jai amasi jikini, bar kul de kuren ilibufi cooha tuwašatame tebume icihiyara babe bandi sede jasifi fonji, ceni gūnin de adarame tubai arbun muru de acabume narhūšame kimcime bodofi uthai donjibume wesimbukini.

mini gūnin de, ere kuren tuwašatame tebure cooha be gemu boigon suwaliyame guribufi tebumbi, hono bar kul i cala urumci i jergi usin taribuci ojoro bade guribufi tebuci, ele sain, damu esebe urumci de tebufi usin taribure de, tubai hoise sei ba na be ejelere de isinara isinarakū, goicuka ba bisire akū babe, bandi se, ere hese be alime gaiha manggi, uthai sara niyalma de akūmbume kimcime fonjifi, ba na i arbun dursun de acabume gisurefi hūdun wesimbukini.

amargi jugūn i uliyasutai de bar kul i adali kuren ilibufi cooha tuwašatame tebure babe bandi se inu ba na i arbun muru de acabume akūmbume gisurefi wesimbukini.

jai geren aiman i hoise se ne yooni dahahao, akūn, yooni dahaha oci, uheri udu bisire, jafara alban be adarame bargiyara, aibide afabure babe inu giyan i icihiyaci acambi.

geli dawaci i šang de bisire jaka hacin, ini ubui bisire albatu sei jafara alban i ton, adarame bargiyara, aide baitalara jergi babe inu giyan i baicaci acambi, bandi sede jasifi, ere jergi icihiyaci acara baita hacin be gemu getukeleme baicafi toktobume gisurefi hūdun donjibume wesimbukini.

jai ilici gemun hecen de isinjirengge umesi goro, eiten baita be ce wesimbufi isinjitele, bi hese wasimbufi isinatala teni icihiyaci, inenggi goidabumbi, bandi se, erebe safi, icihiyaci acara baita hacin be tubai arbun dursun de acabume icihiyafi uthai donjibume wesimbu, ume damu mini hesei jorire be aliyara sehebe gingguleme dahafi...

jakan hese be dahame, bar kul, uliyasutai juwe bade hūdašara kuren ilibure baita be gisurefi wesimbuheci tulgiyen, te bar kul de taka manggana i gaifi jihe emu minggan manju cooha be tuwašatabume tebufi, adarame hafan cooha tucibufi tebure babe toktobuha manggi, jai halafi amasi gajikini sehebe dahame, amban meni baci, uthai meiren i janggin manggana de amcame bithe unggifi, ini beye silin dacungga kūwaran i emu minggan manju cooha be gaifi, taka bar kul de tuwašatame tekini, tsereng, sange isinaha manggi, manggana jai amasi genekini seme afabume...

（中国第一历史档案馆编《清代新疆满文档案汇编》第12册，广西师范大学出版社，2012，第9~10页）

《定西将军扎拉丰阿等奏暂将达什达瓦部人安置于石城子居住及从中挑选兵丁四百人折》（乾隆二十年十一月初六日）（节选）

wesimburengge,

aha jalafungga, hoki, deo bin gingguleme wesimburengge, donjibume wesimbufi enduringge ejen i tacibure be baire jalin, aha be baicaci, wargi be toktobure jiyanggiyūn i baita be icihiyara tsereng ni benjihe bithede, te donjici, dasidawa i sargan jaisang sa harangga nukte i ilan minggan funcere boigon gaifi, turfan jugūn deri bar kul de genefi, unenggi gūnin i enduringge ejen de baime jihebi sembi, mini baci uthai hiya macang be takūrafi okdonofi tuwašataraci tulgiyen, bar kul de isinaha manggi jiyanggiyūn ambasai baci, cembe tebuci acara babe jorifi uhei tuwašatakini, jai hiya macang hese aliyara be dahame, acara be tuwame inde udu cooha bufi, ceni boigon anggala be tuwašame karmatame tebubukini, bi te hafan cooha be gaifi šuwe dosire be dahame, ceni boigon

185

anggala isinaha amala, eiten icihiyaci acara yabubuci acara ulame wesimbuci acara baita be jiyanggiyūn ambasai baci uthai icihiyafi wesimbukini, ede amasi julesi jibgešere hanggabure de isinarakū bime, baita de tusa ombi, jai mini baci ceni cooha be sunja ninggun tanggū tucibufi enduringge ejen de hūsun bume faššakini seme afabuha, ce aika teni isinjiha, hūsun niyere seme alaci, jiyanggiyūn ambasai baci, uthai ning hiya, liyang jeo, juwang lang ni cooha be fidere be nakafi, bar kul de werifi seremšeme tuwašabume gaici acara morin temen kunesun be uthai cende aisilame bukini, erebe emu derei wesimbume emu derei coohai kūwaran de amcame jikini, jai jiyanggiyūn hoki cohotoi hese amban tucibure onggolo, taka bar kul de tefi hese be aliyame gingguleme dahame baita icihiyara babe gemu donjibume wesimbuhebi seme isinjihabi... aha hoki, deo bin be uthai aisilame kadalara da ceoda, gūsai da duici be takūrafi cooha be gaifi suji i bade okdonobume boigon anggala ulha i jergi hacin be getukeleme baicabume, ceni arbun muru be suwaliyame tuwakini seme unggihe bihe, omšon biyai ice juwe de, ceoda se amasi jifi alahangge, ceoda be afabuha be dahame, dasidawa i sargan be okdome genefi isinjiha monggoso boigon anggala ulhai jergi hacin be baicaci, emu minggan uyun tanggū susai funcere boigon haha hehe, amba ajige uheri jakūn minggan uyun tanggū dehi funcere anggala, erei dorgi aisilara jiyanggiyūn saral i jui orosu, saral i ahūn gelung lama, lodzang, kemuni mukūn i urse bi, morin emu minggan orin funceme bi, honin emu minggan emu tanggū funceme bi, ihan juwe minggan sunja tanggū funceme bi, temen nadan tanggū juwan funceme bi, ceoda be jiyanggiyūn i baci benjihe ilan minggan i boigon anggala i ton de acabume baicaci, acanarakū oci, uthai dasidawa i sargan de, neneme jiyanggiyūn i baci benjihe bithede, suwembe uheri ilan minggan funcere boigon jihe sehe bime, te adarame emu minggan uyun tanggū susai

附录二 满文档案

funcere boigon jiheni seme fonjici, dasidawa i sargan alaha bade, be ili ci jurara fonde ilan minggan funcere boigon bihe, jugūn unduri turfan ci ebsi jidere de ike minggan i batur, cohor keret urut sei baru uheri ilan mudan afaha, ede feye baha, dain de gaibuha, hūlha de tabcilafi gamahangge, uheri nadan tanggū funcere boigon bi, geli turfan de yabume muterakū yadara niyalma ilan tanggū boigon be tutabuhabi, uttu ofi, damu emu minggan uyun tanggū susai funcere boigon jihebi, meni jihe niyalma umesi suilashūn, eture etuku, jetere kunesun, tere boo ci aname gemu akū, meni morin, temen, ihan honin gemu goro jugūn ci jihengge ofi, yooni turha macuka tuwaci ojorakū de isinaha, inenggi hetumbure mangga ohobi, bairengge jiyanggiyūn ambasa mende ba jorime tebufi, kemuni membe jilame gosireo, jai meni jaisang sai fejergi niyalma ci aname gemu hing seme hūwangdi i kesi be hukšeme ofi, inu niyalma tucibufi, gemun hecen de hūwangdi i elhe be baime unggire babe encu wesimbureci tulgiyen, cooha tucibure baita oci, be gemu cihangga ejen de hūsun bume faššambi, sunja ninggun tanggū cooha sere anggala, uthai jakūn tanggū cooha tucibufi fideme baitalara de belhebuki, damu umesi yadahūn morin temen kunesun etuku maikan i jergi hacin gemu akū, bairengge jiyanggiyun ambasa mende icihiyarao sembi seme alanjihabi, aha hoki, deo bin uthai bar kul i amargi alin i šurdeme tuwaci, pu ceng dzi, ši ceng dzi i jergi ba, kemuni halukan bime, ongko muke inu sain, cembe taka tebubuci ombi, suji de udu inenggi tehe manggi, uthai guribumbi, jiyanggiyūn i baita be icihiyara tsereng ni wesimbuhe sunja ninggun tanggū cooha sonjome tucibure babe baicame tuwaci, dasidawa i sargan gaifi jihe emu minggan uyun tanggū susai funcere boigon i dorgide sonjoci, udu sunja ninggun tanggū cooha bahacibe, gemu umesi yadame ofi, eturengge akū, maikan mucen inu akūngge umesi labdu, damu ce hing seme faššame ejen de hūsun buki

187

sehebe dahame, ceni dorgi etuhun sain ningge be duin tanggū sonjofi, tsereng ni wesimbuhe songkoi ning hiya, liyang jeo, juwang lang ni duin tanggū cooha i hūwaitabuci acara dabsun sogi i menggun be jafafi dasidawa i duin tanggū niyalma de jibca mahala maikan mucen i jergi jaka be udame dasidawa kunesun morin be jalgiyanjafi aisilame bume, dorgi baci morin coohai agūra jergi hacin benjime isinjiha erinde, acara be tuwame icihiyafi jurambuki, jurambuha babe encu donjibume wesimbureci tulgiyen, aha be hujufi gūnici, ese unenggi gūnin i da babe waliyafi enduringge ejen i bilume ujire gosingga kesi be hukšeme baime jihe niyalma, giyan i ejen i gosin be badarambume, sain bade tebubuci acambi, ceni gajiha ihan honin ulha i jergi hacin be tuwaci, umesi turha, ne inenggidari baitalara de tesurakū gese, aha be uhei hebešefi, dorgi baci benjime isinjiha geo ajirgan morin i dorgi niyahašaha dohošoho, šadafi julesi geneme muterakūngge be, sunja ninggun tanggū sonjofi, taka kunesun obume sirabume buki, damu boigon anggala umesi labdu bime, bar kul serengge, cooha isabure ba, ongko muke udu sain bicibe, goidame tebubuci banjinarakū be dahame, cembe aibide tebubure, adarame banjire teisu bahabure, gorokici baime dosinjiha ursebe yooni obure desereke kesi enduringge ejen ci tucimbi, aha meni cisui gamara ba waka ofi, gingguleme bukdari arafi donjibume wesimbuhe, bairengge enduringge ejen genggiyen i bulekušefi, jorime tacibuha manggi gingguleme dahame icihiyaki, jai ere dorgide aisilara jiyanggiyūn saral i jui orosu nadan se, saral i ahūn gelung lama lodzang, ceni mukūn i urse be gaifi dasidawa i sargan i sasa jihe be dahame, esebe adarame oure babe suwaliyame enduringge ejen i kesi be baime gingguleme donjibume wesimbuhe.

　　abkai wehiyehe i orici aniya omšon biyai juwan jakūn de fulgiyan fi i pilehe hese, hese wasimbuha sehe.

omšon biyai ice ninggun.

(中国第一历史档案馆编《清代新疆满文档案汇编》第 13 册，广西师范大学出版社，2012，第 416~421 页）

《巴里坤办事大臣雅尔哈善等奏达瓦齐近族宰桑车凌多尔济率众至巴里坤折》（乾隆二十一年七月二十七日）（节选）

ere aniya nadan biyai orin duin de, osihi karun ci ceringdorji be benjihebi, turgun be fonjici, alarangge, bi dawaci i jaisang bihe, duleke aniya dawaci be gemun hecen de gamaha amala, jiyanggiyūn bandi se dawaci i nadan tanggū funcere boigon i urse be bargiyafi, minde afabufi tuwašatame taka ili de tebuhe, amursana i facuhūn de meni urse yooni tabcilabufi, bi emhun keret bade jailafi tuweri hetumbuhe, ere aniya duin biyade keret jaisang ni deo purpu coohai kūwaran ci amasi jifi, jiyanggiyūn tsereng sei baci, mimbe coohai kūwaran de acame genekini seme buhe doron gidaha bithe be, minde afabuha, tere nerginde bi nimembime geli yalure ulha akū ofi geneheku, taka šakdur manji i jakade nikeme tembihe, te šakdur manji se ebsi gurime jidere de, bi inu sasa tucike, jugūn i unduri dawaci i juwan emu boigon i amba ajige gūsin niyalma, temen duin, morin juwan emu, ihan ilan, honin duin be bargiyafi gajiha, šakduri manji amala elhei yabumbi, bi neneme ambasa de turgun be alanjiha sefi, tsereng sei buhe doron gidaha bithe be alibuhabi.

geli karun ci benjihe coidasi i jergi jakūn boigon i amba ajige orin emu niyalma, jai giyahūn ujire macai i jergi ilan boigon i amba ajige juwan ninggun niyalma de turgun be fonjici, coidasi, macai sei alarangge, be gemu dawaci i albatu bihe, duleke aniya jiyanggiyūn membe bargiyafi, ceringdorji de afabuha, amala amursana i facuhūn de samsifi, ulha kunesun akū ofi, yafahalame teni baime jihe, meni temen jakūn, morin juwan emu, ihan duin sembi. ceringdorji de, coidasi se suweni niyalma inu waka babe fonjici, ceringdorji i alarangge, ese gemu meni niyalma yargiyan sembi.

baicaci, neneme tsereng sei baci, wesimbufi unggihe bithede, nagaca i ejelehe niyalmai dorgici, dawaci i albatu darbagai i jergi duin niyalma be tatame tucibufi, bar kul de aliyabume, ceringdorji de afabufi, dawaci i albatu sebe baicame tucibufi, dawaci de benere erinde, ere duin niyalma be sasa gamafi dawaci de šangnaki sehebi.

nagaca ci tatame tucibuhe dawaci i duin albatu i dorgi darbagai se haha ilan, sargan jui emke；

jakan isinjiha giyahūn ujire namsu i jergi orin ilan niyalmai dorgi, haha juwan, hehe nadan, juse ninggun；

ceringdorji i bargiyafi gajiha gūsin niyalmai dorgi haha juwan ninggun, hehe sunja, juse ninggun, lama ilan；

sirame isinjiha dawaci i albatu coidasi i jergi orin emu niyalmai dorgi, haha juwan, hehe jakūn, juse juwe, lama emke；

sirame isinjiha giyahūn ujire macai i jergi juwan ninggun niyalmai dorgi, haha ninggun, hehe emke, juse nadan, lama juwe；

ereci wesihun, uheri haha dehi sunja, hehe orin emu, juse orin juwe, lama ninggun.

（中国第一历史档案馆编《清代新疆满文档案汇编》第 19 册，广西师范大学出版社，2012，第 385~387 页）

《巴里坤办事大臣清馥等奏查看巴里坤屯田兵丁新垦地亩情形折》（乾隆二十四年五月二十三日）（节选）

...bar kul i bade bisire usin tarire emu minggan cooha, po ceng dzi, kui su sere juwe bade juwe tumen imari usin tarihabi, aha cingfu, bar kul de isinjiha amala, kemuni suksalaci ojoro usin bi seme donjifi, ere aniya

aniya biyade aha beye po ceng dzi, kui su i usin tariha bade genefi, aisilame kadalara da guwamboo be gaifi akūmbume tuwaci, neneme tariha usin ci tulgiyen, kemuni suksalaci ojoro ba bi, aha cingfu, uthai usin tarire baita be ichiyara geren hafasa de ciralame afabufi, ere aniya coohai urse be huwekiyebume, suksalaci ojoro usin be taribume, urunakū niyalmai hūsun be baitalame, ton ci tulgiyen, fulu kiceme icihiyakini seme afaha bihe, ilan biyai gecen wenehe erinde, ahasi dasame usin tarire hafasa coohai ursede urunakū gūnin werešeme fulukan i tarire be kicekini, ainaha seme oihorilame heoledeci ojorakū seme ciralame afabuha, jakan aisilame kadalara da, guwamboo sei boolaha bade, usin tarire coohai urse be gaifi, ilan biyai orin ci deribume fe tariha usin juwe tumen imari be, gemu siran siran i tariha, geli jorime afabuha be dahame, ice nonggime suksalafi tariha usin, uyun tanggū imari, erei dorgi cendeme tariha bohori emu tanggū imari bi, ice suksalaha fe tariha usin, uheri juwe tumen uyun tanggū imari de cing k'o muji i use, juwe minggan jakūnju hule bohori i use, juwan hule baitalaha, gemu duin biyai orin ninggun de tarime wajihabi seme boolanjihabi, ahasi sunja biyai juwan duin de usin tarire bade beye nikenefi baicame tuwaci, jekui arsun boigon ci tucifi jing mutumbi, yohoron šumin bime, muke elgiyen, ice nonggime tariha usin, gemu aisilame kadalara da guwamboo i boolaha ton de acanahabi, ede urunakū erin de acabume sain hūsutuleme, muke hungkereme, ton akū yangsakini seme...

（中国第一历史档案馆编《清代新疆满文档案汇编》第38册，广西师范大学出版社，2012，第258~259页）

《巴里坤帮办大臣同德等奏报巴里坤等处本年粮食收成数目折》（乾隆二十四年九月十九日）（节选）

bar kul, kui su i jergi bade fe ice suksalafi cing k'o muji tariha juwe

191

tumen jakūn tanggū imari, jai cendeme tariha bohori emu tanggū imari usin de murušeme bodofi uheri bahaci ojoro cing k'o muji emu tumen ilan minggan isire hule, bohori gūsin ilan funcere hule i ton be donjibume wesimbuhede, fulgiyan i pilehe, hese jiduji duleke aniya ci antaka sehebe gingguleme dahafi...

ahasi uthai usin tarire baita be kadalara aisilame kadalara da guwamboo de ere aniyai tariha usin de yargiyan i bahaci ojoro ton be gingguleme bodofi boolanju seme afabuha.

bodoci, emu imari usin de nadan hiyase nadan sefere bahaci ombi, ere aniya fe ice tariha usin uheri juwe tumen jakūn tanggū imari usin i dorgi, niyeleme wajiha niyeleme wajire undengge be suwaliyame bodoci uheri emu tumen duin minggan sunja tanggū nadanju duin hule sunja hiyase funcere cing k'o muji bahaci ombi, duleke aniya tariha juwe tumen imari usin de bargiyaha cing k'o muji emu tumen emu minggan sunja tanggū nadanju ilan hule duin hiyase sunja moro hiyase duin oholiyo bihe, te ere aniyai suksalafi tariha jakūn tanggū imari usin de bargiyaha cing k'o muji i ton be dabume bodoci, duleke aniya ci uheri ilan minggan emu hule funcere cing k'o muji fulu bargiyaci ombi, jai cendeme tariha bohori emu tanggū imari, te gemu niyeleme wajiha, uheri dehi duin hule ninggun hiyase ilan moro hiyase bargiyahabi, sirame yooni niyeleme wajiha manggi, encu boolaki seme boolanjihabi.

duleke aniyai tariha juwe tumen imari usin de emu tumen emu minggan sunja tanggū nadanju ilan hule duin hiyase sunja moro hiyase duin oholiyo cing k'o muji bargiyaha bihe, ere aniyai tariha juwe tumen imari usin de bargiyaha ton be duleke aniyai tariha juwe tumen imari usin i bargiyaha ton de duibuleme bodoci, ere aniya juwe minggan duin tanggū dehi hule funceme fulu bahaci ombi.

（中国第一历史档案馆编《清代新疆满文档案汇编》第 41 册，广西师范大学出版社，2012，第 249~250 页）

《巴里坤办事大臣钟音奏巴里坤不宜种植经济作物请增种麦子并报挖渠情形折》（乾隆二十八年二月十七日）（节选）

bar kul i bade, erin beikuwen gecen nimanggi wasirengge erde, ere udu aniya gemu murfa, bohori tarimbihe, gūwa hacin i narhūn jeku be tarihakū, duleke aniya ci maise, ayan malanggū, mere, ira i jergi hacin be cendeme tarifi, ayan malanggū, maise gemu bargiyaha, damu ira suihenehe gojime fahanahakū, ayan malanggū mere udu bargiyacibe, jiduji komso, bargiyaha maise i ton de isirakū ofi, ahasi ayan malanggū mere ira tarire be nakafi, damu maise be labdukan i tarifi funcehe usin be kemuni murfa bohori be taribuki seme getukeleme wesimbuhe be dangsede ejehebi, ahasi geli geren ba i usin be baicame tuwafi, ba nuhu nuhaliyan be tuwame muke yarure de mangga ja be bodome, uhei hebešefi, usin tarire baita be kadalame icihiyara dasihire hafan wang šoo, danara hafan yang ging da sede, kui su i jergi muke yarure de mangga deken i bade acara be tuwame an i murfa bohori be taribume, po ceng dzi i jergi antu ba be emu minggan sunja tanggū imari baime bahafi, maise be nonggime taribume uyun tanggū nadanju funcere juwe yohoron feteme neifi, birai muke be yarume usin de dosimbufi hungkerebume...

geli wasihūn bade alin muke wasinjifi birerahū seme, gorokon i bade encu ulan fetefi, eyen be ilibufi, usin be sengserere de isiburakū ci tulgiyen, usin de hukun boihon be baitalarakū oci, bargiyarangge komso ofi, inu harangga hafasa de afabufi, usin weilen i hafasa, jai faššame yabure efujehe hafasa be tucibufi, coohai urse, weilengge niyalma be gaifi, hūsutuleme hukun boihon be labdukan i juweme isibukini seme afabuha bihe, te wang šoo, yang ging da se ulan yohoron be feteme neihe, tarire usin de hukun boihon be gemu juweme isibuha seme alanjihade, ahasi geren usin i bade beye nikenefi aname baicame tuwaci, gemu ahasi i jorišame afabuha songkoi giyan fiyan i icihiyahabi, ahasi hujufi gūnici, duleke aniya tuweri forgon de nimanggi labdu tehe bime ere aniya niyengniyeri forgon de erin halukan ofi nimanggi ulhiyen i wenehe, usin huweki dade geli niyalmai hūsun nonggifi tarime ohode, enduringge ejen i hūturi de akdafi bolori bargiyara be ereci ombi.

（中国第一历史档案馆编《清代新疆满文档案汇编》第 61 册，广西师范大学出版社，2012，第 107~108 页）

《巴里坤办事大臣钟音等奏请收巴里坤店铺房租银充作办公费用折》（乾隆二十八年二月十七日）（节选）

bar kul hoton i hanci bisire sogi yafan i usin, neneme suksalaha usin be baicara fonde, emgeri dosimbufi jeku afabubure be dahame gisurerakūci tulgiyen, ne hoton i dolo hūdai urse neihe puseli boo, uheri emu tanggū dehi ninggun falga, juwe tanggū tofohon giyalan, gemu hūdai urse beye hūsun i weilehe boihon i boo buyarame hūdašambi, asuru amba aisi baharakū, ere turgun be kimcime fonjici, onggolo jing cooha baitalara de, bar kul de coohai baitalan be icihiyame ofi, hūdašarangge labdu bime, enduringge ejen abkai horon be selgiyeme, tumen ba i casi, ice jecen be badarambuha ci ebsi, hūdašara urse aisi be kiceme, amba dulin urumci, pijan i jergi geren bade genehe.

amba cooha gungge mutebufi, geli amasi gocika, ne bisire niowanggiyan turun i cooha, usin tarire irgen labdu akū ofi, hūdašara niyalma komso ohobi, ahasi ne ubai arbun be tuwame toktobufi, biyadari giyalan tome emte jiha booi ten i turigen gaime, emu aniya de amba muru juwe tanggū yan funcere menggun bahaci ombi, bahaci, harangga uhei saraci tunglu de afabufi, ere aniya ilan biyaci deribume, biya aname bargiyabuki, biyai dubede yargiyalame baicafi, ice neihengge be dosimbume, yaksihangge be meiteme, bargiyaha turigen i menggun be, uhei saraci i namun de asarabufi, siden i baitalara de belhebuki, aika acinggiyafi baitalaha ba bici, aniya dubede getuken cese weilefi, ahasi de benjibufi kimcime baicaraci tulgiyen, harangga uheri kadalara amban de benefi sume guwebuki.

（中国第一历史档案馆编《清代新疆满文档案汇编》第 61 册，广西师范大学出版社，2012，第 112~114 页）

《伊犁将军伊勒图等议奏在乌鲁木齐巴里坤两地建孳生羊牧场折》（乾隆三十九年十一月初八日）（节选）

ili i adulaha fusen honin, aniyadari fusekengge be, hafan cooha de acamjame kunesun sindara de, heo seme tesumbi, uthai talude isirakū hacin bici, jeku kemuni elgiyen, niyecedeme bahabuci, umai tookabure hacin akū be dahame, honin i emu hacin be ichiyara be hono baiburakū, ili, tarbahatai i alban i adun i fusen morin, jai hasak sai hūda ci, aniyadari hūlašara morin, tesu bai giyamun, usin tarire jergi hacin de baitalara ci tulgiyen, kemuni fulu funcerengge bimbime...

ili, tarbahatai de, kemuni nuktere monggo ūlet bi, ceni ulha umesi elgiyen, ainaha seme ekiyehun de isirakū, dari ganggai i jergi ba i ulha be dalime benere be nakaki.

bar kul i hafan coohai morin, jai usin tarire, giyamun i jergi hacin de niyecedere morin be, aniyadari belheteme ichiyara de amba muru ilan duin minggan morin bahaci, uthai isire gese.

urumci i bade tebuhe emu minggan ūlet de, udu fusen morin majige bahabuha bicibe, ton umesi komso, oyombume muterakū, aika dari ganggai i jergi adun i fusen morin ci, urumci, bar kul juwe bade, ba tome juwete tumen fusen morin bufi adulame fusembubuci, amba muru aniya dari baha fusen, uthai ere juwe ba i niyeceteme baitalara de isimbi, damu ere morin i ton labdu bime, enteheme dahame icihiyabure baita.

urumci, bar kul de adulabure ba be, doigonde tuwara, jai ere duin tumen morin i ton isire isirakū, ya bade udu adulara, bar kul i fusen morin be, ai niyalma de afabufi adulabure jergi babe, urunakū yargiyalame kimcime toktobuha manggi, teni icihiyaci ombi.

ubabe iletu, sonomcering de afabufi, uhei acafi kimcime bodofi, damu baita de tusa ojoro be bodome toktobume gisurefi wesimbume...

jai urumci de manju cooha tebuhe amala, ili ci ududu mudan honin benebufi fusembume icihiyaha.

bar kul de daci morin i adun bimbime, manju cooha tebure jalin, uheri kadalara amban wenšeo, wesimbufi fusen honin i adun ilibuha, ne fuseke muru adarame, edu bisire, oyombume baitalaci ojoro ojorakū babe, gemu getukeleme baicafi saha manggi, teni toktobume gisureci ojoro be dahame, erebe sonomcering sede afabufi, getukeleme baicafi boolanjibure, jai honin i emu hacin, morin de duibuleci ojorakū, goro jugūn dalime yabure de umesi laju, urui fulu tuhembi, dari ganggai ci, ili, urumci, bar kul i jergi bade honin benebure be gemu nakafi, urumci, bar kul juwe bade, aika hehe honin nonggire be baibure hacin bici, hasak i hūda, jai ili i ūlet, cahar nukte de bisire honin umesi elgiyen, emu mudan tumen jalgiyanjame icihiyaci...

urumci i harangga, manas, ulan usu, horgos, šara dala ci, altaci bira de isibume, bisire ele ongko ba, damu tumen šurdeme ulha adulame baktambi, teneger, jimsa i jergi ba be, inu nonggime buci, ne ceni adulaha morin ulha be dabume, manggai juwe tumen gese ulha adulame baktambi seme alibume boolanjiha.

　　bar kul i uheri kadalara da bage i baci, bar kul i harangga cooha, irgesei tariha usin, geren kūwaran i adun ci tulgiyen, funcehe ba, manggai juwe ilan minggan morin baktambi, tubai niowanggiyan turun i kūwaran i ne adulaha fusembure morin nadan minggan funcembi, baha fusen be, usin tarire, giyamun i ekiyehe ulhai oronde niyecetere de isicibe, manju coohai aniyadari tuheke morin i oronde niyecetere morin i ufuhi akū seme boolanjihabi.

　　baicaci, urumci, aniyadari usin tarire ulha, giyamun i ulha niyecetere, manju coohai tuheke morin i oronde jukibure de, amba muru ilan minggan funcere morin baibumbi, bar kul i manju coohai aniyadari tuheke morin i oronde niyecetere de, inu emu minggan hamišara morin baibumbi, uheri baibure duin minggan hamišara morin be, aika harangga ba i fusembure ulha ci gajiha fusen be, tesu ba i baitalara de tesubure be bodome icihiyaci, urunakū duin sunja tumen fusembure morin, ihan bufi fusembuhe manggi, aniyadari bargiyaha fusen, teni tesu ba i baitalara de isimbi, te urumci i morin adulara ba be, aha sonomcering, niyalma tucibufi baicafi, ūlet sei ne adulaha ulha be dabume, teni juwe tumen fusembure ulha adulara de baktambi.

　　bar kul i morin adulara ba be, harangga uheri kadalara da bage i baci baicafi, tubai niowanggiyan turun i cooha irgen, alban cisui adun ci tulgiyen, inu damu juwe ilan minggan morin adulara de baktambi.

　　ere juwe ba i ne baicaha ele ongko bisire ba, uthai labdu ulha adulara de baktarakū bime, urumci de bisire emu minggan ūlet, bar kul de bisire niowanggiyan turun i cooha inu komso, labdu bufi adulara de facihiyašara be akū obume muterakū.

(中国第一历史档案馆编《清代新疆满文档案汇编》第 122 册,广西师范大学出版社,2012,第 14 页)

《署乌鲁木齐都统永庆奏报巴里坤等处官铺暂交地方官员兼管以为试点折》(乾隆四十一年九月初六日)(节选)

aha yongking gingguleme wesimburengge donjibume wesimbure jalin, jakan coohai nashūn i ambasai baci benjihe bithede...

 baicaci, duleke aniya iletu i baci, ili, urumci i alban i puseli baitai jalin wesimbume isinjiha manggi, amban meni coohai nashūn i baci gisurefi, iletu sonomcering de afabufi kooli kemun toktobufi icihiyabuki seme yabubuha bihe, amala iletu i baci, ili i alban puseli de damu coohai ursei urunakū baitalara jaka hacin be udafi, acara be tuwame hūda nemebume uncabume icihiyaraci tulgiyen, aika damu tesu ba i hafan cooha de nikebufi icihiyabuci, inenggi goidaha manggi, turgun jemden banjinara be boljoci ojorakū, weile sume faššame yabure efujehe hafasai dorgici, emu juwe tucibufi sasa icihiyabume, uksin sabe juwe idu banjibufi emu idu be puseli de baita icihiyabume, emu idu be kūwaran de hahai erdemu be urebubume ishunde halanjame yabubuki seme boolaha babe, amban meni baci geli songkoi obume gisurefi wesibuhede, hesei ili urumci i alban i puseli be hafan cooha de afabufi hūdašabure be halafi, tubai hoise sebe tucibufi hūdašabuci ojoro ojorakū babe iletu isnjiha manggi fonjifi hebešeme toktobukini, aliha bithei da šuhede de inu fonji sehe.

 amala sonomcering ni baci geli urumci, bar kul, gu ceng ni jergi ba i alban i puseli, dangpuli be gemu ili i songkoi hafan tucibufi kadalabume coohai urse be idu banjibufi halanjame yabubuki, damu urumci de faššame yabure efujehe hafan labdu akū, urumci de ili i songkoi faššame yabure efujehe hafasa tucibufi sasa icihiyabure ci tulgiyen, bar kul, gu ceng ni

198

puseli be uthai meni meni hoton i meyen i ambasa de afabufi baicabuki seme toktobufi boolahabi.

　　ahasi urebume bodome gūnici, hoise sei hūdašarange, gemu ihan honin be jafafi uncara, eici jaka hacin be hūlašame jeku boso be jafafi uncame hūdašame bahanambi, umai puseli neifi dorgi jaka hacin be uncame madagan gaime icihiyame muterakū, te aika hoise sede afabufi icihiyabuci, ce dorgi ba i jaka be hono akūmbume muterakū, salibuha hūda be inu getuken i sarkū de, ce ainaha seme muterakū bime... baita de tusa akū, te hafan cooha de afabufi idu banjibufi halanjame icihiyabume urebure hacin be umai tookaburakū bime, puseli de baitalara niyalma inu asuru labdu akū, ahasi i gūnin de, kemuni hafan cooha de afabufi halanjame icihiyabuci tusa gese, jai bar kul, gu ceng ni puseli be damu meyen i ambasa de afabufi baicabuci, ceni beyese gemu ambakan tušan, puseli de beye nikenefi baicame, icihiyame banjinarakū de damu fejergi tesu ba i hafasa de afabufi icihiyabuci, baita de hono tusa akū, baicaci, bar kul de beleni fu i saraci i jergi hafan, gu ceng de cohotoi kadalara hiyan i saraci giyarimsi i jergi hafan bisire be dahame, ere jergi puseli be uthai meimeni ba na i hafasa de afabufi kamcifi sasa icihiyabuki, meyen i ambasa kemuni ton akū baicabuki, aika jemden hacin bici uthai ciralame icihiyabuki sembi, uttu obuci acara acarakū babe, ejen gengiyen i bulekušereo, erei jalin gingguleme wesimbuhe.

　　hese gisurehe songkoi obu sehe... aha uthai coohai nashūn i ambasai dahūme gisurefi wesibuhe songkoi urumci i alban puseli de weile sume faššame yabure efujehe hafasai dorgi uhei saraci bihe fan ciowan hiyoo be tucibufi, puseli i baita be icihiyara hafasai sasa icihiyabume, aha kemuni erin akū baicabureci tulgiyen, bar kul i alban puseli de wargi tohorombuha fu i saraci i baita be daiselaha acan beidesi enfu, gu ceng ni alban puseli de ferguwecuke karangga hiyan i baita be daiselaha acan beidesi enfu be tucibufi, taka meni meni ba i alban puseli de kamcifi sasa icihiyabume, ice tušan i fu i saraci hiyan i saraci isinjiha manggi, juwe ba i puseli be uthai esede afabufi kamcibufi sasa icihiyabuki, ubabe daisingga, yonggan sede afabufi erin akū ciralame baicabuki, ainaha seme cisui jemden banjinara de isibuci ojorakū seme gemu yabubuhabi, erei jalin gingguleme donjibume wesimbuhe. fulgiyan fi i pilehe hese, saha sehe.

（中国第一历史档案馆编《清代新疆满文档案汇编》第 130 册，广西师范大学出版社，2012，第 175~178 页）

《署乌鲁木齐都统永庆奏请拟定巴里坤等处官铺房租税额以补驻防官兵滋生银两折》（乾隆四十一年十月初七日）（节选）

bar kul, gu ceng juwe ba i alban puseli i turigen menggun i ton be acara be tuwame toktobume icihiyafi, genggiyen i bulekušere be baire jalin, baicaci, abkai wehiyehe i gūsin jakūci aniya bar kul i bade juwe minggan manju cooha tebure de, sonomcering wesimbufi, bar kul i manju hoton i dorgi ilan tanggū giyalan puseli boo weilefi turigen gaime, coohai ursei fulgiyan šanyan baitai jalin šangnara hacin obuki seme wesimbufi, hesei songkoi yabubuhabi, sirame gūsin uyuci aniya de bar kul i juwe minggan cooha be gu ceng de emu minggan guribume tebunere de, sonomcering geli wesimbufi, bar kul i manju hoton de damu emu tanggū susai giyalan puseli boo weilebume, gu ceng ni manju hoton de emu tanggū susai giyalan puseli boo weilebufi, biyadari bargiyara turigen i menggun be wargi be tohorombuha fu i saraci i namun de afabufi, bar kul i turigen menggun i ton de dosimbufi, juwe ba i manju coohai fulgiyan šanyan baitai jalin šangnara hacin obuki seme wesimbuhe be, coohai nashūn i ambasa dahūme gisurefi wesimbufi, hesei songkoi yabubuha be gingguleme dahafi

附录二　满文档案

dangse de ejehebi, te dooli hafan i daiselaha jeo i saraci muheren i alibuhangge, wargi be tohorombuha fu i fu i saraci i baita be daiselaha ferguwecuke harangga hiyan i acan beidesi enfui alibuha bade, tuktan alban puseli weilebuhe nerginde, hūdai urse susai jakūn giyalan puseli boo neifi, biyadari turigen menggun bargiyara de ilan jergi banjibufi, uju jergingge be emu yan juwe jiha menggun, jai jergingge be emu yan emu jiha menggun, ilaci jergingge be emu yan turigen menggun toktobufi boolaha bihe, amala hūdai urse booi turigen ujen, bahara aisi komso bime, manju cooha be gu ceng ni bade emu minggan dendeme tebubuhe turgunde, asuru maiman hūda akū ofi, siran siran i yaksifi ne teni ninggun giyalan puseli neihebi, ere hacin i puseli i turigen i menggun be majige ekiyembureo seme alibuha be alibuhabi, aha kemuni erei dorgi, ba na i hafasa holtome boolara jergi jemden bisire be boljoci ojorakū ofi, aha i baci jendu niyalma takūrafi kimcime narhūšame fujurulame baicame tuwaci, kemuni harangga hafasai alibuha ci encu akū, aha hujufi gūnici, hūdai urse cisui araha puseli boo oci, biyadari teni emte jiha booi ten i menggun tucimbi, alban puseli i turigen menggun de duibuleci, uthai juwan ubui funceme nemebuhebi, ne asuru hūda maiman akū de, hūdai urse de yargiyan i tusa akū, bar kul udu amba jugūn be aliha bicibe, naranggi urumci de duibuleci ojorakū, urumci i ba serengge, ili, tarbagatai, pijan, bar kul i jergi ba i amba jugūn be alihabi, amasi julesi yabure niyalma lakcan akū bime, eiten hūda maiman siran siran i isinjire jakade, dorgi ba i adali ofi, puseli neire hūdai ursei hono labdu, te bar kul i alban i puseli i turigen menggun i ton be aika majige ekiyembume icihiyarakū, kemuni urumci i songkoi biyadari turigen menggun gaici, hūdašara urse hūda maiman komso, turigen menggun labdu de sengguweme, puseli neire niyalma tongga bime, biyadari bargiyara turigen menggun i ton ele komso ofi, coohai ursei fulgiyan šanyan baitai

201

jalin šangnara de siraburakū sere anggala, ere jergi puseli be baisin i maktafi neire niyalma akū de, bihe bihei inenggi goidaha manggi, yooni ulejeme efujere de isinambi, elemangga baita de tusa akū, ahai hūlhi gūnin de bar kul i alban puseli i turigen menggun i ton be acara be tuwame majige ekiyembufi, biyadari uju jergingge be jakūta jiha menggun, jai jergingge be nadata jiha menggun, ilaci jergingge be ninggute jiha menggun obume toktobure oci, turigen menggun i ton nenehe ci majige ja oho manggi, ereci puseli neire hūdai urse ini cisui labdu ofi, biyadari bargiyara turigen menggun i ton inu fulu bahafi, coohai ursei fulgiyan šanyan baitai jalin šangnara de sirabuci ombime, ere jergi puseli be inu bahafi baisin i ulejeme efujere de isirakū ombi seme hūlhidame gūnimbi. ejen aika kesi isibume aha i baiha songkoi yabubuci, ne gu ceng ni bade neihe orin uyun giyalan alban puseli, turigen menggun i ton be, bahaci, inu bar kul i songkoi toktobume icihiyaraci tulgiyen, aha kemuni dooli hafan, fu i saraci sede ciralame afabufi, erin akū kimcime baicabume, ereci julesi ere juwe ba i hūda maiman urse nonggifi labdu oho erinde, aha jai acara be tuwame booi turigen i menggun be nemebume icihiyafi jurgan de boolaki, te aha bar kul, gu ceng juwe ba i ne i arbun muru be tuwame turigen menggun i ton be toktobume icihiyara babe gingguleme wesimbuhe.

（中国第一历史档案馆编《清代新疆满文档案汇编》第 130 册，广西师范大学出版社，2012，第 351~354 页）

《署乌鲁木齐都统图思义奏参巴里坤协领托楞泰等贪污库银折》（乾隆四十九年八月初三日）（节选）

bar kul i manju kūwaran i hafasai edelehe menggun be, bilagan i dolo wacihiyame toodabuha akū babe kemuni boolanjire unde ofi, aha i baci šorgime yabubuha de, daiselaha meyen i amban yangcūmboo i baci, bar kul i jakūn gūsai gūsai da, torentai i jergi orin jakūn hafan i juwen gaiha, darume gaiha jaka hacin i menggun uheri emu tumen emu minggan uyun tanggū yan funcembi, ciralame šorgime afabure de, damu nirui janggin etuhun i jergi juwan hafan i edelehe emu minggan jakūn dehi ilan yan funcere menggun be ton i songkoi afabuha, funcehe torentai i jergi juwan jakūn hafan i edelehe menggun be, ne teni emu minggan uyun tanggū funcere yan menggun afabuha, kemuni jakūn minggan uyunju funcere yan menggun wacihiyara unde, ilan biyai bilagan i dolo ainaha seme wacihiyame afabume muterakū seme benjihebi.

aha kimcime gūnici, urumci de nadanju jakūn hafan uheri jakūn minggan yan hamišara menggun edelehe, turfan de juwan duin hafan, uheri minggan yan funcere menggun edelehe, bar kul, gu ceng, ba tome gemu orin ninggun hafan, gu ceng ni hafasa teni ilan minggan funcere yan menggun edelehe bime, bar kul i hafasa uthai emu tumen emu minggan uyun tanggū yan funcere menggun edelefi, te šorgihai teni ilan minggan funcere yan menggun toodaha, funcehe gūsai da torentai i jergi juwan jakūn hafan, ne kemuni jakūn minggan yan funcere menggun edelefi ilan biyai bilagan i dolo afabume muterakū sehengge...

hese be baifi, gūsai da torentai be hafan efulefi ini edelehe emu minggan nadan tanggū yan funcere menggun be kemuni torentai i gebu fejergi ci bošome tucibufi toodabuki, aika wacihiyame muterakū oci, uthai meyen i amban yunggan de nikebufi toodabuki, funcehe juwan nadan hafan be inu giyan i wakalame wesimbufi, gemu weile araci acambihe, damu niyalma geren, esebe leksei gemu hafan ci nakabuha manggi, emu erinde niyalma baharakū bime, coohai urse be urebure jergi baita inu umesi oyonggo be dahame, bahaci, ejen i kesi be baifi, ere juwan nadan hafan be taka tušan de bibufi, bilagan saniyabufi bošome toodabuki...

203

(中国第一历史档案馆编《清代新疆满文档案汇编》第 164 册，广西师范大学出版社，2012，第 330~332 页）

《署乌鲁木齐都统图思义奏审拟巴里坤商人张义敬鸡奸杀人案折》（乾隆四十九年九月初一日）（节选）

ere aniya duin biyai juwan jakūn de huweki suksangga hiyan i hiyan i saraci tetungge i boolanjiha, hūdai irgen jang i ging, lii wen bin be koro arame tantafi bucehe, feyesi sebe gaifi lii wen bin i giran be baicame tuwaci, ici ergi šulu hū i da i jergi bade mooi tantabuha bucere feye emte bi seme beidefi alibuha emu baita be, hailu nerginde uthai dooli hafan de afabufi ciralame beidehe bihe, te daiselaha dooli hafan yungking ni beidefi alibuha bade, weilengge niyalma jang i ging, g'an su goloi fu i ting ni niyalma, bar kul i harangga kui su i bade hūdai irgen jang sio žu i neihe tatara boode hūsun weilembi, bucehe irgen lii wen bin, g'an su goloi u wei hiyan i niyalma, inu jang sio žu i tatara boode hūsun weilembi, an i ucuri umai kimun akū, jang i ging, lii wen bin, jang sio žu ilan niyalma sasa buda arara booi emu nahan de dedumbi, ilan biyai ice duin i yamjishūn erinde jang sio žu cin i boode tataha ini emu gašan i niyalmai baru gisun gisureme genehe, jang i ging neneme amgaha, lii wen bin boode dosifi amgaki serede, jang i ging ni hiri amgaha be sabufi uthai jang i ging ni jibehun be hetefi, tebeliyefi etenggileme lature de jang i ging gūwacihiyalame getefi, uthai toome aname iliha, lii wen bin geli tebeliyefi sindarakū ofi, jang i ging jili nukcifi, galai ici mooi araha dengjan i sindakū be gaifi lii wen bin i uju de juwenggeri tantafi, lii wen bin teni gala sindafi, jing kaicame toore siden jang sio žu donjifi dosifi fonjire de jang i ging turgun be alafi jang sio žu uthai lii wen bin be emu jergi wakašame derakūlame tooha, lii wen bin amgafi farhūdaha seme waka alire jakade, jang sio žu uthai jang i ging be tafulame ini hoki wang sio lin i tehe boode gamafi turgun be alafi teisu teisu amgaha, lii wen bin i feye ujen ofi, jai inenggi ergen yadaha.

aha dasame weilengge niyalma jang i ging, jai baita de holbobuha ele urse be gajifi emke emken i ciralame sibkime beideci...

fafun i bithede, yaya hahasi lature de iseleme niyalma be waha baita be, baita i amala lature babe jorihangge umai yargiyan temgetu akūngge be, kemuni argai waha joritai waha, becunume waha da fafun i bithei songkoi beideme tuhebureci tulgiyen, aika nerginde siden bakcin getuken yargiyan, jai bucehe niyalma ergen bisire jabun de temgetu bisirengge oci becunume waha fafun i bithei songkoi emu jergi ekiyeniyefi, tanggū šuwarkiyan tantafi ilan minggan bade falabure weile tuhebufi....

te lii wen bin dufe gūnin dekdefi gelhun akū niyalma be etenggileme lature be kiceme yabuha turgunde, jang i ging emu erin i jili de lii wen bin be koro arame tantafi bucere de isibuha babe beideme getukelefi, jang i ging, lii wen bin be tantaha nerginde, siden bakcin bimbime, lii wen bin bucere unde de inu latume yabure babe alime gaiha be dahame, bahaci, jang i ging be uthai bucenume niyalma be waha fafun i bithei songkoi emu jergi ekiyeniyefi tanggū šuwarkiyan tantafi ili de falabuki.

（中国第一历史档案馆编《清代新疆满文档案汇编》第 165 册，广西师范大学出版社，2012，第 58~60 页）

参考文献

一 基本史料

《（嘉庆朝）钦定大清会典事例》，文海出版社，1992。
《八旗通志》，李洵、赵德贵点校，东北师范大学出版社，1985。
《年羹尧满汉奏折译编》，季永海等翻译点校，天津古籍出版社，1995。
《钦定中枢政考》，学海出版社，1968。
《清实录》，中华书局，2008。
《清朝文献通考》，商务印书馆，1936。
《西域图志校注》，钟兴麒等校注，新疆人民出版社，2002。
长白椿园：《新疆舆图风土考》，成文出版社，1968。
傅恒：《平定准噶尔方略》，方略馆编《清代方略全书》第21~22册，北京图书馆出版社，2006。
和宁：《三州辑略》，成文出版社，1968。
贺灵主编《中国新疆历史文化古籍文献资料译编》，新疆人民出版社，2016。
洪亮吉：《乾隆府厅州县图志》，《续修四库全书》第626册，上海古籍出版社，2002。

李德龙校注：《〈新疆四道志〉校注》，中央民族大学出版社，2010。

穆彰阿：《（嘉庆）大清一统志》，四部丛刊续编本，上海书店出版社，1984。

祁韵士：《西陲要略》，中华书局，1985。

松筠：《钦定新疆识略》，《续修四库全书》第732册，上海古籍出版社，2002。

图理琛：《异域录》，中华书局，1985。

王树枏等纂修，朱玉麒等整理《新疆图志》，上海古籍出版社，2015。

魏源：《圣武记》，岳麓书社，2011。

吴元丰、成崇德、牛平汉编《清代边疆满文档案目录》，广西师范大学出版社，1999。

新疆社会科学院历史研究所编《新疆地方历史资料选辑》，人民出版社，1987。

阎绪昌、高耀南、孙光祖：《镇西厅乡土志》，载马大正、黄国政、苏凤兰整理《新疆乡土志稿》，新疆人民出版社，2010。

佚名：《乌鲁木齐政略》，载王希隆《新疆文献四种辑注考述》，甘肃文化出版社，1995。

永保：《乌鲁木齐事宜》，载王希隆《新疆文献四种辑注考述》，甘肃文化出版社，1995。

赵生瑞主编《中国清代营房史料选辑》，军事科学出版社，2006。

中国第一历史档案馆、哈萨克斯坦东方学研究所编《清代中哈关系档案汇编》第1~2册，中国档案出版社，2006。

中国第一历史档案馆、中国边疆民族地区历史与地理研究中心合编《军机处满文准噶尔使者档译编》，中央民族大学出版社，2009。

中国第一历史档案馆编《乾隆朝军机处随手登记档》，广西师范大学出版社，2000。

中国第一历史档案馆编《乾隆朝满文寄信档译编》，岳麓书社，2011。

中国第一历史档案馆编《乾隆帝起居注》，广西师范大学出版社，2002。

中国第一历史档案馆编《清代新疆满文档案汇编》，广西师范大学出版社，2012。

中国第一历史档案馆编《雍正朝汉文谕旨汇编》，广西师范大学出版社，2002。

中国第一历史档案馆编《雍正朝汉文朱批奏折汇编》，江苏古籍出版社，1989。

中国第一历史档案馆编《雍正朝内阁六科史书·户科》，广西师范大学出版社，2007。

中国第一历史档案馆编《雍正朝起居注册》，中华书局，1993。

中国第一历史档案馆编译《康熙朝满文朱批奏折全译》，中国社会科学出版社，1996。

中国第一历史档案馆译编《乾隆朝上谕档》，中国档案出版社，1991。

中国第一历史档案馆译编《雍正朝满文朱批奏折全译》，黄山书社，1998。

中国第一历史档案馆整理《康熙起居注》，中华书局，1984。

中国科学院地理科学与资源研究所、中国第一历史档案馆编《清代奏折汇编：农业·环境》，商务印书馆，2005。

钟广生、瑟盦甫：《新疆志稿》，成文出版社，1968。

二 研究成果

（一）著作

〔日〕岸本美绪：《清代中国的物价与经济波动》，刘迪瑞译，社会科学文献出版社，2010。

蔡家艺：《清代新疆社会经济史纲》，人民出版社，2006。

常建华：《清代的国家与社会研究》，人民出版社，2005。

道·孟和：《清代新疆卡伦、台站、营塘的设置演变及蒙古语地名研究》，新疆人民出版社，2015。

定宜庄：《清代八旗驻防研究》，辽宁民族出版社，2003。

杜家骥：《八旗与清朝政治论稿》，人民出版社，2008。

葛剑雄、曹树基、吴松弟：《简明中国移民史》，福建人民出版社，1993。

管守新：《清代新疆军府制度研究》，新疆大学出版社，2002。

郭丽萍：《绝域与绝学：清代中叶西北史地学研究》，生活·读书·新知三联书店，2007。

华立：《清代新疆农业开发史》，黑龙江教育出版社，1998。

贾建飞：《清代西北史地学研究》，新疆人民出版社，2010。

赖惠敏：《但问旗民——清代的法律与社会》，台北：五南图书出版有限公司，2007。

林永匡、王熹：《清代西北民族贸易史》，中央民族学院出版社，1991。

罗尔纲：《绿营兵志》，商务印书馆，2017。

〔美〕罗威廉：《汉口：一个中国城市的商业和社会（1796—1889）》，江溶、鲁西奇译，中国人民大学出版社，2005。

罗运治：《清高宗统治新疆政策的探讨》，台北：里仁书局，1983。

马大正主编《中国古代边疆政策研究》，中国社会科学出版社，1990。

牛海桢：《清代西北边疆地区民族政策研究》，兰州大学出版社，2004。

齐清顺：《清代新疆经济史稿》，新疆人民出版社，2014。

齐清顺、田卫疆：《中国历代中央王朝治理新疆政策研究》，新疆人民出版社，2004。

〔日〕森田明：《清代水利与区域社会》，雷国山译，山东画报出版社，2008。

〔日〕山本进：《清代社会经济史》，李继峰等译，山东画报出版社，2012。

〔日〕山田贤：《移民的秩序——清代四川地域社会史研究》，曲建文译，中央编译出版社，2011。

王鹏辉：《清代民初新疆镇迪道的佛寺道观研究》，新疆人民出版社，2016。

王希隆：《清代西北屯田研究》，新疆人民出版社，2012。

新疆社会科学院历史研究所编著《新疆简史》，新疆人民出版社，1980。

余太山主编《西域通史》，中州古籍出版社，2003。

〔日〕羽田亨：《西域文化史》，耿世民译，新疆人民出版社，1981。

袁森坡：《康雍乾经营与开发北疆》，中国社会科学出版社，1991。

曾问吾：《中国经营西域史》，商务印书馆，1936。

张安福：《历代新疆屯垦管理制度发展研究》，中国农业出版社，2010。

张建国主编《巴里坤哈萨克自治县志》，新疆大学出版社，1993。

赵海霞：《清代新疆民族关系研究》，民族出版社，2014。

赵俪生主编《古代西北屯田开发史》，甘肃文化出版社，1997。

赵世瑜：《小历史与大历史：区域社会史的理念、方法与实践》，生活·读书·新知三联书店，2006。

赵世瑜主编《大河上下：10世纪以来的北方城乡与民众生活》，山西人民出版社，2010。

赵予征：《新疆屯垦》，新疆人民出版社，1991。

赵珍：《清代西北生态变迁研究》，人民出版社，2005。

周卫平：《清代新疆官制边吏研究》，新疆人民出版社，2014。

周轩：《清代新疆流放研究》，新疆大学出版社，2004。

朱永杰：《清代驻防城时空结构研究》，人民出版社，2010。

邹礼洪：《清代新疆开发研究》，巴蜀书社，2002。

〔日〕佐口透：《十八—十九世纪新疆社会史研究》，凌颂纯译，新疆人民出版社，1983。

Mark C. Elliott, *The Manchu Way：The Eight Banners and Ethnic Identity in Late Imperial China*, Stanford：Stanford University Press, 2001.

（二）期刊论文

阿利亚·艾尼瓦尔：《清代新疆宜禾自然灾害与政府应对研究》，《西北民族大学学报》（哲学社会科学版）2015年第5期。

边晋中：《清绥远城修筑时间和过程考》，《内蒙古师范大学学报》（哲学社会科学版）2007年第1期。

蔡家艺：《沙克都尔曼济之死》，《新疆大学学报》（哲学社会科学版）1980年第4期。

陈孔立：《有关移民与移民社会的理论问题》，《厦门大学学报》

（哲学社会科学版）2000年第2期。

陈新儒、任萌、王建新、亚合甫·江：《新疆巴里坤东黑沟遗址调查》，《考古与文物》2006年第5期。

陈旭：《新疆的关帝庙与关帝崇拜》，《世界宗教文化》2009年第4期。

陈跃：《陕甘总督与乾隆年间的新疆屯垦》，《中国边疆史地研究》2017年第1期。

褚宏霞：《乾隆时期新疆移民落籍政策探析》，《中国边疆史地研究》2016年第1期。

褚宏霞：《清代新疆军事移民落籍的相关问题探析》，《管子学刊》2019年第4期。

戴良佐：《清代木垒屯田概况》，《新疆师范大学学报》（社会科学版）1985年第2期。

戴良佐：《清代用兵新疆驼运所起作用》，《清史研究》1994年第2期。

定宜庄：《清代八旗驻防将军兼统绿营的问题》，《中国史研究》2003年第4期。

高铁泰：《杨应琚西北治边述略》，《新疆大学学报》（哲学社会科学版）2014年第6期。

郭润涛：《新疆建省之前的郡县制建设》，《西域研究》2013年第1期。

哈恩忠：《乾隆朝管理军流遣犯史料（上）》，《历史档案》2003年第4期。

哈恩忠：《乾隆朝管理军流遣犯史料（下）》，《历史档案》2004年第1期。

华立：《清政府与新疆农业开发——兼谈国家政权在边疆开发中的地位和作用》，《清史研究》1991年第2期。

华立：《新疆军府制下的理民体制与满汉员的任用》，《清史研究》2010 年第 4 期。

黄达远：《清代镇西"庙宇冠全疆"的社会史考察》，《新疆社会科学》2008 年第 6 期。

贾建飞：《满城还是汉城——论清中期南疆各驻防城市的称呼问题》，《西域研究》2005 年第 3 期。

贾建飞：《清代新疆的内地坛庙：人口流动、政府政策与文化认同》，《中国边疆史地研究》2012 年第 2 期。

江戌疆：《蒲类、蒲类海、婆悉海考》，《喀什师范学院学报》1987 年第 2 期。

蒋致洁：《左宗棠进军新疆运输路线考略》，《社会科学》1987 年第 1 期。

阚耀平：《乾隆年间天山北麓东段人口迁移研究》，《干旱区地理》2003 年第 4 期。

李晶：《清代以哈密为中心的天山南北道路兴衰变化》，《历史地理》2016 年第 2 期。

李景屏：《清前期军屯概述》，《中国社会经济史研究》1984 年第 4 期。

李沫燃、薛洁：《新疆巴里坤清代粮仓的文化符号内涵》，《中国党政干部论坛》2017 年第 4 期。

李树辉：《巴里坤地名考》，《语言与翻译》1999 年第 2 期。

李志忠：《巴里坤谚语初论》，《语言与翻译》2002 年第 2 期。

厉声：《乾隆年间新疆协饷拨解及相关问题》，《清史研究》1998 年第 2 期。

刘传飞：《清代新疆建省前镇迪道部分职官、建置考》，《西域研究》2014 年第 2 期。

刘瑞俊：《新疆巴里坤岳公台——西黑沟遗址群初步认识》，《西北大学学报》（哲学社会科学版）2009 年第 2 期。

刘文鹏：《论清代新疆台站体系的兴衰》，《西域研究》2001 年第 4 期。

刘小萌：《〈青州旗城〉——一部驻防旗人的实录》，《满族研究》2000 年第 4 期。

刘小萌：《新疆的清代遗迹——以八旗驻防为中心》，载赵志强主编《满学论丛》第 3 辑，辽宁民族出版社，2013。

刘壮壮：《绩效·技术选择·政策演变：清统一前新疆屯垦（1644~1759）》，《农业考古》2016 年第 6 期。

柳岳武：《康乾盛世下清廷对准噶尔投诚人政策研究》，《青海民族研究》2005 年第 4 期。

鲁靖康：《清代哈密厅建置沿革与西北地区的权力制衡》，《西域研究》2017 年第 3 期。

马协弟：《驻防八旗浅探》，《满族研究》1985 年第 2 期。

聂红萍：《从甘肃总督到伊犁将军：乾隆朝对新疆治理的探索》，《中国边疆史地研究》2016 年第 2 期。

彭雨新：《清初的垦荒与财政》，《武汉大学学报》（哲学社会科学版）1979 年第 1 期。

齐清顺：《清代新疆的关羽崇拜》，《清史研究》1998 年第 3 期。

齐清顺：《清代新疆的官铺和对外贸易政策》，《新疆社会科学》1990 年第 3 期。

齐清顺：《18 世纪前半期清朝与准噶尔对吐鲁番地区的争夺》，《西域研究》2005 年第 1 期。

祁美琴、褚宏霞：《清代嘉道时期新疆移民落籍方式初探》，《西域研究》2013 年第 2 期。

乔治忠、侯德仁：《乾隆朝官修〈西域图志〉考析》，《清史研究》2005 年第 1 期。

苏奎俊：《清代巴里坤屯田述论》，《新疆社科论坛》2010年第1期。

苏奎俊：《清代新疆满城探析》，《新疆大学学报》（哲学社会科学版）2007年第5期。

孙海泉：《论清代从里甲到保甲的演变》，《中国史研究》1994年第2期。

孙海泉：《清代中叶直隶地区乡村管理体制——兼论清代国家与基层社会的关系》，《中国社会科学》2003年第3期。

特木勒：《元明时期Mekrin部史事考》，《民族研究》2015年第1期。

汪桂平：《清入关前的宗教政策探析》，《世界宗教研究》2019年第4期。

汪利平：《杭州旗人和他们的汉人邻居：一个清代城市中民族关系的个案》，《中国社会科学》2007年第6期。

王东平：《清代巴里坤马厂述略》，《新疆地方志》1996年第3期。

王建基：《"镇西庙宇冠全疆"初探》，《中南民族大学学报》（人文社会科学版）2003年第2期。

王建新、张凤、任萌、亚合甫·江、于建军：《新疆巴里坤县东黑沟遗址2006~2007年发掘简报》，《考古》2009年第1期。

王涧泓、莎丽萍：《〈姜行本纪功碑〉勒于巴里坤原因初探》，《渤海大学学报》（哲学社会科学版）2006年第5期。

王丽：《论清初盛京"皇家道院"三官庙》，《中国紫禁城学会论文集》第8辑下，2012年8月。

王鹏辉：《清代至民初新疆巴里坤的庙宇与社会生活》，《中国边疆民族研究》第8辑，2015。

王永强、王晓丹、王艳朋：《新疆巴里坤县清代军事遗址调查及初步认识》，《文博》2018年第6期。

魏丽英：《明清西北官苑屯牧考略》，《社会科学》1987年第6期。

温春来：《清前期贵州大定府铅的产量与运销》，《清史研究》2007年第2期。

吴轶群：《清代新疆镇迪道与地方行政制度之演变》，《中国历史地理论丛》2007年第3期。

吴元丰：《清代乌鲁木齐满营述论》，《第三届国际满学研讨会论文集》，2002年8月。

徐伯夫：《清代前期新疆地区的城镇经济》，《新疆社会科学》1988年第5期。

徐溪：《关于镇西文化内涵外化的思考——以松峰书院为例》，《昌吉学院学报》2014年第1期。

许建英：《坛庙与神祇：清代新疆汉族移民的社会文化构建》，《云南师范大学学报》（哲学社会科学版）2014年第3期。

薛晖：《清初新疆的官主祭仪与多神崇拜》，《中国边疆史地研究》2002年第1期。

薛晖：《乌鲁木齐都统的创置与乾隆时期的东部新疆》，《新疆师范大学学报》（哲学社会科学版）2000年第4期。

杨琰：《清季新疆屯田对当地少数民族人口的影响》，《中央民族大学学报》2002年第1期。

袁森坡：《达什达瓦部东迁热河》，《渤海学刊》1990年第1期。

张伯国：《康雍乾时期准噶尔归附人安置考析》，《青海民族研究》2018年第2期。

张建军：《论交通线的变化对清代巴里坤的影响》，《中国历史地理论丛》1997年第1期。

张建军：《论清代新疆城市的占地规模》，《中国历史地理论丛》1998年第3期。

张莉:《〈西域图志〉所载镇西府、迪化州地区户口资料考述》,《中国历史地理论丛》2008年第2期。

张连银:《西路军需补给与西北屯田——以1715—1759年为考察时段》,《青海社会科学》2011年第1期。

张玉祥:《从档案看清代道光二十二年新疆巴里坤大地震的赈灾对策》,《档案学研究》2017年第2期。

张云、张付新:《试论乾隆时期乌鲁木齐地区的移民屯田》,《边疆经济与文化》2013年第2期。

赵海霞:《清代新疆商屯研究》,《西域研究》2011年第1期。

中国第一历史档案馆:《乾隆年间徙民屯垦新疆史料》,《历史档案》2002年第3期。

朱永杰:《"满城"特征探析》,《清史研究》2005年第4期。

(三) 学位论文

阚耀平:《清代天山北路人口迁移与区域开发研究》,复旦大学,博士学位论文,2003。

李凤娇:《清代以来东天山地区汉族民间信仰变迁研究》,新疆师范大学,硕士学位论文,2015。

刘传飞:《清康雍乾时期嘉峪关以西地区郡县制的扩展与镇迪道的形成》,陕西师范大学,硕士学位论文,2012。

刘文波:《清代蒙古、新疆、东北驻防比较研究——以驻防将军、都统的职掌为中心》,南开大学,博士学位论文,2011。

苏奎俊:《清代新疆满营研究》,新疆大学,硕士学位论文,2006。

王志鹏:《乾隆朝新疆驻军研究》,西北师范大学,硕士学位论文,2015。

吴轶群:《清代新疆人口研究》,新疆大学,硕士学位论文，2001。

张连银：《雍正朝西路军需补给研究——以粮食、牲畜为中心》，厦门大学，博士学位论文，2007。

赵子恒：《清代巴里坤区域历史地理研究》，陕西师范大学，硕士学位论文，2015。

Fred W. Bergholz, "The Partition of the Steppe : The Struggle of the Russians, Manchus, and the Zunghar Mongols for Empire in Central Asia, 1619-1758: A Study in Power Politics", New York University, Ph. D. Dissertation, 1990.

Joanna Waley-Cohen, "The Stranger Paths of Banishment: Exile to the Xinjiang Frontier in Mid-Qing China", Yale University, Ph. D. Dissertation, 1987.

后 记

清朝平定西域后，在新疆兴建了大批城池。在天山以北地区，如乌鲁木齐建迪化城、巩宁城，在巴里坤建会宁城，在伊犁先后建成"伊犁九城"，此外还在今米泉建辑怀城，在今奇台建孚远城，在今吉木萨尔建保惠城，在今昌吉建宁边城，在今呼图壁建景化城，在今玛纳斯建康吉城等。在天山以南地区陆续建成"南八城"。

这些新建的城市不仅对当时新疆社会发展起了重要作用，也奠定了后来新疆政治、经济、文化发展的基本布局。在新疆历史发展过程中具有重要意义。城市是清代边疆治理与开发成果的集中体现，同时也是研究这一时期社会生活、商贸活动、人口流动等历史变迁的重要空间载体。

这些城市也是新疆各民族交往交流交融的历史见证。经世致用，从事研究重要的是能观照现实。城市所承载的各民族共同开拓、共同书写、共同创造、共同培育的历史、文化与精神，城市所承载的史实、文化遗存等一大批具有鲜明特色的历史记忆，为铸牢中华民族共同体意识提供了抓手。加强新疆区域史、城市史、遗址文化的研究有助于进一步铸牢中华民族共同体意识。

关注西北史地以来我一直有个疑惑。在清代新疆，巴里坤一直是赫赫有名的西北重镇，它频繁出现在清代各类基本文献中。它是康雍乾用兵准噶尔时期重要的前沿阵地、军事堡垒、台站中心、中转枢纽；它是同光时期新疆动乱后，朝廷在玉门关外仅存的未被攻陷的城池之一，巴里坤兵民抵御外敌，守城近十年，成为清政府在新疆的最后军事堡垒之一，对抵御外敌入侵、收复新疆意义重大。这样一个发挥过重要作用、有深厚历史积淀的地区，在今天却"籍籍无名"，与其在清代文献中的记载有较大的反差。相较其在清代的特殊地位、重要作用而言，学界目前对它的研究还远远不够，这就是我选择做巴里坤相关研究的缘起。

康雍乾时期的巴里坤史料多集中于满文文献中。幸而康熙朝满文朱批奏折、雍正朝满文朱批奏折都已于1996年、1998年先后翻译出版，乾隆朝满文档案也由第一历史档案馆于2012年影印出版。这三种重要的满文文献，因前两者出版较早，逐渐被近些年大量出版的各种档案汇编"淹没"，其中所载巴里坤的资料还未被大量使用；乾隆朝满文档案因还未完全翻译出版，巴里坤方面的史料使用率也不高。这些还未被充分研究的档案翔实记载了当时的巴里坤地域社会，为研究巴里坤社会经济史提供了坚实的文献基础。

本书选取巴里坤这一清前中期西域重要的地区作为研究对象，挖掘清代文献，从治理体系的确立、区域社会的形成、社会经济的发展等维度对巴里坤的发展及其特殊性进行了梳理，并分析巴里坤何以在清前期西北地区发挥重要作用、巴里坤区域社会如何形成与发展等一系列问题，同时利用档案所载细节于微观处呈现当时的社会和民众日常生活。在写作过程中有两个重要问题贯穿始终：一是巴里坤何以在清代新疆如此重要；二是清朝如何建构与治理边疆社会。诚然在这一本书中，我未能翔实地给予完美解答。由于著者水平有限，这其中定有不足、谬误之处，敬请批评指正。

要特别感谢褚松燕教授、蒲长春教授、王小彬教授，本书的出版离不开他们的大力支持。他们既是可敬的领导，又是可亲的导师，指引和帮助我更好地从事科研工作。

我深知学术是一项众人的事业，这本书得到许多前辈的支持，尽管我已在文本和脚注中引述了他们的贡献，但不免有一些观点在此书写作的漫长过程中被忽略，在此一并表示谢意和歉意。感谢王东平教授、赵令志教授、尚衍斌教授、刘正寅教授、蒙曼教授、徐平教授、周轩教授、游彪教授、张荣强教授、张升教授，著者水平有限，但幸而能得到他们无私的指导和引领，更加坚定地从事研究工作。感谢本书的编辑团队，他们用专业、高效、严谨的工作态度帮助本书顺利出版。本书的翻译还得到了张春阳、王策两位博士的帮助，在此一并致以诚挚的谢意。

柴小君

2024 年 8 月

图书在版编目(CIP)数据

清前期巴里坤社会经济研究／柴小君著.--北京：社会科学文献出版社，2024.9.--ISBN 978-7-5228-4152-6

Ⅰ.K294.54；F129.454

中国国家版本馆 CIP 数据核字第 2024LY9530 号

清前期巴里坤社会经济研究

著　　者／柴小君

出 版 人／冀祥德
责任编辑／郭红婷
责任印制／王京美

出　　版／社会科学文献出版社·文化传媒分社（010）59367004
　　　　　地址：北京市北三环中路甲29号院华龙大厦　邮编：100029
　　　　　网址：www.ssap.com.cn
发　　行／社会科学文献出版社（010）59367028
印　　装／三河市东方印刷有限公司
规　　格／开本：787mm×1092mm　1/16
　　　　　印张：14　字数：190千字
版　　次／2024年9月第1版　2024年9月第1次印刷
书　　号／ISBN 978-7-5228-4152-6
定　　价／89.00元

读者服务电话：4008918866

版权所有 翻印必究